中华文化脉络
解锁千年运河传奇

图解千年运河
剖析运河的千年历史和文化脉络

镜头下的运河
领略运河的历史魅力和文化传承

运河文化珍藏
汇聚运河文化的历史珍贵文物

中华水系之美
游览中国各大河流的壮丽景色

扫码探寻

陈举
蔡桂林
著

大运千年

古运河历史文化钩沉

河南大学出版社
HENAN UNIVERSITY PRESS
·郑州·

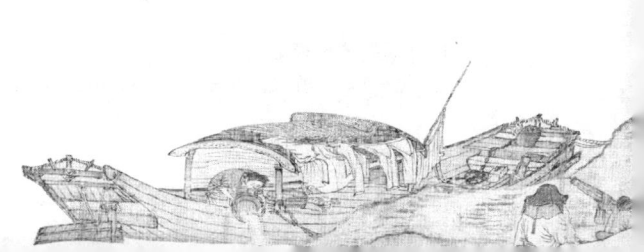

图书在版编目（CIP）数据

大运千年：古运河历史文化钩沉 / 陈举，蔡桂林著
. -- 郑州：河南大学出版社，2024.8
　ISBN 978-7-5649-5884-8

Ⅰ．①大… Ⅱ．①陈… ②蔡… Ⅲ．①运河－历史地理－研究－中国 Ⅳ．①K928.42

中国国家版本馆 CIP 数据核字（2024）第 105846 号

策 划 人　孔令刚
项目统筹　纪庆芳　谌洪波
责任编辑　任湘蕊
责任校对　陈　炜
封面题字　孟云飞
封面设计　高枫叶
版式设计　李雪艳

出版发行　河南大学出版社
　　　　　地　址　郑州市郑东新区商务外环中华大厦 2401 号
　　　　　邮　编　450046
　　　　　电　话　0371-86059753（大众文化出版中心）
　　　　　　　　　0371-86059701（营销部）
　　　　　网　址　hupress.henu.edu.cn
排　　版　河南大学出版社设计排版部
印　　刷　郑州印之星印务有限公司
版　　次　2024 年 8 月第 1 版
印　　次　2024 年 8 月第 1 次印刷
开　　本　710 mm×1010 mm　1/16
印　　张　22
字　　数　300 千字
定　　价　65.00 元

版权所有·侵权必究
本书如有印装质量问题，请与河南大学出版社营销部联系调换。

运河的历史，从来没有远去

王立群

在我感觉里，中国运河是从司马迁的《史记》里流出来的，流成之后的汹涌澎湃、汪洋恣肆。

司马迁青春的脚步走遍了他那个时代所能够抵达的地方。一次次跋涉、穿越，奔腾在大地上的河渠不可能不进入他雄阔的视野。这是伟大河渠与伟大历史学家的第一次相遇，两边都蕴含着一种不可言喻的澎湃。任何智者将目光投向河渠时都会振奋，何况是司马迁；在司马迁的目光中，任何图景都会变得深远辽阔，何况是壮阔磅礴的河渠。八书之一《河渠书》列于《史记》卷二十九就成为必然；司马迁用无限的空间捕捉邈远的时间，"《夏书》曰：禹抑洪水十三年，过家不入门。陆行载车，水行载舟，泥行蹈毳，山行即桥……"就成了《河渠书》最恰当的起点。自然之"河"（黄河）与人工之"渠"（运河）在这里交织，并微缩成纹理，在司马迁的竹简上肆意流淌。司马迁对大地山川间的河渠不是做静态的描述，而是满怀激情，浓墨重彩地描绘各个时期、各色人物的疏浚、开凿、治理，阐述智慧的民族化水害为水利的伟大实践，文明生成于、蕴含于这样的伟大实践中。自然之水由此流淌成人文之水、文化之水、文明之水，激荡、澎湃、汇聚成中华文明的壮美史诗。

由是，认为司马迁的《河渠书》只是中国第一部水利通史是远远不够的。人类文明的曙光，首先是从水的波涛中冉冉浮现，地中海岸的古罗马文明，爱琴海边的古希腊文明，尼罗河畔的古埃及文明，恒河之滨的古印度文明，无一不是经历水的滋润而结出的硕果。而数千年唯一绵亘不断的华夏文明，也是从黄河涌天的波涛中喷薄而出。《河渠书》正是对华夏文明曙光的一次深情瞭望、描绘和由衷歌唱。

黄河之滨的魏惠王亲率子民，在荥阳成皋黄河与圃田泽（今河南中牟西）之间奋力开筑，于邙山之间横向切出一条大沟，利用济隧河道将黄河水注入圃田泽，"自是之后，荥阳下引河东南为鸿沟，以通宋、郑、陈、蔡、曹、卫，与济、汝、淮、泗会"，这就是司马迁笔下的鸿沟。鸿沟，使中原地区自战国时代就突破了自然河流互不交叉、互不相通的局限，扩展通行水道，实现了更大区域内的互联互通，若干小的原本割据的自然环境贯通成了一个体系，并急速地转化为人文环境，形成新的自然环境、新的生态环境、新的生产环境，运河社会区域新的经济也在这种形成中形成。鸿沟，是大禹治水之后中华大地上发生的最重要的一次开掘，让黄河文明溢出大自然造化的河床，将一个超越远古的神话书写在了大地上。它客观上改变了中原历史样貌，丰富了中原文明形态，甚至，它是一种文明的新起点，这种文明可以称作"鸿沟时代"：承续起大禹的不朽气概，开启人类奋袂而起、自觉剪裁自然、改天换地、人定胜天的历史。司马迁深刻体悟到河与文明、渠与文明的关系，以《河渠书》对华夏水文明发出第一声至高礼赞。

公元前90年的中国河渠属于司马迁，我们能做的最多只是赏析注释；后司马迁时代的中国河渠可以读一读《大运千年》。不是说《大运千年》在思想性、艺术性、系统性特别是历史价值上可以与《河渠书》等量齐观、相提并论，仅在于它续写了《河渠书》之后中国河渠更壮阔、更磅礴、更多彩的历史演绎。当然，我肯定《大运千年》与《河渠书》精神上的一脉相承，那就是把河渠文明看成是中华文明的组成部分，把河渠文明看成是中华文明的生动展开，通过对河渠文明的书写，展示出中华文明的宝贵质地、深邃内涵、丰富形态，尤其展示出河渠文明对民族性格的塑造、对民族精神的浸染、对民族胸怀的拓展、对民族历史的镌刻，是继《河渠书》之后的一部"书河渠"。

司马迁之后约300年，《河渠书》里的河渠流进了建安七年（202年），曹操"以通渠积谷为备武之道"，率兵士民夫沿鸿沟古道，疏浚开筑出一条新水道，称睢阳渠。睢阳渠开浚，漕粮有济，曹军顺水推兵，于官渡大败袁绍集团，一役廓清中原。是睢阳渠焕发出的力量，吞没了北方地区最大的割据势力。魏文帝曹丕全盘接过父亲的运河遗产，更在其基础上奋力开拓进取，不遗余力，讨虏渠、千金渠、广漕渠、贾侯渠……于沙、洧、颍、汝水之间，淮河以北各支流沟通舟楫，所开运道数量之多、径流之长、影响之深，刷新《河渠书》，将一个朴素的事实书写在中原大地，颠扑不破：得中原者得天下，得运河者得中原。《河渠书》的思想精神，在河渠的历史性展开中不断呈现。

历史跨入大业元年（605年），三月，隋帝杨广"命尚书右丞皇甫议发河南、淮北诸郡民，前后百余万，开通济渠"；大业四年（608年）春正月，河南、河北诸郡百万役丁遵旨走上筑河工地，开筑永济渠。《河渠书》时代有沟渠、沟洫、漕渠开筑，不管它们叫什么名字，主要还是利用自然河道，把自然河流串联沟通起来，新开筑的河道有限；通济渠、永济渠的修筑中自然河道已经降至辅助地位，更大规模的是人力的全新开筑，赋予"运河"新概念。华夏地貌西高东低，大江大河多自西向东归入大海，它们联结东西，沟通山海，养育民族。造化天地的大自然没有恩赐给我们纵贯南北的天然大河，在畅通东西的同时，客观上也在阻碍和屏蔽南北，影响着南北之间经济、文化的交流和政治上的统一。通济渠、永济渠等运河征服自然屏障，将海河、黄河、淮河、长江、钱塘江五大水系紧密地联系起来，形成以洛阳为中心，西通关中盆地，北抵河北大地，南至太湖流域，流经今京、津、陕、豫、冀、鲁、皖、苏、浙九省市，全长八千里庞大的运河系统，总长度达到中国运河的历史峰值，把中国送进了司马迁心中有、笔下无的"运河文明"时代。

隋帝杨广赌上一个王朝的命运，掘出二里沟文明之气、夏商周富贵之气、河洛山川浩荡之气，以八千里的流淌，将民族、国家送进了唐王朝的历史辉煌。站在盛唐舞台中央的，不是帝王，不是贵妃，不是朝廷文武大臣，而是望春楼下的广运潭，是托举起广运潭的大运河，从《河渠书》悠久深厚的土壤里生长出的"运河文明"，第一次奉献出它的高远丰赡，呈现出它的无限可能。

尽管中国位于太平洋西岸，但古代中国事实上把自己当作以内陆为中心的国家，与海洋文明几乎绝缘，开垦，播种，浇灌，收获，五谷丰登，周而复始，丰衣足食。运河正是这种内陆中心国家生存发展的内在需要，缺了就开挖，淤了就疏浚，以通济渠、永济渠为主动脉的大运河形成，用之漕运，用之军事，皇朝的嬗变与鼎革，运河地区的武力争夺和战争角逐也总是最为激烈。从某种意义上说，谁拥有了运河区域，谁就有了建立起稳固政治统治的基础和本钱，从而得以控驭全国。这个时期的王朝重开筑，重使用，运河就是工具，没有形成对运河制度化、长期化、细致化的维护管理，运河没有进入王朝的体内，成为王朝机体的组成部分。至北宋，朝廷认识到"天下利害，系于水为深"，运河管理官僚体系在这样的认识中形成。这看上去只是朝廷内部构成组织的添加，背后则是对大运河理解的深化，实质是将大运河提升到了关系皇权安危、朝政稳定的高度，提升到了社会治理、经济发展、国防巩固、民生保障的高度。在这个高度上，一种国家中心的转变，在人们毫不经意中自然而然地完成了，那就是"内陆中心"国家向"运河中心"国家的转变。这种转变的重大意义在此后的历史进程中不断呈现。

因此，"运河"一词在宋朝得以出现顺理成章。秦汉以前，"河"就是黄河、天下大河，是黄河的专称，之后，"河"的概念有所放宽，泛指自然水道，至咸平三年（1000年）三月田锡上疏："饥馑疾疫……越州最甚，萧山县三千余家逃亡，死损并尽，今并无人，其余明、杭、苏、秀等州积尸在外沙及运河两岸不少。""运河"出现了。大中祥符五年（1012年）八月，"淮南路滁、和、扬、楚、泗五州旱，诏发运使减运河水以灌民田，仍宽其租限"。"谁能辛苦运河里，夜与商人争往还。"（宋·姜夔：《送彭仲讷往合肥三首（其一）》）"运河岸，丁夫荷锸声缭乱。红莲幕府谁献言，运河泄水由函管。"（宋·刘宰：《运河行》）此后宋王朝的诏书、奏章、笔记、诗词中，"运河"遂成流行词。人工水道有了"河"的地位，与自然河流等量齐观，这是对运河意义作用在认识上的一次历史性提升，体现着对运河功能的历史性拓展，赋予了运河关系国计民生的更多功能，这对中国社会的发展举足轻重。

蒙古马蹄踏过燕山，忽必烈掀翻南宋朝廷，乾坤扭转，一变中国历代王朝国都鼎立黄河流域的传统，定都燕山南麓，中国政治中心无可阻挡地离开了黄河流域，转移至中原皇帝想都没想过的北方，而作为王朝脐带的大运河，也就跟着旋转了它的流淌方向，中国政治、经济、历史、文化、社会、生态……方方面面也都随之被改变了。鸿沟底定，横贯中原，汉河楚界，浩荡河山，托举起一个又一个王朝的兴起强盛，助力帝王梦想，中原，俨然运河的王者，而王者因运河流淌方向的旋转彻底失去了至尊的地位，樯帆为路、波浪为程、一路豪歌、强健江山的大运河在中原历史性衰落，衰落成一袭龙骨，无情地隐埋至中州大地，在完成历史赋予的使命，完成对沿岸城镇街衢、村庄舍落的立体塑造之后，渐隐渐深，成为山河皱褶、游荡精魂、无尽思念。这是《河渠书》始料未及的。

两千年沧海桑田，两千年天翻地覆，自身的基本框架被突破，成为历史给出的一道全新命题。从无到有，再从有到无，运河在中原大地上呈现出千年轮回，抑或是文明的宿命？来得必然，走得也必然？无论如何都令我们疼痛不已、追问莫名。重回云帆高张、百舸竞流的运河时代是不可能了，只能祈祷运河文明幻化成不竭的水汽，氤氲不去，永远滋润中州山河。

《大运千年》直面《河渠书》之后中国河渠历史的丰富深刻、广博辽远，用一种新的文化视野观照它们的千年流淌，在宏大叙事中铺展运河的波澜壮阔，凝望历史的大开大合、大红大紫，更以抒情的笔触，掰开一滴运河水，书写饱含其中的大喜大悲、大壮大美，在富有张力、富有节奏的语言叙说中，呈现出运河文明生成、发展、丰富的历史动感，呈现出思辨历史的思想美感。或许，这些就是《大运千年》的价值。

2024 年 5 月 2 日 23 时
河南大学明伦校区

（王立群，河南大学文学院教授、博士生导师，《百家讲坛》最受欢迎的学者之一，中国古代文学、中国古典文献学研究专家，全国高校教学名师，享受国务院政府特殊津贴专家，当选新中国成立70周年"河南省突出贡献教育人物"。）

运河，流动的文明

王巍

华夏上古的天空，盛开着五彩缤纷的梦想花朵：《三五历纪》中的盘古开天，《山海经·海外北经》中的夸父逐日，《山海经·北山经》中的精卫填海，《淮南子》中的嫦娥奔月、女娲补天，《楚辞·天问》中的后羿射日，《列子·汤问》中的愚公移山……绚丽斑斓。因为它们超自然的宏大瑰丽、坚韧浪漫，被我们列入神话传说。然而，尽管它们以超自然的想象出现，但所蕴含的内在精神的核心——抗争、奉献、创造、奋斗和团结，却体现着人类文明的根本精神，使这些神话传说具有了世界级文化遗产的价值。

其实，面对浩浩汤汤之水，我们的祖先还曾用想象的经纬编织出另一则美妙的童话，虽没有能像上面那些神话被我们熟悉成为经典，但它的确扎扎实实地书写在中国最早的典籍《尚书》中的《禹贡·导水篇》——我们不妨将它称为"九州水网"——不可磨灭，顽强地表达着一个民族奇丽高远的梦想。现在，让我们一起来重估它的意义。

茫茫禹迹，画为九州：冀州、兖州、青州、徐州、扬州、荆州、豫州、雍州、梁州。国都定在九州之首的冀州。冀州紧依四渎之宗的黄河，定都冀州，其他八州便可通过水路将贡赋运到都城来：冀州的贡赋经黄河直接运抵国都郊外；兖州的贡赋入济水、漯河再入黄河，达国都；青州的贡赋入汶水、济水再入黄河，达国都；徐州的贡赋入淮水、泗水、菏水，由菏水入济水，再入黄河，达国都；扬州的贡赋入大江，进入大海，由海道进入淮水，由淮水入徐州，然后再沿徐州的贡赋通道达国都；荆州的贡赋入江、沱、潜、汉水抵豫州边界入洛水，再入黄河，达国都；豫州的贡赋入洛水再入黄河，达国都；雍州的贡赋入渭水、泾水再入黄河，达国都；梁州的贡赋入嘉陵江，再入潜水，经潜水入汉水、渭水再入黄河，达国都。

"九州"基本涵盖了今天中国的华北、华中和华东地区，表明在夏王朝建立之初，黄河中游势力集团的眼界已经扩展至黄河中下游和长江中下游，形成了地域辽阔的天下观。面对《尚书·禹贡》为我们擘画的这张沟通天下的"九州水网"，我们不难发现，凡东西方向都十分顺畅，切实可行，而南北方向，大多十分迂远，就是事实上无法通行，比如，梁州贡赋的水运路线就根本行不通，因为，汉水和嘉陵江上游并没有"潜水"这条水道，是超自然的想象，是童话般的描绘，这是我们将"九州水网"梦与上古神话传说相提并论的理由。

潜水，两水之间应该有却没有，此时"潜在"着，是这个意思吗？如果是，这就是上古智者埋设的文明密码，留给后来者破译。他们相信终究会被新的时代所领悟：将不通的两水沟通起来，将"潜在"化作"实在"——这就是运河，这就是华夏文明给出的关于运河的最早寓言。与神话传说只是给人类提供精神价值不同，"九州水网"不仅创造浪漫的遐想，而且提供驾驭自然、安排河山、缔造文明的现实指引，实现着从精神世界到物质世界的双重满足、双重跨越。

华夏大地西高东低，呈现高度渐降的三级台阶状。水往低处流，除被山脉横断之外，华夏大地上的大江大河多自西向东归入大海。它们以傲然于世的泱泱之风，冲决山峦峡谷，荡漾高原险滩，气势磅礴，壮阔如虹，在它们所流经的峰谷崩塄、城邑村落泼洒下仁慈与暴戾的印痕，镌刻下毁灭与创造的徽记；它们连接东西，沟通山海，养育民族，创造文明，书写历史。然而，造化天地的大自然在畅通东西的同时，客观上阻碍和屏蔽着南北，使南来北往或翻山越岭，或漂洋过海，迂远艰辛。那么，真的无法通过水路畅通南北吗？真的不能将在大地上存在了亿万年，朝着各自的方向奔流的大江大河连接起来，成为真正的"网"吗？先民站在水滨河畔生发出了神话梦想般的"潜水"天问，并把它记录在《尚书·禹贡》里，留给了"无穷匮"的子子孙孙。

在人类驾驭自然、改造自然的文明进程中，神话只能给予精神的鼓舞，"无穷匮"的子孙不会真的遇到"告之于帝"的"操蛇之神"，更不会有"帝感其诚，命夸娥氏二子负二山"，实现"冀之南，汉之阴，无陇断"的奇迹，只能独出机杼，怀揣英雄之气，自己上路，自己探索，自己创造。在一代接一代子孙接力探索面前，幻想中将两水连接起来的"潜水"终于化作了现实：在烽烟滚滚的春秋战国，"运河"横空出世。

运河的出现，是先民对"水"的认识不断深化，文明进入王朝国家阶段的必然结果。中华文明距今万年奠基，八千年起源，六千年加速，五千多年进入（文明社会），四千三百年中原崛起，四千年王朝建立，三千年王权巩固，两千二百年统一多民族国家形成。临水而筑、择水而居是人类文明起源的基本景观，证明着水与人类文明密不可分，甚至可以说，人类文明就是从水中捧出的硕果。五千多年前的长江下游地区，出现了犁耕和大规模的稻田，河道、灌水孔、排水槽，规划有致，出现了世界上规模最大的水利调节系统，显示出早期国家超乎想象的稻作农业规模、大规模公共建设的能力以及经济力量。三千年前出现"稻人"，"稻人，掌稼下地"，专门从事低洼多水地区的引、蓄、配、灌、排水及防洪等一系列有关水利的事务（见《周礼·地官》）。王朝国家获得了强大的社会动员组织能力；崛起之后的诸侯国都有成为"共主"的企图和盘算，每个诸侯国王都有成为新天子的野心和梦想。所有主客观条件在文明发展至"三千年王权巩固"这个文明阶段全部具备，于是，邗沟、鸿沟、云梦通渠、胥浦……如集束烟花，在华夏大地上肆意绽放。至此，运河，想不降临都不行，在时势召唤和推动下于烽烟滚滚的春秋战国一朝分娩。

运河的诞生，第一次将没有联系的自然河流沟通起来，形成相互贯通的水网，极大促进了文明生成，使华夏社会因为更广泛的交流而成为一个内在联系更加紧密的有机体，"大一统"思想自然而然地成为运河上的粼粼波光。

运河不断突破开掘之初"出征转输"这唯一的军事目的，快速向军民两用、军民共用、军民融合发展，给运河流经的地方带来无尽的财富。

运河极大推动了商品流通，四海之内"通流财物粟米，无有滞留，使相归移也"，带来所有物品"莫不尽其美，致其用"。运河凝聚起的巨大经济力量直接催生出临河大邑的兴起，而都邑区位优势、强劲辐射能力又带动区域发展繁荣。

运河造就了现代意义上的"城市"。《墨子·七患》："城者，所以自守也。"中华文明里"城"之本义是城垣，主要功能是防卫。防卫功能是中华文明里城市起源的重要原因和基本内涵。夏、商、西周时期的城市设有外壕、城垣与城壕、内壕共三重防御设施，以军事目的为主，设防的城堡是军事防御的重要手段。运河的诞生，使这个"原因"和"内涵"发生了改变。运河造就的城市主要功能可以称之为"市"，是"买卖所之也"，"致天下之民，聚天下之货"。与"城"因防卫需要倾向于要塞巩固显著不同，"市"的功能在于推动内部的循环与交流，运河城市丰富了中华文明的内在质地。

运河，实现了跨区域、跨族群的交流，记录了文化互鉴的历程，促进了文明的发展，它与生俱来的开放、始终如一的包容，不拒细流、海纳百川，使文明之树常青，使文明永葆活力。——站在这个立场看过去，我们可以将之命名为"运河文明"。

盘古开天、愚公移山……还是远古神话，只能活在我们的精神里，活成文化遗产，而"九州水网"则梦想成真，不只是活在我们的精神里，更活在我们的生活中，一半是遗产，一半是现实，是流动的文明。《大运千年》站在"运河文明"这一至高的平台，既以史诗的宏大又以工笔的精微，奔放而又冷静地镌刻出"运河"的历史价值、社会价值、文化价值、精神价值。无论这份评估是否完全精准恰当，有一份独立思考在就已经令人欣慰欣喜，更何况读来还能让我们感到运河并未远去，如一脉精魂，依然在我们的血管里奔涌不息。

《大运千年》的可贵之处还在于作者并未局限在学术的范围，而是使用生动的语言、大众的话语，将运河文明娓娓道来，使广大读者更好地了解运河这一中华文明史上的宝贵财富。更为难得的是，作者团队还为本书的每个章节精心拍摄了相应的视频影像资料，出版社采用融合出版的模式，将文字、图片、视频、音频等融为一体，把本书打造成线上"现代纸书"，更符合新一代的年轻读者的阅读习惯。

（王巍，中国社会科学院学部委员、历史学部主任，中国考古学会原理事长，"中华文明探源工程"项目首席专家、执行专家组组长。）

目 录
Contents

引子 / 1

第一章　鸿沟时代 / 11

第二章　冲天伟力 / 37

第三章　风骨异彩 / 61

第四章　壮阔磅礴 / 91

第五章　浩荡河山 / 119

第六章　天下大河 / 137

第七章　大宋宝带 / 167

第八章　文化之光 / 197

第九章　流光溢彩 / 225

第十章　呜咽东流 / 253

第十一章　绝代风华 / 281

参考书目 / 319

写在后面的话 / 331

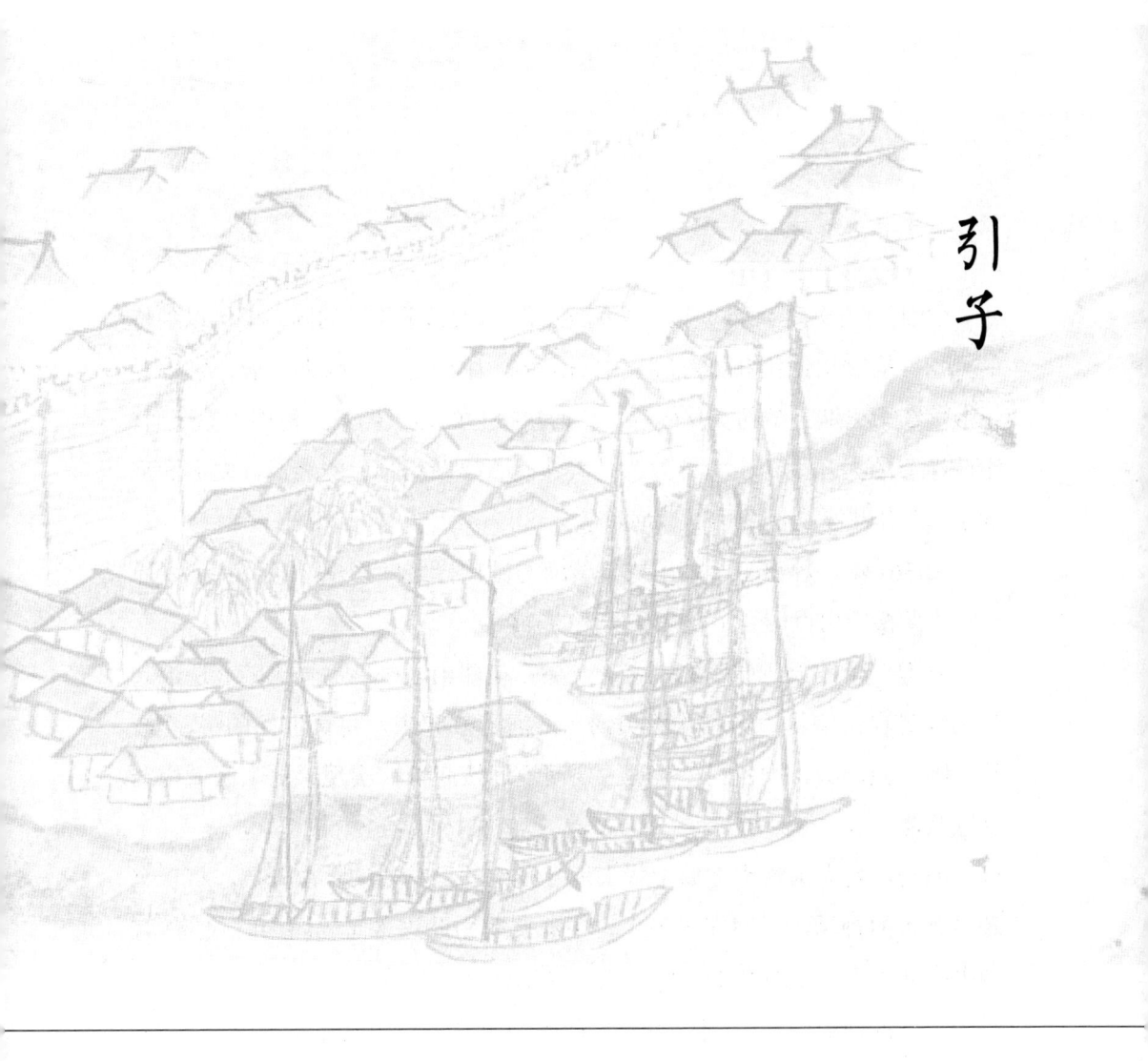

引子

《大运千年》是河南大运河系列纪录片《大运千年》的同名书。以独特的视角，同时用镜头和笔触爬梳中原运河、中国运河的来龙去脉，发掘已经散落在历史烟云中的文化碎片，精心拼接它的盛大图景，再现中原运河、中国运河的大开大合、大喜大悲、大壮大美，以新时代的名义，向滋润浇灌了三千年华夏文明的中国运河致敬！

　　前361年，魏惠王于荥阳成皋黄河与圃田泽之间切出一条大沟，中原运河由此横空出世，登上中华文明史的舞台。

　　它像一条被天风鼓荡的飘带，一头系在邙山之中，另一头随着逶迤起伏的地势自由飘舞，第一次将黄河、淮河连接起来，将黄淮间的济、濮、汴、睢、颍、涡、汝、泗、菏等主要河道连接起来，实现了更大区域内的互联互通。

　　鸿沟，是大禹治水之后中华大地上发生的最重要的一次开掘，将一个超越远古的神话，书写在大地上，中原文明由此进入了"鸿沟时代"：客观上推动了大一统时代的来临；黄河文明由此溢出大自然造化的河床，奔腾澎湃，冲荡旷野；改变了中原大地的历史样貌，丰富了中原文明形态，甚至，它是一种文明的新起点，由此开启文明的新走向，这个走向可以理解为它承续起大禹的不朽气概，开启人类奋袂而起、自觉剪裁自然、改天换地、人定胜天的历史时代。

　　纤夫，大运河的真正主角，他们拉动漕船，拉动漕河，拉动国家力量。

从无间断的滚滚漕运、超过一亿石的九州漕粮，支撑起西汉王朝对匈奴无畏生死的二十年征战，漕运纤夫拉动的千船万帆于是化作饱满昂扬的战斗力，注入车骑将军卫青、骠骑将军霍去病、前将军李广战团的铁蹄，所向披靡，饮马瀚海，吃足了运河上运来的粮料的汗血宝马，将汉武帝"寇可往，我亦可往"的豪言壮语践行在浩瀚沙漠，匈奴留下"好汉""男子汉"发自内心也是世界上最无奈的赞美，被埋入历史深渊，辽阔的西域终于诗化成丝绸之路，书写出马队驼铃、经声佛号的文明诗篇。

汉光武帝刘秀成功筑阳渠，使黄河与淮河之间的人工运河在春秋战国、秦和西汉的基础上向西进一步拓展，形成了西起洛阳，经阳渠，连接黄河、鸿沟新的水运航线，把国都洛阳与中原及江淮地区更密切地联系起来。

阳渠上千船竞发，万帆穿梭。

汉光武帝刘秀给洛阳带来的不只是国都、一座繁华的京城，还是政治经济中心，以及确保这个中心繁华的大运河中心，中原大运河繁盛时代由此开启。

运河中心地位，畅通天下，源源不绝的漕粮，支撑起刘秀长达十九年的东征西讨，剿灭割据势力，平定天下，继西汉之后又一个大一统的中原王朝，挺立在浩荡的黄河之侧、阳渠岸畔。

曹操的眼光是军事家的眼光、战略家的眼光、政治家的眼光，深邃阔大，高远卓越：开筑运河，转漕给军。兵士民夫自浚仪始，经陈留、杞县、睢县、宁陵，开筑水渠至睢阳。

睢阳渠开浚，漕粮有济，曹军顺水推兵，于官渡大败袁绍集团，一役廓清中原。

是睢阳渠焕发出的力量，吞没了北方地区最大的割据势力。

任何争霸都是军事实力，更是经济实力的较量。承续起父亲"以通渠积谷为备武之道"的战略思想，作为"修耕植以蓄军资"的组成部分，魏文帝曹丕在黄淮平原上大修水利，大兴屯田，大筑运河，全盘接过父亲的运河遗产，更在其基础上奋力开拓进取，不遗余力，讨虏渠、千金渠、广漕渠、贾侯渠……于沙、洧、颍、汝水之间，使淮河以北各支流沟通舟楫，形成了新的运河网。所开运道数量之多、径流之长、影响之深，前无古人，后启来者，将一个朴素的事实书写在中原大地，颠扑不破：得中原者得天下，得运河者得中原。

中原大地，在纷飞的战火中战栗；中原河山，在弥漫的硝烟中破碎。这是中华文明历史的洼地。狂飙天落，落成洼地上的运河。运河，自诞生那日起，就获得了只属于自己的独立生命：吸纳大地上、山河间的涓涓细流、点点涧水，缀连破碎，缝补河山；凝聚大地上、山河间的精神魂魄，填平洼地，滋养生灵，一往无前。

隋王朝定都长安。

长安经洛阳畅通江淮，已经是王莽新朝之前的事了，距隋文帝至少五百年。五百年来，洛阳以东至江淮的中原运河再也没见过长安驶来的漕船。

"渭水千年浊，秦川万里秋。"隋文帝勠力开筑广通渠。深阔的广通渠上，千舟万船，桅樯相接，风飞帆动，昼夜不息，将长安与中原、与黄淮地区联系起来，让始于鸿沟的中原大运河，在淹没了战国秦汉宫阙之后，再一次凝聚起四分五裂的大地，将天下一统的宏大理想，冲刷到隋王朝的栏槛前，一个崭新的王朝，由一段运河的开筑趁势走向巅峰。

大运河，天地化育，流淌着中原文明的滋养，启示先贤凝结的哲思，诞生出深邃的高天流云，在隋王朝的天空上盘旋。

造化天地的大自然没有恩赐给我们纵贯南北的天然大河，南北交通便没有自然河流可以利用。南北往来，只能或翻山越岭，或漂洋过海。自然大河在畅通东西的同时，客观上也在阻碍和屏蔽南北，使中国古代的交通迂回险阻，艰难困苦，影响着南北之间经济、文化的交流和政治上的统一。

隋帝杨广以王者的伟力，继承起前代遗产，加之不断开凿，挖掘出了由海河流域到黄河流域的永济渠，黄淮之间的通济渠，淮河与长江之间的山阳渎，京口至余杭的江南运河……将河北平原、中原地区和江淮地区紧密地联系起来，也就是将华北战略重地、中部文化昌炽之区和南部财富之区紧密地联系在一起，形成了一个以洛阳为中心，西通关中盆地，北抵河北大地，南至太湖流域，流经今京、津、陕、豫、冀、鲁、皖、苏、浙九省市，全长八千里庞大的运河系统，总长度达到中国运河的历史峰值，前无古人，后未见来者。

这时，是壮阔运河时代，是大——运——河！

喊一声大运河，其中蕴含着一种不可言喻的澎湃！

唤一声大运河，其间蕴含着一股无法描绘的浩荡！

壮阔运河时代的原点在河南，壮阔运河时代的艰难在河南，壮阔运河时代的枢纽在河南，壮阔运河时代的辉煌在河南，河南用通济渠、永济渠主航道的经络动脉，沟通江海，激荡山河，书写属于民族、国家的壮美史诗……

隋帝杨广赌上了一个王朝的命运，开筑通济渠、永济渠，掘出二里沟文明之气、夏商周富贵之气、河洛山川浩荡之气，以八千里的流淌，将民族、国家送进了唐王朝的历史辉煌。

站在盛唐舞台中央的，不是帝王，不是贵妃，不是朝廷文武大臣，而是望春楼下的广运潭，是托举起广运潭的大运河。

"世界的历史，即城市的历史。"运河文明史就是运河沿线城市的诞生、成长、发展史。运河文明的精华就集中于运河城市中，然后以运河城市为中心枢纽延伸到中国社会文明机体的末梢与细部。

运河城市总是成群出现，形成运河城市群。隋唐大运河一般是穿城而过，百姓夹河而居，呈现着城市因河而兴的历史轨迹。如果说隋唐通济渠是一条碧绿而柔软的彩练，那么，洛阳、陕州、偃师、巩义、荥阳、郑州、商丘……就是镶嵌在这条彩练上的城市群落明珠，璀璨夺目。

魏国凿鸿沟，经大梁入淮水，一条大运河将大梁滋润成煌煌国度。秦灭魏，毁大梁，运河湮，开封从此沉睡，一睡就是七八百年。隋帝杨广开筑通济渠，激活了鸿沟、汴水，也激活了开封。唐朝后期，战争绵延不绝，千年都城长安衰落了，千年都城洛阳衰落了，开封却依凭运河强势崛起，重现淤泥下的昔日繁华，甚至更为繁华，终于自五代开始取代长安、洛阳，成为梁、晋、汉、周四朝的国都。惠民、金水、五丈、汴水等四渠，如四条宝带，派引脉分，会于开封，缠绕汴梁，舳舻相接，赡足大邑，以无匮乏，最重要的是它把汴梁与四海九州联系在了一起。宋王朝用大运河作针线，将破碎的国土连缀成大宋版图；用大运河作甘霖，浇灌出五谷丰登、锦绣繁荣，浇灌出世界上最大的都市；用大运河为国际水道，鼓励国内和海外远程贸易，分四路招致海南诸蕃，京都居中，畅通天下，水上的风帆橹桨将大宋王朝的自由之风和绚烂璀璨的文化传遍世界。

李白杜甫的相遇偕游，永远与大运河一起，海枯石烂，天老地荒。以洛阳为中心的大运河，映照着李杜的文化光焰，盛装奔流一个时代的豪情诗意，诗歌的大运河、文化的大运河，横亘大唐，辉耀千秋。

大运河作为文化的河流、创造文化的河流，对南北文化的交流与统一发挥着巨大作用，在隋帝杨广时期意义不彰，真正打破魏晋以来中国南北文化半封闭状态，使南北文化进一步融合，并在融合中生发出一种创造，自唐代始。唐宋王朝大量官员、学者、墨客、商人、僧侣、道士……行走往还于运河之上，或赴任，或游学，或赶考，或游历，或经商，或传教，借助大运河的流转，各色文化交流融合，生发出惊艳传奇。大运河，不仅是唐宋经济的生命线，也是中华文化的生命线。

名动大宋、名动中国文化史的宋代文化人，许多就生长在大运河边，且与唐王朝相比，大宋王朝的京都鼎立于中国运河更核心的位置，文人也因此更深地融入运河，他们的诗文，他们的文化创造，直接塑造了大宋时代的文化面貌，笼罩九州，镌刻山河。

唐宋文化与大运河有着怎样的精神连接，是一个谜一般的存在，长时间被我们忽略，等待解码和破译，相信其结果一定是双向陡增的无尽魅力，甚至是全方位的美学唤醒……

大运河流至北宋，流进了中国社会生活的深处，塑造着社会面貌。

它促进着运河流域及其辐射区域工商经济的发展，沿河地区尤其是运河两岸的城市中，百业俱兴，商业气息浓厚，商品经济随之生长起来、繁荣起来、发达起来。从城镇到农村，纺织业、编织业、印刷业、造纸业、金属品制造业、生活用品制造业、瓷器业、酿造业……一大批官私工商业、手工业，蓬勃兴起，生机盎然。

在运河城镇中，各类商业店铺鳞次栉比，更多的人从事商品流通，商业人口大增，东、西、南、北物资因他们的介入而沿运河大交流，规模前所未见，呈现出从业而聚、活动频繁、规模渐大的特色，冲破并改善着地域商业的封闭状态，形成以运河为纽带的商品销售形式，独具特色的运河工商文化因此悄然形成，客观上为全国统一市场的萌芽、生长提供了可能，也给封闭沉闷的社会生活注入了新鲜活力。

大运河，像一条高速运转的印钞机的输送带，把"香轮暖辗，芳草如茵；骏骑骄嘶，杏花如绣"的汴梁京都宠得忘乎所以。

"华夏民族之文化，历数千载之演进，造极于赵宋之世。"

"在社会生活、艺术、娱乐、制度、工艺技术诸领域，中国的宋代无疑是当时最先进的国家。"

"如果让我选择，我会生活在中国的宋代。"

让我们屏住呼吸，小心翼翼地展开翰林图画院张择端的《清明上河图》，看一看汤因比想选择生活的宋代、北宋的都城汴梁……

金军扑来，历一百六十七年的北宋帝国宏伟大厦，在郭京的"法术"咒语中被洗劫后终结，彻底打碎了汉人一统天下的天朝上国梦。

"一朝为俘虏，肝胆俱已裂。"无力抵抗、无心抵抗的宋高宗背对阙伯殿，自通济渠商丘段睢阳码头登船仓皇南逃。踏上龙舟的那一刻，赵构举目望向旷野，故国河山，风雨飘摇，一声叹息，挥手开船。

龙舟驶向运河的河心，转了一个圈后，呜咽东去。

龙舟渐行渐远，远成汴水上的一个黑点。这个黑点，是北宋王朝的最后背影，也是中原大运河作为御河的历史句号。

宋高宗走了，大宋王朝走了。他们带走的不仅是大宋王朝，更是两千余年帝王文明，国都从此以后再也没有能回到黄河流域。

八百多年后的2016年，通济渠商丘南关码头遗址考古现场，在较早的河岸夯土层中清理出一件北宋时期的青瓷罐，保存完整，罐口上盖着一个黑釉瓷盘。考古专家认为，这两件组合在一起的器物是有意埋入夯土内的。那么，故意埋入的含义是什么？或许，这件孤独的大型青瓷罐象征的是侥幸逃脱的康王赵构，而罐口盖着的黑釉瓷盘象征的是宋高宗拥有的江山仅剩这瓷盘大小。不能再失去啦，夯在土层里，以传永远。

忽必烈掀翻南宋朝廷之后，扭转乾坤，一变中国历代王朝国都鼎立黄河流域之传统，定都燕山南麓，称"大都"，也称"燕京"，中国政治中心无可阻挡地离开了黄河流域，转移至中原皇帝想都没想过的北方。

中国历史发展的必然，运河再次回到王朝的中心，回到了国家社会经济生活的中心。

然而，手掌般强劲展开的中原运河、中国运河被截肢了，回来的只是一根手指般的京杭运河。隋、唐、宋八千里中国运河，仅剩下元王朝的三千五百里。

隋、唐、宋中原运河、中国运河扇状横淌过约37%的国土面积，至元旋转成线形京杭运河后仅与约7%的国土面积有关。有元王朝国土面积骤然扩大的原因，但最根本的还是大运河的流程被截短。

如果进一步将线形辐射能力弱的特点考虑进去，比如，京杭大运河除了几乎贯穿江苏全境外，流过河北其实就经过廊坊、沧州两地，流过山东其实就流过德州、聊城、济宁三地，流过浙江其实就流过嘉兴、湖州两地，如此考察，京杭运河流过元王朝的国土面积不足2%。

这不仅是大运河流淌方向的改变，中国政治、经济、历史、文化、社会、生态……方方面面都在改变，大运河的影响力比起隋、唐、宋来，不可同日而语。而被大运河抛弃的隋、唐、宋运河流域，社会经济民生随之快速衰落。

此后对京杭运河的所有夸耀赞美，应该也是京杭运河承受不起的，其实是将主要对隋、唐、宋中原大运河、中国大运河的夸耀赞美附着、寄托在了京杭运河身上，京杭运河只能算因战争、因王朝更替导致全盛的中原运河、中国运河脑溢血之后，仅剩的还算灵便的一节残肢，它是中原运河、中国运河边的微草，是战火纷飞中的晚霞，是夜半到客船的那一记钟声，是古城墙下的落花，是唱给落魄的中原运河、中国运河的挽歌。

樯帆为路、波浪为程，一路豪歌、强健江山的中原运河历史性地衰落，犹如一袭龙骨，隐埋于中州大地，成为大地上一道沉思的皱褶，成为留给历史的永恒思念……

第一章 鸿沟时代

前361年,魏惠王于荥阳成皋黄河与圃田泽之间切出一条大沟,中原运河由此横空出世,登上中华文明史的舞台。

它像一条被天风鼓荡的飘带,一头系在邙山之中,另一头随着迤起伏的地势自由飘舞,第一次将黄河、淮河连接起来,将黄淮间的济、濮、汴、睢、颍、涡、汝、泗、菏等主要河道连接起来,实现了更大区域内的互联互通。

鸿沟,是大禹治水之后中华大地上发生的最重要的一次开掘,将一个超越远古的神话,书写在大地上,中原文明由此进入了『鸿沟时代』:客观上推动了大一统时代的来临,黄河文明由此溢出大自然造化的河床,奔腾澎湃,冲荡旷野;改变了中原大地的历史样貌,丰富了中原文明形态,甚至,它是一种文明的新起点,由此开启文明的新走向,这个走向可以理解为它承续起大禹的不朽气概,开启人类奋袂而起、自觉剪裁自然、改天换地、人定胜天的历史时代。

扫码探寻
- 图解千年运河
- 镜头下的运河
- 运河文化珍藏
- 中华水系之美

眺望中国运河历史地平线,在我们眼前一闪的霞光似乎是"偃王……欲舟行上国,乃通沟陈、蔡之间"。

霞光照亮的是豫东平原,在那逶迤的平原上有沟通陈、蔡之间的运河。有人据此认定这就是河南运河的历史原点。

偃王,西周时徐国第三十二代国君,髯袖垂髻,风流秀曼。《韩非子·五蠹》:"徐偃王处汉东,地方五百里,行仁义,割地而朝者三十六国。"

陈、蔡是西周封国。陈,即今河南淮阳一带,位于沙水北岸;蔡,即今河南上蔡一带,位于汝水东岸,都在淮河流域的豫东平原上。有影响的徐偃王向往中原,想坐船到陈国、蔡国看看,但尽管沙、汝二水都是淮河北侧的支流,但水道是分隔的,并不贯通,不能直接通舟,一定要沿水路去陈、蔡二国,那就得绕道淮河,迂回路远。于是,开凿运河,沟通沙、汝二水,可便捷地实现徐偃王"欲舟行上国"的愿望。

这样理解《徐偃王志》上的这行文字有很大风险,著名历史学家钱穆先生就推翻了这一记载。徐偃王所处的时代在春秋后期,而这个时期的陈、蔡之间已经是楚国领土,徐偃王以附庸小国,何来的胆量到强大的楚国境内开筑一条运河?春秋行将结束的前512年,徐国被吴国掘渠引水淹灭,它何时去挖了那条运河呢?显然,它经不起历史的追问。进入战国时期,宋弃睢阳迁都原属徐国的彭城。钱穆先生由此论断，能开挖陈、蔡之间运河的不是徐偃王，只能是"面有神光，力能屈伸铁钩"的宋王偃，史书记载混淆了徐偃王与宋王偃的事迹。钱穆先生考证扎实，言之凿凿，由不得我们不信。

无论是徐偃王还是宋王偃开筑了陈、蔡之间的运河，对中国运河史其实都不重要。或许因为开凿的规模实在太小，更大的可能是那个时代国家领土版图变更得过于急遽，这条连名字也没有留下的运河的具体位置、宽窄、长短，无人知晓，无法考证，消失得无影无踪，消失得仅剩史籍上一行似是而非的文字和钱穆先生一段耗费精神的考据，特别是，它对中华文明史的影响，聊胜于无。似有似无，似无，视无。我们更愿意说中原运河的伟大起点始于轰轰烈烈、扎扎实实、遗迹尽在的鸿沟。

前361年，注定在中国历史上是一个具有风向标意义的年份。

这一年，刚刚继位的秦孝公嬴渠梁向天下各国发布了广纳人才的"求贤令"，许诺凡能够献计献策使秦国强大的人，秦国将授予其高级官职，并赐予土地。

于是，一个月黑风高的夜晚，自魏国通向秦国的驿道上，黑黢黢的布衣男子行色匆匆，他回头望了望视野尽处的魏国都城大梁，摸了摸怀里揣着的李悝《法经》，一跺脚直奔秦都栎阳而去，身后抛下几声稀落的犬吠。

自此，在孝公当政的秦国，一场改变中国历史走向的变法运动自这位布衣男子的到来而轰然开启，史称商鞅变法，变法的主持者就是这位逃离魏国年轻有才的卫鞅。而他变法的核心几乎照搬了魏文侯时任相十年的李悝在魏国的变法实践：推行"尽地力之教"，农民"必杂五种，以备灾害"；实行"平籴法"；加强法治。

而当时的魏国君主则是在后世史书中毁誉参半的魏惠王。沉浸在"世代争霸"梦想中的他,并没有意识到国相公叔痤"若不用商鞅,一定要杀掉,不让他投奔他国"的临终遗嘱对魏国意味着什么。

早在前 403 年,把持晋国朝政的韩、赵、魏三家被日渐衰微的周王室正式封为诸侯,这就是"三家分晋"。这一次分家则是礼制严整的周王朝"礼崩乐坏"的标志事件。

晋国一分为三,三国单个的势力都不强,倘若能联合起来,仍然可以是战国政治舞台上势力最大的那一股。魏文侯、魏武侯奉行的就是联合策略,成为事实上的霸主,奠定了魏国国策基础。《战国策·魏策一》"韩赵相难":韩、赵互敌,韩国向魏国借兵伐赵,魏文侯说:"寡人与赵兄弟,不敢从。"赵国也向魏国借兵伐韩,魏文侯对赵国使者说:"寡人与韩兄弟,不敢从。"韩、赵都没得到魏国的军事支持,因此都没有战胜对方的实力,也就放下了互殴的心思。冷静下来之后都感到魏文侯的善意,韩、赵两国都与魏交好。

即便如此,独立建国之后把都城设在安邑的魏国,发现自己处于赵、卫、宋、韩、秦等诸侯国的重重包围之中,强邻环伺让魏国的历代君主都感到如坐针毡。如此险恶环境中,富国强兵是唯一国策。魏文侯重用李悝主持变法,开启战国时期诸侯变法改革运动的先河;重用吴起主持军事改革,一支以武卒制为基础的强大的国家武装力量在军改中崛起。由此,魏国经济繁荣,武卒强盛,雄立战国初期诸侯争霸第一方阵。至魏惠王主政时期,魏国疆域范围已扩展到黄河以南广大中原地区。

扩展开来的魏国版图趋近于亚腰形,位于西部的都城安邑时刻面对秦国的虎视眈眈。尽管经过多年的与秦战争,攻占了秦西河之地,设置西河郡,派吴起任西河太守,致使"秦兵不敢东向",但都城的战略纵深还是太浅,根本没有回旋余地;尤其是因为魏惠王损三晋而自强的冲动,三晋联盟破裂，敌对阵营陡然扩大，倘若赵国、韩国利用地理优势从腰部掐断魏国东西联系，都城安邑即陷于韩、赵、秦的合围之中，魏国将万劫不复。

迁都，避险求安，控制中原，称霸诸侯，成为上上选择。魏惠王雄魄决断，国都东移八百里，"徙都于大梁"，时为魏惠王六年（前364年）。

大梁，也就是今天的开封。魏惠王的到来，使黄河南岸的一座不起眼的小村庄，由此开始了它的历史性跃升，跃升为一个国家的政治中心。

开封，传说中大禹治水的居住地。春秋时为郑国属地，郑庄公命郑邴在此处筑城，作为储粮存粟之地，取开疆拓土之意，命名为"开封"。它还有一个名字叫"浚仪"，与这里的河流有关："北有浚水，像而仪之，故曰浚仪。"《石田野语》上说，"浚"与"仪"是春秋时期两个城邑的名字，浚仪居于二邑之间，所以有"浚仪"这个名字。史书上关于开封的记载不多，且十分简略。魏惠王在这里大兴土木，构筑新城，并赐名"大梁"。梁，栋梁，大梁撑天下，可见魏惠王命名之气魄、理想、情怀。因此，人们也常把魏国称作"梁国"，把魏惠王称作"梁惠王"，世人尽知的孟子见梁惠王，就发生在开封，见的就是魏惠王。

开封位于黄河冲积扇面上，周围是坦荡的大平原，居中原腹地，东接齐鲁，南控江淮，西临嵩岳，北据燕赵，占尽地利。彼时的大梁城，河泽密布，各条河流与湖泽相互独立，水量不均，水位不稳，水运不畅。

"食之所生，水与土也。"在迁都当年，"梁惠王废逢忌之薮以赐民"，废弃国家控制的逢忌泽，让百姓利用，以施惠于民，黎民雀跃。

对有着称霸中原雄心的魏国来说，仅利用一个逢忌泽是不够的。如何让国家强盛、子民富足，成为迁都之后魏惠王亟待确立的基本国策。

也是前361年，几乎和商鞅出走秦国同一时间，一群擅长治水的徙阳羌族人，顺着青衣江水，也就是今天四川大渡河的一个支流，从岷山出发，经秦国来到了魏国。

走了一个,来了一群,这是不是上天的安排?

徙阳羌族人为什么来?为什么选择魏国停下他们长途跋涉的脚步?这是历史之谜,无从解开。或许因为人数太少、规模太小,在人口迁徙学者眼中只是可以忽略不计的偶然性流浪,不值得劳心费神。只知道他们来了,只知道魏国成了他们的留居国。

然而,对魏国而言,对中原而言,这都是上苍的一次神奇的赐予,徙阳羌族人的到来,改变了魏国的历史性存在,也改变了中原大地的山川形胜、历史命运。

魏国辖荥阳。荥阳有荥泽。司马迁《史记·河渠书》载:"河灾衍溢,害中国也尤甚。……于是禹以为河所从来者高,水湍悍,难以行平地,数为败,乃厮二渠以引其河。北载之高地,过降水,至于大陆,播为九河,同为逆河,入于渤海。"黄河流域洪水泛滥,浊浪滔天,生民深受其苦,不堪其害,大禹挥动倚天大锄,劈壅去塞,顺势利导,畅通其流,"导沇水,东流为济。入于河,溢为荥"。

荥泽,形成于史前,《尚书·禹贡》上的"荥波既潴"四字比《史记·河渠书》更可靠,黄河水沿古济水溢出后聚积为荥泽,是古代中国九大泽之一。与现在相较,古时,黄河河道偏北,后来黄河不断南翻,淘蚀山根,使黄土质的敖山滑塌河水之中,由黄河分出的"河南之济"沿广武山北麓东流,同时接纳了由广武山上流下来的柳泉和广武涧两股小水,流过了敖山以北和荥渎相汇。二者汇合后再转向东南流入荥泽。荥泽起到了储水和调节济水的作用,同时也是行船停泊之所。荥泽的存在,影响了黄河、济水等水系。荥泽之东的圃田泽,由河水与自然降水汇集而成。

荥阳段黄河

荥泽和圃田泽的存在，是神的赐予。当魏惠王为如何富国强兵焦虑时，来时横贯魏国、了然大梁城周边水文的徙阳羌族人，凭着对青衣江的迷恋和永不磨灭的记忆，为魏惠王开出了引黄河水入圃田泽、疏通河道、兴修水利治国兴邦的伟大处方：水，有舟楫之便，有灌溉之利，唯水中有不可言喻的神奇力量，足以凝聚起一个富国强邦。

《周礼·地官》中有关于"稻人"的记载为："稻人，掌稼下地。"专门从事低洼多水地区的引、蓄、配、灌、排水及防洪等一系列有关水利的事务。荥泽、圃田泽多"稻人"。徙阳羌族人与"稻人"的智慧相聚汇，形成了魏惠王的最后决心——"入河水于圃田，又为大沟而引圃水"。

惠王亲率子民，开赴筑河工地，在荥阳成皋黄河与圃田泽之间奋力开筑，于邙山之间横向切出一条大沟，利用济隧河道将黄河水注入圃田泽，圃田泽成为一个巨大的储水水柜，而这条大沟就是后世闻名的鸿沟，它在徙阳羌族人、"稻人"迷津指点中横空出世。

鸿沟开通，鸿沟流域再没有僻壤，它以它极强的通气性、渗透性和吸附性，滋润所有的田野、村庄、城镇，凡水珠溅及的地方，一年一年涌动着辽远温馨的波浪，田塍、炊烟、节日、五谷，漫漫水深处，希望静静升起，弥散自身光芒，将无声的岁月敲响。

魏国像面包一样发起来，短短十几年间，"诸侯四通，条达辐辏"。大商人虞氏"家充盈殷富，金钱无量，财货无赀，升高楼，临大路，设乐陈酒，积博其上"。魏都大梁皆大贾小商，一派富饶景象，一跃成为经济发达、人口众多、富甲中原的商业大都市，在中国历史上开始显现出它的分量。而魏国沿鸿沟修筑的内陆长城，让魏国形成了独立完整的水陆防御体系。

时势的召唤和推动，运河，由此登上中华文明史的舞台。鸿沟，像一条被天风鼓荡的飘带，一头系在邙山之中，沐浴着二里头中华文明的晨曦；另一头随着逶迤起伏的地势自由飘舞。

鸿沟

"拥土千里，带甲三十六万"，拥有了鸿沟的魏国一天比一天强盛。强盛起来的魏国在此后的二十年里成为仇富恐强的诸侯国的眼中钉，它们多次结盟攻魏，然而，实力就是实力，结盟的诸侯国无法撼动魏国的强大，均铩羽而归。膺服强盛是人性，当然也是由人组成的国家性格。魏惠王十四年（前356年），鲁、宋、卫、郑四国国君亲赴大梁朝见惠王，"鲁恭侯、宋桓侯、卫成侯、郑釐侯来朝"，魏国终成战国一时赫赫霸主。

接着，从实力地位出发，沿袭战国时期霸主们"挟天子以令诸侯"的俗套，魏惠王果断"驱十二诸侯以朝天子于孟津"。尽管商鞅讥讽魏惠王所带领的十二诸侯多淮、泗一带小国，"大王之所从十二诸侯，非宋、卫也，则邹、鲁、陈、蔡"，但商鞅故意对战国七雄中秦、赵、韩三家也参加朝会视而不见，"孝公二十年，秦使公子少官率师会诸侯逢泽，朝天子"，证明魏惠王无可辩驳地坐上了中原霸主交椅，《战国策》中叙及该事件时用的是一"驱"字，足见魏惠王在诸侯中的实力地位。而实力的来源就是魏国新修的这条风帆樯动的大河。

称霸之后的魏惠王有些忘乎所以，不断向邻国发起战争，意图攻城略地，扩大版图。"逢泽之会"后，魏国进攻韩国，显然以强凌弱。韩国向齐国求救。齐国以田忌为将、孙膑为军师，攻魏救韩。魏惠王以太子申为将、庞涓为军师反击。两军相遇，孙膑以逐日减灶的办法制造齐兵因畏惧而溃败的假象，然后在地势险峻、道路狭窄的马陵设伏，以逸待劳；藐视一切的魏军果然中计，庞涓率先头部队急功冒进、急速追击，大败，庞涓战死，太子申被俘，魏国十万大军被歼灭。马陵之战，成就了战国一代名将孙膑，也让魏武卒几乎全军覆没，魏国国力由此步上衰退之路。

接着，齐、秦、赵趁机从东、西、北三面围攻魏国："二十九年五月，齐田盻伐我东鄙。九月，秦卫鞅伐我西鄙。十月，邯郸伐我北鄙。王攻卫

19

鞅，我师败绩。"

面对一系列的失败，魏惠王引以为奇耻大辱。孟子游学至魏国时，魏惠王就曾面对孟子痛心疾首："晋国，天下莫强焉，叟之所知也。及寡人之身，东败于齐，长子死焉；西丧地于秦七百里；南辱于楚。寡人耻之。"

最具讽刺意味，也是魏惠王最不能接受的是，主持秦国变法多年的卫鞅亲率大军攻魏，活捉了他曾经的发小魏公子卬，占领魏国原来的都城安邑，魏惠王不得不吞下当年放走商鞅的苦果，签下城下之盟，割地认输。卫鞅由此被秦孝公封君于商於之地，后人称之为商鞅。

商鞅封君的第二年，即前339年，感到十分憋屈的魏惠王再次把希望的目光投向大梁城根的鸿沟，他要重整山河，东山再起，自欺欺人地抱定鸿沟运河给予魏国经济基本面长期向好的趋势没有改变、也不会改变的信念，举日益衰退的国家之力疏通、拓宽、开凿境内鸿沟水网，我们可以将此看作是鸿沟二期工程。"三月为大沟于北郛，以行圃田之水。"从圃田泽引水到国都大梁城北，"分为二水……汳东注，沙南流，其水更南流"。引鸿沟绕大梁城向南，一分为二，一支为汳水，另一支为沙水。

魏惠王完成了四通八达的鸿沟水系的建设工程，从大梁城向四周深度延伸：向东南可以到达太湖、东海以及钱塘江；沿济水、卫水向东可达齐都临淄；向西经黄河入洛水，到达洛阳。鸿沟一、二期工程加在一起至少开凿了五百里，即便放在今天，它仍然称得上是一项了不起的伟大工程。

前338年，鸿沟二期完工，让魏惠王夜夜梦魇的商鞅被秦王嬴驷五马分尸，接连的好消息一度让魏惠王看到复兴霸业的希望。然而，过于庞大的鸿沟运河系统超出了魏国一国的驾驭能力、运营能力，运河之利被沿河诸国分享，凝聚不起潜在的力量，也因此，直到前319年，再也没看到魏国的战旗越过崤山以西的函谷关，在位五十年气吞万里的魏惠王抑郁而终，满心的不甘最终被埋在了鸿沟之侧邙山的漫漫黄土之下。

"四月越王使公师隅来，献舟三百、箭五百万及犀角、象齿。"这是在魏国史官编纂的《竹书纪年》中记载的一个故事。前312年，越王派大夫公师隅携带舟三百、箭五百万和犀角、象牙等奇珍异宝，由江入淮，溯淮进入鸿沟，再沿着鸿沟水系到达魏国都城大梁，谋求建立魏越联盟。迎接他的已经是魏襄王，这也是魏国最后称霸鸿沟水系的一次回光返照。

鸿沟，运河，诞生在这里而不是其他地方，是历史的必然。这片土地被称作河洛。中国文化始于河洛，河洛文化是中国最古老之历史文化。远在三代之初，始祖就在这一带生息繁衍，逐渐形成古老的河洛文化。河、洛，皆水，鸿沟之水畅流河洛，自然而必然。是时代恰好选择了魏惠王，魏惠王顺应了时代。

魏惠王成功开凿鸿沟，成为中国引黄事业的先驱。在黄河上建设引水口开源，这是之前从未有过的事情，也从侧面展现了当时中国开凿运河技术的提升。同时，鸿沟利用地势连接天然水系，打破了自古天然河流互不相通的局限，形成了功能完备的黄淮水陆交通网络，在规模上要比春秋末吴国所开的邗沟大得多，"出征转输"功能更为凸显；还能利用原有的湖泊沼泽进行水量调节。这对魏国经济社会的发展起到了非常重要的作用。

鸿沟，在中华大地上第一次将黄河、淮河连接起来。淮河支流在黄河以南的黄淮平原上呈羽状展开，鸿沟连接黄河、淮河，就是把黄淮之间的济、濮、汴、睢、颍、涡、汝、泗、菏等主要河道连接了起来，在中原大地上形成了以鸿沟为主干、以自然河流为分支的完整水网。

鸿沟，开中国引黄济田的先河，同时我们指认它就是运河，就是中国大运河的根脉与原点。明清之际的地理方志学者顾祖禹不认为鸿沟是运河。他在他的名著《读史方舆纪要》里对"运河"做过这样的解释：运河，只有在肩负起漕运使命之后才能真正区别于自然河流。显然，这过于严苛了，是对待大运河的历史虚无主义态度。盛装激情、载动历史航船的鸿沟，从它诞生的第一天起就区别于自然河流。区别于自然河流且具备"运"的功能，就得承认它是运河；"漕运"只是人工河流"运"之一种而已。

鸿沟筑成，不断突破初始"出征转输"这唯一的军事目的，快速向军民两用、军民共用、军民融合发展。在以粮为纲的战国时代，鸿沟"可行舟，有余则用溉浸，百姓飨其利。至于所过，往往引其水益用溉田畴之渠，以万亿计，然莫足数也"，给沿岸各国居民带来了无尽财富。魏都大梁城"粟粮漕庾，不下十万"，成为中原粮仓。凭借巨大的交通优势，魏国之舟穿行水上，得以驶入韩、楚、卫、齐、鲁、宋等国，魏国与流域各国的贸易往来和文化交流日益繁盛。

鸿沟筑成，随之而来的就是它强劲的辐射力量。这种力量最显著的呈现就是鸿沟水系流经区域都邑兴起。鸿沟南流入颍的临河大邑淮阳，因鸿沟通航，水运便利，南北之间的不同物产聚集到这里互通，"楚夏之交，通鱼盐之货，其民多贾"，生动概括了战国时代淮阳在中原与江南之间经济联系上的重要地位，也说明当时以鸿沟水系为中心运河对社会发展的推动和促进作用。颍水入淮河附近的寿春，汳水入泗水附近的彭城，济水之滨的陶……都是由鸿沟水系水运"运"来兴旺的城邑。运河催生出来的著名都邑更有司马迁笔下"东贾齐鲁，南贾楚梁"的洛阳，由荥阳以下的鸿沟水系沟通，洛阳得以向东与一些经济富庶地区取得联系，贸易交流，滋养了自身的活力。

鸿沟筑成，极大地推动了商品流通。"北海则有走马吠犬焉，然而中国得而畜使之；南海则有羽翮、齿革、曾青、丹干焉，然而中国得而财之；东海则有紫紶、鱼、盐焉，然而中国得而衣食之；西海则有皮革、文旄焉，然而中国得而用之。故泽人足乎木，山人足乎鱼，农夫不斫削、不陶冶而足械用，工贾不耕田而足菽粟……故天之所覆，地之所载，莫不尽其美，致其用。"荀子所说的"中国"指的是中原地区。依凭着畅通的鸿沟水系运河，泽人、山人、农人、工贾彼此的物产进入中原运河区域，用作交换；广大地区的物产通过运河进入中原市场。这样的流通带来了四海之内"通流财物粟米，无有滞留，使相归移也"，带来了所有物品"莫不尽其美，致其用"。

《史记·货殖列传》赞美着商品交流的繁盛："夫山西饶材、竹、穀、纑、旄、玉石；山东多鱼、盐、漆、丝、声色；江南出楠、梓、姜、桂、金、锡、连、丹沙、犀、玳瑁、珠玑、齿革；龙门、碣石北多马、牛、羊、旃裘、筋角；铜、铁则千里往往山出棋置。此其大较也，皆中国人民所喜好，谣俗被服饮食、奉生送死之具也。故待农而食之，虞而出之，工而成之，商而通之。"这里的"中国人民"指的是中原地区百姓。由于运河，中原人民与广大地区的联系密切，运河带来丰富的商品交流，使人们从这种交流中获得自己喜欢的物产成为可能。

《墨子·七患》："城者，所以自守也。"此前中原文明里"城"之本义是城垣，主要功能是防卫。防卫功能是中原文明也是中华文明里城市起源的重要原因和基本内涵。夏、商、西周时期的城市设有外壕、城垣与城壕、内壕共三重防御设施，以军事目的为主，设防的城堡是军事防御的重要手段。鸿沟的诞生，使这个"原因"和"内涵"发生了改变。大运河的主要功能可以称为"市"，它的基本功能是"买卖所之也"，是"致天下之民，聚天下之货"。与"城"因防卫需要倾向于要塞巩固显著不同，"市"的功能在于推动内部的循环与交流。鸿沟极大丰富了中原文明也是中华文明的内在质地，大梁由此成为中国历史上第一座最具开放性的城市，成为中国历史上第一座真正的运河城市。

运河文明孕育出的城市，有其他城市不可比拟的巨大区位优势，这样的优势不仅使它更容易取得中心城市的地位，而且可以快速地聚集财富。中原古代农耕文明总体上喜静不喜动，容易走向自闭和僵化，运河的出现，以流动不居的充沛，给这样的文明注入新的活力，一种新的文明形态在运河水的推动下渐渐形成。

大运河客观上有助于使中国社会因为更广泛的交流而成为一个内在联系更加密切的有机体，"大一统"思想自然而然地成为大运河上的粼粼波光。

徙阳羌族人的智慧映照着"鸿沟时代"。徙阳羌族人是上苍派来的使者？在完成了一番神启之后，从大梁魏国完全消失，消失得无迹可寻。或许，他们就是鸿沟上的风、鸿沟里的水，以"风水"形态相伴鸿沟。

鸿沟，承载着诸侯争霸的野心，随着河水滚滚流淌。而在魏国风行沟上、称霸中原的那个时代，东邻魏国、地域偏僻的秦国，举六世之功力，广延人才，改革变法，苦练内功，发展壮大。

《容斋随笔》中记载："七国虎争天下，莫不招致四方游士。然六国所用相，皆其宗族及国人，如齐之田忌、田婴、田文，韩之公仲、公叔，赵之奉阳、平原君，魏王至以太子为相。独秦不然。其始与之谋国以开霸业者，魏人公孙鞅也。其他若楼缓赵人，张仪、魏冉、范雎皆魏人，蔡泽燕人，吕不韦韩人，李斯楚人，皆委国而听之不疑，卒之所以兼天下者，诸人之力也。"

意思是：用外国人为卿，六国有；以客卿为相，六国也有；但六国中真正执掌实权、拍板定案的，超不出自己国家宗族和国人的范围，不可能让外国人掌握自己国家的命运。秦国是个例外。它大量起用各国人才，不仅拜为客卿，更重要的是委以重任，有职有权，重用客卿的政策成为秦王统一全国的重要保证。

当然，重用外国人才并不一帆风顺。

一开始给周天子养马的这个部落，建立起统一天下的王者基业。秦对东方六国加强了攻势，而与秦毗邻的韩国首当其冲。

韩国依凭一把所向披靡的"弩"而成为战国七雄之一。"天下之强弓劲弩皆从韩出"，它能射八百米，"远者括蔽洞胸，近者镝弇心"，是那个时代的萨尔马特。而当这样的利器被他人掌握之后，韩国的战略优势不再，一落千丈，面对日益强大的秦，过得提心吊胆，以至秦昭襄王去世时韩桓惠王竟然"衰绖入吊祠"。即便如此，韩桓惠王仍不觉安稳。

"韩闻秦之好兴事，欲罢之"，韩桓惠王想出"欲罢之"的办法是"疲秦之计"。派出一名叫郑国的人悄悄潜入秦国，劝说秦人修筑水渠，把人力物力转移到水利工程上，使秦国无力东顾，"令凿泾水自中山西邸瓠口为渠，并北山东注洛三百余里，欲以溉田"。

中国是一个水利大国、水利强国，远在先秦已经有专设的水官，管理水事，《管子·度地》记载，任命"习水者"为吏，称为"都匠水工"，负责河道堤防的巡查、整修。这类人员后来统称为"水工"。郑国就是这样的一位"水工"。

在秦国的地理版图上，秦岭山脉和陕北黄土高原之间，有一个东宽西窄的狭长地带，东是函谷关，西是散关，南是武关，北是萧关，周边被四关围定，这个狭长地带也就有了"关中"的名字，这片渭河平原也就随之被称为关中平原。韩国水工郑国瞄准的就是这片土地，欲在关中平原兴水利、灌溉田、造丰年。

农耕社会就是这么简单，土地是命，粮食是天。足够的粮食就可保证人口的大量繁衍。人口就是战斗力。粮食加人口，就是国力。一切有利于提高国力的措施都是好措施。秦国毫无例外地遂韩国所愿启动修渠工程。

渠尚未修完，韩国的阴谋败露，秦将郑国抓进了监狱，"中作而觉，秦欲杀郑国"。生死存亡之际，"郑国曰：'始臣为间，然渠成亦秦之利也。'秦以为然，卒使就渠"。嬴政命人将郑国从死牢中放出，继续负责完成剩下的修渠工程。"渠就，用注填阏之水，溉泽卤之地四万余顷，收皆亩一钟。于是关中为沃野，无凶年，秦以富强，卒并诸侯，因命曰郑国渠。"

郑国渠西起陕西省泾阳县西部的张家山瓠口，泾水自瓠口流出，入渠；东至北山注入洛水，全长三百多里，溉田"四万余顷"（约合今280万亩），盐碱地变成了粮田，荣曜秋日，遍地金黄，关中成为"天府之国"。

郑国是了不起的伟大水工巨匠，郑国渠是了不起的伟大水利工程。郑国渠采取"弯道取水"技术，以合理比降处理北方渠道泥沙淤积的难题，以"横绝"方式解决渠道跨流域建设的难题，以"淤灌"方式改造沼泽遍布、盐碱化的渭北平原。它所呈现出的先进理念和科学精神，如灯塔，千年闪耀不灭。尽管作为一名水工的郑国，在浩如烟海的典籍里，关于他的记载少得可怜，可怜到只有一个一笔带过的名字，然而，这就够了，足够他活在千秋历史里。

没有史料证明郑国"以水富国"思想受到过魏惠王凿鸿沟的影响，看上去郑国渠和鸿沟的修筑，是两个前后相距百年、相互独立的历史事件。然而，考虑到魏、韩同出于晋，互为邻国，且时为盟友，时是仇敌，百年间恩恩怨怨，难分难解，流淌了一百多年的鸿沟对韩国、对水利专家郑国没有影响、没有启示，似乎并不可能。于是，我们有把握说，关中平原上的郑国渠，是鸿沟水文明的思想花朵。甚至包括李冰父子"凿离碓，辟沫水之害，穿二江成都之中"构筑的都江堰，都应该放到春秋战国时期中国水文明达及的至高平台上来估量它们之间的联系，以及它们的历史意义、社会经济发展意义、文明意义。

郑国渠如雷贯耳，鸿沟默默无闻，司马迁要对这样的情状负起重大责任。司马迁因郑国渠客观上直接参与了秦王统一中国的历史进程而慷慨地给予浓墨重彩，却对鸿沟不明所以地惜墨如金，仅"荥阳下引河东南为鸿沟，以通宋、郑、陈、蔡、曹、卫，与济、汝、淮、泗会"，兴趣在"项王乃与汉约，中分天下，割鸿沟以西者为汉，鸿沟而东者为楚"上，对宏大历史叙事抱以热情，而对酿造宏大历史的历史铺垫缺乏耐心，以致鸿沟被历史一忘再忘，忘得有人怀疑鸿沟是否真实存在过。直到剔尽历史的泥土，《竹书纪年》上质朴篆字透出它千钧之力，鸿沟才回到它应在的位置。在鸿沟应得的位置上，我们清晰看见郑国渠是鸿沟时代文明粗壮枝干上的花朵。

郑国渠筑成后，秦王嬴政多次组织民力将境内的天然河道疏挖贯通，秦国主修的运河向东入渭水、黄河，最终连通洛水、谷水，与魏国主导的鸿沟二期工程事实上实现了互连互通。

这是我们看到的郑国渠之于秦国，包括此前鸿沟之于魏国的意义。而德国人卡尔·奥古斯特·魏特夫则看到了我们没有看到的意义。

魏特夫以历史理论家的敏锐眼光，注意到中国古典政治秩序与水利工程之间的密切关联，并对此展开锲而不舍的研究，终于在 1957 年出版了皇皇巨著《东方专制主义》。他言之凿凿地宣称，"东方专制主义"社会形态，都是由干旱或半干旱地区的治水活动催生形成的。自然存在的水资源，由于供给不均，或者受气候、地理等因素的影响过于显著，无法满足日益增长的农业生产生活的需要，必须借助人工水利设施作为中介物予以调节。建设和维护这些大型水利工程，非个体所能解决，必须由大规模的协作、严明的纪律、等级秩序、强有力的组织领导以及遍布全国各地的网络，必要时甚至需要强迫人民从事集体劳动。所有这些要素，无不指向需要一个以治水官僚为核心的专制权力结构的形成。因此，魏特夫下结论说：东方专制主义往往呈现为"治水帝国"的形式，治水本身又成为控制和动员社会资源的工具，在治水社会的需求中孕育了中央集权的大一统体制。

不过，我们依然坚定地认为，鸿沟、郑国渠的历史，为魏特夫的结论作出的是反向证明。先出现政治一统的现实，后才有鸿沟、郑国渠运河的开凿、运河系统的运行。运河开凿、疏浚、运行、维护等治水、用水实践，是集权政体政治运动的结果，而不是原因。相信运河的开凿运行，对于统治者有政治思想上的启示意义，但不是决定性的。颠倒两者的顺序，就会陷入地理环境决定论的政治狭隘。

"田野之辟，仓廪之实"，"田垦则粟多，粟多则国富，国富者兵强"。运河，给秦国灌注强大力量，秦国由此成为一支蓄满神力的箭，得以划破重重乌云的天空，拉开了天下一统的时代序幕。

前 225 年，秦将王贲率军顺鸿沟水势而下，势如破竹，直逼大梁城下。王贲下令掘开了大梁城北的黄河河道，引黄河、鸿沟之水冲灌大梁城，将大梁城连同魏惠王放走卫鞅的悔恨，一起湮没于历史的水波之中。

曾经给魏国带来无限风光的中原大运河，转眼间成为加速灭亡的洪流。

鸿沟，见证了魏国的兴盛与没落，随着奔涌的黄河水一起，流进新的历史篇章。

"兵强者战胜，战胜者地广"，在不到五年时间里，兵强马壮的秦师风卷残云、摧枯拉朽般荡平韩、赵、魏、楚、燕、齐各诸侯国，结束了长期分裂、长期混战的血腥局面。春秋无义战，山河归一统。

历史就是这样神奇：开凿运河的直接动因是各诸侯国为了成就自身的霸业，然而，所开凿出的运河不但没有使自己梦想成真，却客观上加速了各诸侯国灭亡的历史进程。运河一旦筑成，便获得王者霸业之外属于自己的生命、理想、追求和使命。这是历史的庄严峻切，这是运河的神圣伟大。

"奋六世之余烈，振长策而御宇内。"《史记·河渠书》总结道：关中水利的开发，是秦国能兼并六国迅速取胜的主要原因。秦王正是借助各诸侯开筑成的运河发达水网，顺水推兵，一泻千里。而作为"遗产"，鸿沟，在大秦的操作下，焕发出新的可能。

运河，助推着一统中国的雄阔步伐。

运河，加速着华夏历史的文明进程。

秦始皇一统江山之后，下令捣毁各国边境修筑的关塞、堡垒、坝堰等阻碍物，毁坏城郭，夷去险阻，收天下兵器，聚之咸阳，销以为钟镰，金人十二，重各千石，置宫廷中，凭吊烽烟滚滚的春秋战国。

唯有运河，同样作为重要军事设施，始皇帝非但没有下令毁坏消弭，而是诏令竭力疏浚开筑。

始皇帝对运河的重视与他所推崇的五德终始的理念分不开。

战国时期齐人邹衍用阴阳五行学说解释历史变迁、王朝兴衰。这位稷下学宫的赫赫学者，站在学宫门前的台阶上，面对他的弟子们侃侃而谈、滔滔不绝，阐释他的理念是那样天衣无缝：王朝因得天授五行中一德，即"受命"于天而成为天子，而当其德式微，无法继续统治时，便会有新王朝据五行中排序下一德取代，"革命"于天而重新受命，循环往复，无有例外。这就是"五德终始"，朝代更替和世道治乱的历史哲学和政治哲学。"五德"即水、火、木、金、土之德。邹衍称"五德"而不称"五行"，实在是周公的"天命观"和"以德配天"的神权理论此时已经深入人心，用"德"来诠释自己的新理论，是借周公之力，以利于自己新理念的传播。有"德"者"受命"一统天下，一旦统治者"失德"，就会失去"天命"，新的有"德"者便会应运而生，取而代之。横扫群雄的秦始皇对五德终始说心悦诚服，全面接受。从黄帝那里论起，黄帝得土德，那么夏就是木德，商就是金德，排到周就是火德，互克互生。周为火德，能灭火者，水，嬴政抢也要抢来火德之瑞，以秦水浇灭周火。为了证明秦是水德，就有了"秦文公获黑龙，以为水瑞"的传奇，秦始皇迫不及待地因此"自谓为水德也"。这也是秦始皇统一中国后更名黄河为"德水"的缘故，将德水之畔的一州命名为"德州"。秦与水联系在一起，水命，秦就是滔天大水，有水才有大一统的秦王朝。与水的这番纠缠，秦对水也就格外敬重，对水事也就格外用心。畅通运河，畅通漕运，成为国家制度。

秦始皇三十二年（前215年），始皇帝下达第一道疏浚令：疏浚鸿沟，通济、汝、淮、泗等水。

接着，秦始皇下达第二道疏浚令：驻会稽部队在春秋吴国江南运河和百尺渎基础上开挖陵水道。会稽戍卒放下手中的剑和盾，拿起筑河工具，开赴工地。

会稽戍卒不可能知道，命令他们挖河冬巡的始皇帝已经离开皇都行至云梦，翘首东望，急等着他们将脚下的陵水道开成，那时，始皇帝将沿水道视察在咸阳梦都梦不到的周王室后裔经营几百年的江南之地。

就在会稽戍卒挥汗如雨、夜以继日苦筑苦挖的时候，迫不及待的秦始皇在云梦登上豪华龙船，"望祀虞舜于九疑山，浮江下，观籍柯"。水陵道通时，御龙船自长江利港转入由伍子胥开凿的江南运河。"潮平两岸阔，风正一帆悬。"始皇帝心情大好，站上龙船甲板，迎风而立，战袍下摆被风撩起，发出旗展一般的猎猎声响，似乎是当年春秋战国的号角。无论多么激越的追求，最终都是历史的一缕清风？

秦始皇急匆匆的脚步，在江南运河镇江至丹阳之间的云阳县（今江苏镇江市丹徒区）停了下来。是随行"望气者"（看风水的人）望出了云阳县的一袭长陇上有"王气"，也就是说，云阳有王气，日后会出天子。始皇帝怎么可以允许有秦人之外的王者出现？！他霸气地站上长陇，瞭望一阵，跺跺脚，威风无比地命令"遣赭衣徒三千人凿破长陇！"——这是始皇帝下达的第三道疏浚开河令。

秦代，刑犯在狱中穿赭色囚衣，"赭衣"代称囚徒。

三千囚徒身负皇命，在秦吏的驱赶呵斥下踏上这片高岗，截其直道，使其阿曲，凿北岗以败其势。

这段由赭衣掘成的运河被称为"丹徒水道"，留在了御龙船的身后。

秦始皇舍船登岸，游会稽。面对声势浩大的车队仪仗，夹在人群中与叔父项梁一起看热闹的项羽说出了惊世骇俗的"彼可取而代也"，因司马迁记入《史记》而成为千古金句。

嬴政是中国历史上第一位史有所载乘船航行于运河之上的帝王。

对中国运河而言，这个"第一次"非同凡响，意味着中国运河由此流进帝王血脉，成为中国王朝历史再也不可分割的组成部分。

秦时，粮食主产地除郑国渠浇灌下的关中之外，大都分布在黄河中下游一带关东平原，函谷关以东，东至滨海一线，南至鸿沟水系灌溉的区域，北至"膏壤千里"的齐鲁区域。这些地区征得的租赋，是秦王朝经济财政的重要来源，它们主要依靠黄河、鸿沟、渭水漕运至咸阳，支撑起庞大的秦帝国。

崭新的秦王朝，废除列国旧封，实施崭新的国家制度，在国都设置以三公九卿为中心的全新中央集权官僚国体，辅佐皇帝处理朝政。作为一国政治中心的国都，不能没有强大的军力护卫，因此，又添设中尉（卫戍司令）、将作少府（宫廷建设主管）等一系列新官职，各有所辖，各司其职。如此，官僚、军士、劳工及其家属子女，与此前的"山东诸国"相比，秦王朝的咸阳都城常住人口急遽增加。而增加的这部分人口，都不从事农业生产劳动，是纯粹的消费者。为了维持国都庞大的人口日常生活，从全国各地源源不断地持续输入须臾不可短缺的粮食、布帛等生活所需，就成为必然。

为了应对必然会有的战争和偶然会有的突发事件，需要在若干战略要地提前建设仓库，储备战略物资，以备不时之需。利用黄河、鸿沟水系和济水等水路交通网络，把中原漕粮西运关中、北输边塞，在济水和鸿沟从黄河分流出来的地方（今河南荥阳附近）兴建规模庞大的敖仓，就是这种战略举措。

荥阳，位于河南省中部。《尚书·禹贡》记载"荥波既潴"，"潴"意为水积聚的地方。因鸿沟的开筑，地处鸿沟与黄河交汇处的荥阳成为中原地区通向关中的水运枢纽。为了加强对中原的控制，秦朝时在荥阳设三川郡，派丞相李斯的儿子李由出任郡守。同时，还在毗邻鸿沟的广武山上建立敖仓，用以囤积军粮。鸿沟水系与黄河河道之间因水性完全不同，用于两水道上漕运的漕船性能、载重各不相同，不能相互通用，鸿沟水系上的漕船只能集中于此，停米易舟，再西运关中，北输边塞。

享航运之便，据天下之粮，多重光环下的荥阳成为军事重镇，身为"天下粮仓"的敖仓，也成为天下觊觎的对象，郦食其建议刘邦"急复进兵，收取荥阳，据敖仓之粟"。

北防匈奴侵扰，秦始皇三十二年王朝在河套以南地区置三十四县，因河为塞，派遣军队戍卫，迁入民众充实边境。秦时的河套地区，多沮泽而咸卤，五谷不生。军粮及边民所需，仰赖关中补给，有的远取自濒海的黄县（今山东省龙口市）、掖县（今山东省莱州市）、琅邪（在今山东省青岛市黄岛区琅邪台西北）等粮食富裕地区，"使天下飞刍挽粟"，溯黄河西运而"转输北河"。由此，运河漕运上升为国都、王朝的生命线。

也许，站在现代社会市场经济的视角我们会问：为什么不以商品流通方式解决都城日常消费需求？这样的设问忽视了那是一个生产率极低的农业社会这个现实，即便农人极其艰辛地耕耘，也几乎没有多少剩余物资可以用于商品交流。在物质贫乏的社会，维持王朝的运转，维持帝国的统治，能靠的就是强征，大规模强征，甚至是横征暴敛，然后通过国家专营运输"转移支付"这些横征而来的实物田赋，意味着秦王朝必然走向马克思笔下"行政权力支配社会"的道路，继而形成国家机器对一切关键战略物资的垄断，"竭天下之资财以奉其政"。包括对运送这些战略物资途径、方式的垄断——运河，漕运。这就是漕运成为国家制度，并被一代又一代的王朝所沿袭的内在机理。王朝需要运河，运河在王朝中产生并巩固着王朝，它们互为表里，相互依存，须臾不能脱节。

秦二世即位后，宦官专权乱政，天下困疲，王朝帝国像一个需要透析的重症患者，每况愈下，"男子力耕不足粮饷，女子纺绩不足衣服……海内愁怨，遂用溃畔"，一个繁荣富强、准备传之万世、千秋万代永不变色的大帝国，最终爆发农民大起义，楚汉争霸的硝烟弥漫天际。

被项羽打得一败涂地的刘邦在谋士郦食其的建议下，凭借着魏惠王开掘的鸿沟和秦国家粮库敖仓，与项羽大军在荥阳展开长达四年的拉锯对峙。

"项王乃与汉约，中分天下，割鸿沟以西者为汉，鸿沟而东者为楚。"

"天下"可以"中分"吗？不能！卧榻之侧岂容他人酣睡！在"天下"面前，所谓的"楚河汉界"只能是势均力敌时的一种无可奈何的权宜存在，只能是对弈双方生死搏杀前夜需要的短暂喘息，当力量于此消彼长中显示出哪怕是一点倾斜时，鸿沟绝不是不可逾越的。

"广武貔貅怒，鸿沟虎豹饥。"前202年，汉军终将久战疲劳的楚军围困于鸿沟最南端的垓下。汉军大将萧何亲自押解关中粮食，自郑国渠装船，过黄河，入鸿沟，运至决战最前线。军粮至，士气振。运河的力量充满在汉军的剑戟弓矢里。最终，在"人心都向楚，天下已属刘；韩信屯垓下，要斩霸王头"的楚歌声中，运河的一个儿子倒下，运河的另一个儿子挺立，于汜水北岸称帝，悲怆的江山争夺壮剧以"高祖"出世闭合了它的铁血大幕，"八千弟子归何处，万里鸿沟属汉家"，"楚歌八千兵散，料梦魂，应不到江东"。西汉王朝的烽火狼烟，浮上了长安的历史天空。鸿沟此后成为历史的一道深深折痕，永远留在了中国象棋的棋盘上。

回望鸿沟，黄土漫漫，芳草萋萋，顺黄河而来的风，腾挪漫卷，搅起似马蹄踏过的烟尘。"相持未定各为君,秦政山河此地分。力尽乌江千载后,古沟芳草起寒云。"

寒云,在鸿沟上空翻卷;鸿沟以其长长的流淌,等待一个新的王朝将它唤醒。

阳渠上千船竞发，万帆穿梭。

汉光武帝刘秀给洛阳带来的不只是国都、一座繁华的京城，还是政治经济中心，以及确保这个中心繁华的大运河中心，中原大运河繁盛时代由此开启。

运河中心地位，畅通天下，源源不绝的漕粮，支撑起刘秀长达十九年的东征西讨，剿灭割据势力，平定天下，继西汉之后又一个大一统的中原王朝，挺立在浩荡的黄河之侧、阳渠岸畔。

第二章 冲天伟力

纤夫，大运河的真正主角，他们拉动漕船，拉动漕河，拉动国家力量。

从无间断的滚滚漕运、超过一亿石的九州漕粮，支撑起西汉王朝对匈奴无畏生死的二十年征战，漕运纤夫拉动的千船万帆于是化作饱满昂扬的战斗力，注入车骑将军卫青、骠骑将军霍去病、前将军李广战团的铁蹄，所向披靡，饮马瀚海，吃足了运河上运来的粮料的汗血宝马，将汉武帝「寇可往，我亦可往」的豪言壮语践行在浩瀚沙漠，匈奴留下「好汉」「男子汉」发自内心也是世界上最无奈的赞美，被埋入历史深渊，辽阔的西域终于诗化成丝绸之路，书写出马队驼铃、经声佛号的文明诗篇。

汉光武帝刘秀成功筑阳渠，使黄河与淮河之间的人工运河在春秋战国、秦和西汉的基础上向西进一步拓展，形成了西起洛阳，经阳渠，连接黄河、鸿沟新的水运航线，把国都洛阳与中原及江淮地区更密切地联系起来。

品 扫码探寻
· 图解千年运河
· 镜头下的运河
· 运河文化珍藏
· 中华水系之美

汉军跨越鸿沟,夺得天下。刘邦采信一名叫娄敬的戍卒给出的定都长安的建议,长安,左有崤山、函谷,右有陇山、岷山,沃野千里;南有巴蜀之富饶,北有边塞畜牧之利,西、南、北三面可凭险防守,只需要从东面控制诸侯,"诸侯安定,河渭漕挽天下,西给京师;诸侯有变,顺流而下,足以委输"。

"秦人不暇自哀,而后人哀之。"秦仅二世即亡就在眼前,归根结底在于秦"仁义不施"的结论成为汉初社会共识。汉王朝在深刻检讨秦王朝马上打天下、马上治天下的错误基础上,建立其柔和执政、无为而治的政权形态,推行"反秦之敝,与民休息,凡事简易,禁罔疏阔"政策,并在治理实践中坚定贯彻。

汉高祖刘邦认为秦国祚太短,且暴虐无道,不具备正统朝代的资格,只是一闪而过,可以忽略不计,承接上一个王朝周朝的应该是大汉王朝。周为火德,汉是真正的水德,即便秦是水,也是一股应该荡涤的无德浊流。继短暂的秦王朝之后,再一个王朝认定自己是水命,水在这样的朝代里,携带着王朝兴衰的政治哲学理念,浇灌滋润着皇天后土。

汉初,关中地区农业生产发达,发展水平在全国所有地区中首屈一指,养活战争初息、人口数量不多的京师,绰绰有余。财政开支不大,因此漕运所需量也就跟着不大，"漕转山东粟，以给中都官岁不过数十万石"。"三十斤为钧，四钧为石"，每石一百二十斤，如此换算，已有的漕运规模，的确"足以委输"。而且，这些漕粮也是用不完的，大多被集中储存到长安太仓，以至太仓之粟陈陈相因，充溢露积于外，腐败不可食。

汉王朝建立之初，刘邦再次采信已被赐予刘姓、成为谋士的娄敬"强干弱枝"之策，下令六国贵族和"关东名家"十余万户进入关东居住，控制和监视他们可能有的分裂活动，威慑天下；为皇帝陵墓设置陵县，守长陵有五万户；在京都驻守禁卫军；在边疆设置城堡，建立边塞烽火台燃烟传递军事信息的烽燧系统，边防戍边动辄数十万人；"北边自敦煌至辽东万一千五百余里，乘塞列隧有吏卒数千人"；兴十余万人筑卫朔方……所有这些，都离不开粮食，离不开租赋财政的强力支撑。承续起大秦王朝兴修水利、富国强兵的传统，汉武帝首先在关中地区开挖漕运渠道，兴修水利工程，就近要粮食。

郑国渠至汉武帝时期，已经过去一百多年，年久失修。太始二年（前95年），赵中大夫白公建议在郑国渠的基础上，于泾水与渭水之间再开筑一条水渠，改善关中的灌溉系统。该渠筑于郑国渠之南，走向大体相同。新渠西起谷口（今陕西泾阳西北），引泾水东南流至下邽（今陕西渭南北）南注入渭河，全长二百里，灌溉泾阳、三原一带关中土地四千五百多顷。因为是白公建议修筑，渠随人姓，称"白渠"。《汉书·沟洫志》："田于何所？池阳、谷口，郑国在前，白渠起后。举锸为云，决渠为雨。泾水一石，其泥数斗。且溉且粪，长我禾黍。衣食京师，亿万之口。"

郑国渠渠首瓠口流出的泾水湍急，急速下切河床，加上泾水泥沙量大，在筑成后一百余年的时间里，郑国渠渠道淤积逐年升高，终于升高到难以从泾河引水的程度，田高于渠，渠高于泾水，灌溉面积减少，由郑国渠形成的关中喜人的灌溉系统，终于失灵。元鼎六年（前111年），左内史兒宽表奏开渠，灌溉郑国渠沿边郑国渠已经灌溉不到的高印之田。兒宽奏道："农，天下之本也。泉流灌浸，所以育五谷也。左、右内史地，名山川原甚众，细民未知其利，故为通沟渎，畜陂泽，所以备旱也。今内史稻田租挈重，不与郡同，其议减。令吏民勉农，尽地利，平繇行水，勿使失时。"兒内史说得动情恳切，汉武帝准奏，动用民工，在郑国渠上流南岸开筑了六条小渠，灌溉两旁高地，史称"六辅渠"。六辅渠的开筑，使关中土地灌溉面积增加，增产增收。

元狩年间，一位叫庄熊罴的上书汉武帝，"临晋民愿穿洛以溉重泉以东万余顷故卤地。诚得水，可令亩十石"。意思是临晋（今陕西大荔）的百姓愿意开挖一条引洛水的渠道，灌溉重泉（今陕西蒲城东南）。如果水渠修成，就可以使万顷盐碱地得以灌溉，收到亩产十石的粮食。汉武帝欣然采纳，发卒万余人穿渠。

引洛水灌溉临晋平原，必须从临晋上游征（今陕西澄城）开渠，而临晋和征之间横亘着一座东西狭长的商颜山（今称铁镰山）。渠穿商颜山，在有盾构神器的今天，那是分分钟的事，可在铁耙石杵的西汉时代，是一个不小的难题。明挖，"岸善崩"，就是开挖深渠容易塌方，不得已，改为凿井，凝聚起万人智慧的"井渠法"在"不得已"中诞生。《史记·河渠书》中记载了这段"井渠法"的施工技术："深者四十余丈。往往为井，井下相通行水，水颓以绝商颜，东至山岭十余里间。井渠之生自此始。""井渠法"开创出后世隧洞竖井施工法之先河。迄今，蒲城县河城村屹立着七根千年奇柱，见证千年工程奇迹。均匀布设的竖井把长距离的地下渠道分割成多个工程段，相向开挖，奇谋巧智，无与伦比。"井渠法"是世界科学技术宝库中的一朵奇葩。因为穿渠时挖出了龙骨（化石），这条井渠有了一个不朽的名字——龙首渠。

白渠、六辅渠、龙首渠，还有成国渠、灵轵渠、沣渠……将关中农业推向新的发展阶段。

尽管如此，受秦岭、黄土高原的逼迫，可种植地面还是狭小，单位面积产量不高，总产量有限，而粮食需求又是如此庞大急遽，积聚七十余年的太仓之粟不久就消耗空虚，京师粮食短缺问题日益严峻。急需调运东南之粟以饷京师，稳定京城粮食供给，确保京师日常所需，确保大军战争所需。在所有的运输工具中，船的运载重量最大，运输成本最低廉，运输方式最简便，特别是，运输中的损耗最小。《孙子兵法》云："凡用兵之法，驰车千驷，革车千乘，带甲十万，千里馈粮，内外之费，宾客之用，胶漆之材，车甲之奉，日费千金，然后十万之师举矣。"即应对战争，运粮是重中之重，如果战线比较长，出发时带十车粮食，运到前线时就只能给两车，因为四车给运粮的人在运输途中吃掉了，还得留下四车供运粮人在返回途中吃。要打垮西北境匈奴的威胁，不能把漕运通至离战场最近的地方，那将难有胜算。也因此，汉武帝对漕运极为倚重。

漕运用的船叫作漕船，漕船载运的粮叫作漕粮，驾驶漕船的军队和民工叫作漕军和漕夫。这些特别的称谓和职业，自此出现在中国的史书里。

漕运漕运，先得有"漕"，然后才谈得上"运"。雄才大略的汉武帝把目光转向漕河修筑，以扩大河流的运输能力。

当朝最著名的水工徐伯领得汉武帝意旨，带领数万卒开赴工地。

这是一个以彪悍强健为整个民族时尚的时代。奉行这种时尚的数万卒，吼着遮天蔽日的秦腔，披肝沥胆，冬去春来，夏连秋月，三年寒暑开筑，不舍昼夜。

引渭穿渠起长安，傍着南山向东流，一直流到渭水与黄河交汇处，从潼关以西较低的地方进入黄河的"汉渠"横空出世，再沿黄河东进，与鸿沟贯通于中原大地，再经鸿沟联通江淮。

自此，"鸿渭之流，径入于河，大船万艘，转漕相过，东综沧海，西纲流沙"（杜笃《论都赋》），长安"东郊则有通沟大漕，溃渭洞河，泛舟山东，控引淮、湖，与海通波"（班固《西都赋》）。

当然，无论是杜笃，还是班固，他们的赞美无不含有文人的夸张。实际上，关东进入长安，黄河三门峡谷就是漕运难以逾越的深深的痛。

正因为黄河三门峡谷难以逾越，有人提出开辟南线漕运路线，避开三门峡砥柱的新方案：开凿褒斜道，将山东漕粮自沔水经褒水、斜水漕运到关中。

《史记·河渠书》云："其后人有上书欲通褒斜道及漕事，下御史大夫张汤。汤问其事，因言：'抵蜀从故道，故道多阪，回远。今穿褒斜道，少阪，近四百里，而褒水通沔，斜水通渭，皆可以行船漕。漕从南阳上沔入褒，褒之绝水至斜，间百余里，以车转，从斜下下渭。如此，汉中之谷可致，山东从沔无限，便于砥柱之漕。且褒斜材木竹箭之饶，拟于巴蜀。'天子以为然，拜汤子卬为汉中守，发数万人作褒斜道五百余里，道果便近，而水湍石，不可漕。"

褒斜道，就是紧傍褒水和斜水的道路。

褒水，陕南汉水支流；斜水，关中渭水支流。它们均发源于秦岭。褒水南流入汉水，斜水北流入渭水，两水相距最近的地方也就一百多里。如果打通这一百多里,将两条水道加以疏浚,可通漕船,那么,关东各地的漕船就可以自南阳一带入沔水,溯流至褒水,通过褒斜道车运至斜水,连接褒水、斜水不通的那一百多里,从斜水顺流而下,入渭水至京都长安。而且汉中一带的粮食,秦岭大山中的材木竹箭之饶,也可以沿此水道顺抵长安。如此,漕运可以避开黄河砥柱险阻困扰。

数万人于秦岭悬崖绝壁间艰辛开筑褒斜道,终得顺利完成,然而,褒、斜两水道多石块,水流湍急,并不能行漕船。

开筑褒斜道促使两水通漕运、避开黄河砥柱之险的初衷没有能实现,原因是对褒、斜二水的认识不足。其实,"漕从南阳上沔入褒"没有问题,但南阳以北、以东水系如何"漕"南阳,值得探究,依然存在认识不足的问题。《史记》《汉书》《水经注》等都没有南阳以北、以东水系如何"漕"南阳的记载,能"漕"还是不能"漕"?

当代杰出历史地理学家史念海解开了这道历史悬疑。

今南阳东南有一条唐河,流经唐河县城。古时唐河称沘水,沘水的上游与舞水、溱水相距不远,舞水、溱水都向东流入汝水,汝水又向东流入淮水,也与颍水相通。也就是说,只要沘水与舞水、溱水相通,那么,南阳就与整个鸿沟水系相通,山东的漕船就可以自鸿沟进入淮水、汝水、舞水、溱水、沘水至南阳,再上沔入褒,驶向长安。据史念海先生考证,沘水与舞水、溱水确实相通。不过,它们不是自然相通的,而是由楚国人于春秋战国时期开筑人工运河沟通起来的。南阳,并不远离中原大运河系统,它本来就在中原运河大循环体系里,是地道的运河城市。

南线漕运路线不因为褒斜道的开筑而能漕运,西去长安的漕运只能过黄河砥柱入汉渠至长安,依靠这条漕运路线,年输至少400万、最多600

万石粮食抵都城,"一岁之中,太仓、甘泉仓满,边余谷诸物均输帛五百万匹。民不益赋而天下用饶"。这条运道,经中原,将华北平原、长江中下游平原上滚动的力量凝聚起来,支撑起黄土高原上励精图治的汉武帝开疆拓土、征战靖边。

逶迤的运河上,欸乃声中满载的漕船穿梭往来。

每艘漕船载重多少、需要多少漕船用于漕运,才能托举起汉武帝的勃勃雄心?《释名·释船》列举船型较大的排水量为500斛,以此载重量计,漕运600万石,需要用船12000艘。《释船》还列举有载重300斛和200斛这样较小的漕船。如果用这样载重量的漕船漕运,则需要2万船次至3万船次。"水行满河","大船万艘,转漕相过",这一回,枚乘、杜笃的描写不再是艺术夸张,而是运河上的纪实。

有了畅通的运河,有了畅通的运河水网,汉王朝大胆而果断地"开关梁,弛山泽之禁,是以富商大贾周流天下,交易之物莫不通,得其所欲","重装富贾,周流天下,道无不通,故交易之道行",以至"夫汉并二十四郡,十七诸侯,方输错出,运行数千里不绝于道……陆行不绝,水行满河",催生出西汉商品流通的繁荣、王朝经济的繁荣。

汗珠滚圆的脊背,脊背下面的腰裤,腰裤下面凸起的小腿肌肉,抠进纤道泥土里用力的裸脚;脊背上的纤担;连接纤担绷直的纤绳;绷直的纤绳连接满载的漕船;一艘艘载重漕船在弓腰纤夫一步一点头、奋力拉动下在漕河里蠕动;长长的漕河,长长的漕运队伍,每艘漕船都有纤夫在拉动,伴随着"嗨哟嗨哟"的运河纤夫号子……

农业文明时代,漕船的动力来自人力驱动(橹、篙、纤夫)和自然力驱动(风帆)。纤夫"负纤面扑地,蹴踏声齐呼。前船呼邪许,后船唱嗚喝。当暑无笠盖,逢寒无裤襦。阴雨沐毛发,烈日炙肌肤。岸宿犯霜露,川涉陷泥途"……

纤夫,大运河真正的主角,他们拉动漕船,拉动漕河,拉过春夏,拉过秋冬,拉动国家的力量。

漕粮至长安,接着"辇车相属,转粟流输,千里不绝"。漕运纤夫拉动的千船万帆于是化作饱满昂扬的战斗力,注入车骑将军卫青、骠骑将军霍去病、前将军李广战团的铁蹄,所向披靡,饮马瀚海。面对兵强马壮的匈奴,卫青七战七捷,被封长平侯;霍去病六战六捷,被封冠军侯。从此,漠南无王庭,吃足了运河上运来的粮料的汗血宝马,将汉武帝"寇可往,我亦可往"的豪言壮语践行在浩瀚沙漠。汉王朝在"可往"的河西走廊设武威、酒泉、张掖、敦煌四郡,移民实边戍守生产,匈奴留下"好汉""男子汉"发自内心、也是世界上最无奈的赞美,被埋入了历史深渊。

从无间断的滚滚漕运、超过一亿石的九州漕粮,支撑起西汉王朝对匈奴无畏生死的二十年征战,终使辽阔的西域诗化成丝绸之路,书写出马队驼铃、茶叶丝绸的文明诗篇。"卫青不败由天幸",这里的"幸",就是汉王朝有畅通的漕河、艰辛而浩大的漕运,就是纤夫脊背上那根拉动鸿沟、拉动江淮、拉动整个国家运河的纤绳,就是大运河凝聚起的势不可当的国家力量!

始皇帝统一的"中国",只是对汉民族部落的一次归拢、一次整合,东、南到海,西到今甘肃、四川,西南至今云南、广西,北到阴山,东北迤至辽东,约三百四十万平方公里,这就是汉人最初"四合院"的使用面积。这座汉人院落与《史记》上描述黄帝之孙颛顼统领的广大疆域基本一致。开疆拓土的是之后的大汉王朝。这是一个呼唤英雄也诞生了英雄的时代，这是一个崇尚壮美也诞生了壮美的时代。壮美英雄依凭着经中原鸿沟大运河凝聚起的整个民族的力量，驱除鞑虏，收复失地，为汉家院落安全建立"战略缓冲区"，安国靖边，极盛时期的汉家院落拓展到六百零九万平方公里。比秦帝国国土面积几乎大一倍的事实证明，"好汉""男子汉"绝非浪得虚名。

好汉们在抗击匈奴收复得来的广大边地上，开挖河渠，用于浇灌，也发挥着运粮转谷的运河功能，好汉收住战马缰绳的地方，就是运河通达的地方。"骠骑封于狼居胥山，禅姑衍，临瀚海而还。是后匈奴远遁，而幕南无王庭。汉度河自朔方以西至令居，往往通渠置田，官吏卒五六万人，稍蚕食，地接匈奴以北。"

汉宣帝五凤年间，乌孙内乱，汉军西出敦煌，开渠以运军粮："汉遣破羌将军辛武贤将兵万五千人至敦煌，遣使者案行表，穿卑鞮侯井以西，欲通渠转谷，积居庐仓以讨之。"三国人孟康这样注释"卑鞮侯井"："大井六通渠也，下泉流涌出，在白龙堆东土山下。"其实，"卑鞮侯井"就是"井渠"，或坎儿井。

至汉哀帝，西汉也就进入了残烛暮年，对运河开筑，再无青壮年时期的激情热血。光禄大夫、左曹给事中息夫躬向哀帝建言："秦开郑国渠以富国强兵，今为京师，土地肥饶，可度地势水泉，广溉灌之利。"哀帝觉得息夫躬说得很有道理，遂赐以符节，命他兼任三辅都水。兼职之后，息夫躬提议开凿一条穿越长安连接太仓的新运河，将关东漕运入太仓的漕粮顺河运入都城内，这样可以大大节省太仓至都城陆路搬运转挪之费。

息夫躬朝堂上的奏议，遭到早朝大臣们的强烈反对，内心支持的汉哀帝也只得悻悻作罢。大臣们一致反对的理由，史册无载。今天的我们回望过去，西汉末年政治衰败、经济凋敝、豪强四起、社会危机，哪一条都可以是充足的理由。暮霭如烟，浮云千幻，注定息夫躬只能是孤凤残叶。

洛阳。

西汉末年，社会矛盾日积月累，越来越尖锐。矛盾之"锐"终于在某一天刺破了"稳定"的幕布，腥风血雨的惨剧在华夏舞台上上演。绿林、赤眉风起云涌，天下分崩离析，风雨飘摇。

西汉实行推恩令，"推"到刘邦九世孙刘秀这里，虽有南阳豪强大家的名声，其实在政治上已经与平民无异。然而，刘秀有着像高祖一样"赤脚不怕穿鞋"的野性，自南阳郡趁势崛起，至千秋亭五成陌即位，称光武帝。建武元年（25年）十月，刘秀在洛阳南宫却非殿举行仪式，宣布定都洛阳。

洛阳，东有虎牢关，西近函谷关，南临伊阙，北靠邙山。原来的名字叫雒邑，周王朝为了加强对东方诸侯的控制，修建雒邑城作为陪都。因为城建在洛水与伊水分流处的北岸，山南水北谓之阳，于是，后来改称洛阳。

秦王政初年，洛阳是丞相吕不韦的封地。地位身份特殊的吕不韦，视洛阳为禁脔，不行秦王朝重农抑商政策，推崇工商业，吸引全国各地工商业者落户洛阳，扩充洛阳市场，铸造钱币，刺激洛阳商业活动。在吕不韦治下，洛阳成为秦王朝时期仅次于首都咸阳的繁华都市。商业集中在这里，冠盖也云屯在这里。既有了有产及有势的阶级，依附此阶级生存的奴隶阶级自然也不得不产生。贫民的女儿，就被强迫做婢妾，大红灯笼高高挂处，有了另一番绮靡声浪。有了有钱的老爷、美貌的名娟，则饮食起居，衣饰犬马，名歌艳曲，才士雅人，自然随之而俱兴。羞涩百万钱，莫进洛阳城。当然，吕不韦在洛阳之所以能取得商业成功，还在于洛阳有着自西周以来就有手工业、商业的老传统，到战国更加显著。

如果说秦首都咸阳是一座"政治型"城市，那么吕不韦的洛阳无疑是一座"经济型"城市。前者作为政治中心，其工商业是贵族地主的附庸，没有成为独立的力量，封建性超过商品性；后者作为经济中心，其工商业面向全国，流露着清新、活泼、开朗的气息。对洛阳而言，怎样肯定吕不韦的历史意义都不过分。

当然，仅从吕不韦的特殊身份，以及他与这座城市的深切关联来理解洛阳，显然不够充分。封建王朝"家天下"的统治思想，至始皇帝，登峰造极。这样的统治思想，不仅要在思想上，而且还要在地理上确定一个专制独裁的"集权点"。思想上的"集权点"用封建道德伦理来捍卫，地理上的"集权点"就需要由拱卫在京都周围的卫城来体现。洛阳，就是这样的卫城。无论吕不韦在洛阳怎样折腾，洛阳也只是秦王的一个"集权点"。

洛阳作为卫城，与它是运河城市密切相关。鸿沟开筑后在百余年里不停流淌，运船停靠的一个又一个码头，渐渐形成货物的集散地，这些集散地又将各色人等聚拢，规模不断扩大，一座又一座运河城市由此形成。洛阳，就是这样的运河城市。

中国古代社会农业经济对自然条件与环境高度依赖，社会的再生产主要以本乡本土为中心进行。而运河文明、运河城市与此完全不同，如果说商贸性是运河文明的基本特点，那么，"城市经济"与"城市文化"这两种非农业的经济要素与文化特质则是运河文明、运河城市的本质，它极大地拓展了生产、再生产的时空观念，深刻地重塑了人的世界观、价值观、人生观。"城市经济"与"城市文化"一旦结合起来，必然对中国古代政治、经济、文化产生重要的影响。运河在将洛阳引入帝国统治逻辑之中的时候，

第二章　冲天伟力

也以其润物之功滋养洛阳的真正生命，造就了一个有着自己独特节奏的生活世界。因此可以说，吕不韦留给历史的，不仅有他的《吕氏春秋》，更有他的洛阳。洛阳对中国古代社会的历史进程影响比起咸阳来，更为深远。

吕不韦的洛阳，到西汉时仍熠熠生辉。西汉"都"在长安，"市"在洛阳。城内有"洛阳市"，商业活动在"市"内进行。市里建有市楼，市楼上悬大鼓，每日鼓响市开，鼓声是信号，更是召唤。市场管理的最高官员是"市长"，市长之下设市吏、市掾、市啬夫及武职官员都尉，这一众人员各司其职，有的登记入市商人的市籍，有的检查市场交易情况，有的评定物产入市价格，有的规范经营、维护市场秩序，有的捕治盗贼，毫无疑义，他们就是那个时代的"城管"。作为运河城市的洛阳，至西汉，比起吕不韦时代大为进步，超越了"政治型"与"经济型"二元模式，开始了融合发展。洛阳直接参与了中国古代城市的建构与发展，它历史性地改变了此前关于城市的观念与常识，开始形成新观念、新常识。深刻认识古代中国城市与古代中国城市文化的钥匙，至少有一把藏在运河城市洛阳。

洛阳不仅在全国具有重要的经济地位，而且，因为地居水陆要冲，又具有极高的军事战略地位，占据洛阳，便可控制广大的关东地区，便是获得统驭南方的出发基地。汉武帝宠幸的王夫人病重时请求武帝将其子封于洛阳。汉武帝答道："不可。洛阳有武库、敖仓，当关口，天下咽喉。自先帝以来，传不为置王。"这么重要的地方，哪个皇帝敢分封给诸侯王？这么重要的地方，早晚都会是帝都。

刘秀选洛阳为都。

他选址"居中而治"的空间模式，彰显敬天信仰与权力来源；"四塞险固，山河拱戴"体现"卒然有急，百万之众可具"的稳固安全观，体现皇都、王朝对山川河流为载体的水源的需要和高度依赖。刘秀钟情于伊、洛、瀍、谷四水环绕的洛阳，体现着这样的皇都理念。

洛阳成为皇都，全国政治中心移出关中，与秦和西汉相比，距江、淮产粮区更近，漕运自然更为方便。但也有困难的地方。洛阳北距黄河尚远，漕船不能沿黄河直接抵达都城，必须自黄河入洛水，然后由洛水抵洛阳。东汉时洛水较浅，漕船不能通行。一国都城没有发达的交通，没有便捷的漕运，那是不可想象的。

刘秀问策河南尹王梁。王梁认为，便捷的京师漕运首先要解决洛水淤浅无法行船的问题，应该在洛阳附近开筑一条新运河，穿渠引谷水注洛阳城下，东泻巩川，就是从今洛阳市南引谷水东流到巩义流入洛水，洛水水量会因为谷水的加入而增大，直通黄河。增大了洛河水量，既可护卫都城，也可解京师漕运之困局。

早在东周时期，洛阳周围的伊洛河南岸一带高地上，已有水渠存在，它是"周公营洛"的遗存。水渠并被广泛用于农业灌溉，使沿渠两岸人民的生产生活条件得到很大改善，对东周统治政权的巩固稳定，意义重大。王梁的想法只是计划对旧渠修建改造。

然而，事情不像河南尹想象的那么简单。建武五年（29年），一番兴师动众的开筑，谷水引来了，可洛水的水量没有如预计的一样"大增"，注入洛水后不要说行漕船，就是划木盆也显得太浅。

《后汉书·王梁传》："及渠成而水不流。"

这已经被现代考古勘察所证实。洛阳城东阳渠东段，渠浅且窄，底部无淤泥流水痕迹，应该是王梁工程的遗迹。

"穿渠引谷水注洛阳城下，东泻巩川"显然是重大决策失误，王梁遭到了"刚愎自用，自以为是，有负圣上重托""劳民伤财，误国误民"等一大堆官场上司空见惯、落井下石的弹劾，被汉光武帝由河南尹贬为济南太守。尽管仍然属异地做官，但毕竟从省部级降到了地市级。

处理一个人是容易的，不容易的是解决问题。指责王梁时，满朝大臣慷慨激昂，就像声音小了自己也有罪似的；当讨论到怎么样解决漕运时，满朝文武却又个个噤若寒蝉，生怕万一发出声音这棘手的事就会落到自己头上，气得本来脾气就坏的刘秀脸都青了。

满朝大臣没有一个人有好策略，京师所需的粮食物资只能运至洛阳北侧的黄河边，然后用车辆拉进都城来。

运河不畅，东南漕粮难以足量运抵，还得向西，漕运关中粮食来京师。而关中漕运必须经过黄河进入华北大平原前的最后一个大峡谷——三门峡，这实在是件艰难的事。

《汉书·沟洫志》记载，鸿嘉四年（前17年），汉成帝采纳丞相杨焉的建议，凿广三门河道，以平缓水势。但是，在施工中，"镌之裁没水中，不能去，而令水益湍怒，为害甚于故"。显然，这次凿石开河没有成功。

三门峡艰险，可再艰险也得过。光武帝"造舟于渭，北航泾流……东横乎大河"，汉成帝凿广河道不成功，光武帝就从峡谷悬崖上做文章，在峭壁处开凿栈道，纤船而过。

汉光武帝有没有凿通黄河栈道，史无记载。中国科学院考古研究所在黄河三门峡河段考古时发现有数十处断断续续的黄河漕运古栈道遗迹，西起三门峡人门栈道，东到渑池县与新安县交界处的"八里胡同"，它们见证了连通中原与关中地区唯一运输通道黄河漕运的艰险历史。栈道遗迹发现40余处题记，多者400余字，少者仅1字，其中年代最早的题记正是刻于东汉光武帝建武十一年（35 年）。石刻题记证明，刘秀确实尝试了三门峡天险栈道的开凿。

便捷的京师漕运此后十几年间都只是光武帝的梦想，至建武二十三年（47 年），新任大司空张纯重提开都城漕运。

张纯实事求是地认为，当年河南尹王梁的引渠之策并不全错，之所以没能成功，是因为将一水引入另一水，而两水都很长、很浅，引入之后效果不明显。应该在京师西南开一条新运河，将洛水引入，东流穿越谷水，至偃师一带，再回归到洛水中，经过这样的一个回旋，两水注入了同一条不长的运河里，想来一定会成功。

无可奈何的汉光武帝别无选择，只能相信张纯，诏令万人走上筑河工地。这万人中一部分是郡县百姓，更多的是在为汉光武帝争霸天下时剿灭陇右王隗嚣、西蜀王公孙述的胜利之师，他们合力在洛阳城西南开挖新渠道。

新渠筑成。快马将喜讯飞报入宫。

光武帝刘秀见到使臣问的第一句话是："水量可大？足通漕船否？"

当得到肯定回答时，光武帝十分欣慰："告张纯，竣工日，朕亲至，嘉许河工。"

《水经注·谷水》中记载："张纯堰洛以通漕，洛中公私穰赡。"

光武帝刘秀履约而来，望着满渠新水，浩浩荡荡，彻底解决了京师漕运，满心欢喜。新渠道环绕洛阳，刘秀赐名"阳渠"。

阳渠水源主要依赖洛水，同时又纳入了谷水，两水相叠，沛然；漕船由阳渠入都城建春门以输，常满仓。

阳渠的成功开凿使黄河与淮河之间的人工运河在西周、春秋战国、秦和西汉的基础上又向西进一步拓展，形成了西起洛阳，经阳渠，连接黄河、汴渠的新的水运航线，把国都洛阳与中原及江淮地区密切地联系了起来。

前朝通往西汉都城长安的漕运渠道这个时候还没有废弃，"东郊则有通沟大漕，溃渭洞河，泛舟山东，控引淮、湖，与海通波"，围绕都城洛阳的运河水网通达了。

阳渠上千船竞发，万帆穿梭。

汉光武帝刘秀给洛阳带来的不只是国都、一座繁华的京城，还是政治经济中心，以及确保这个中心繁华的大运河中心，中原大运河繁盛时代由此开启。

运河中心地位，畅通天下，源源不绝的漕粮，支撑起刘秀长达十九年的东征西讨，剿灭割据势力，平定天下，继西汉之后又一个大一统的中原王朝，挺立在浩荡的黄河之侧、阳渠岸畔。

汉光武帝一方面颁令清查土地，减轻租赋徭役，新定税金，振兴农业；一方面九次下诏释放奴婢或提高奴婢的法律地位，使大量奴婢免为庶人，招呼流民返回乡村，以郡国公田赐贫人、贷种食，荒田有人耕，野地有民种。一系列政策使遭受战乱破坏的生产和生活得到迅速恢复。社会元气恢复使得各种物资逐步地丰富起来，而畅通的大运河水网又使得丰富起来的物资得以便利地南来北往、东去西进，整个社会因这样的交流显示出生机活力。阳渠，大运河，装载着生活的富足，拉动着财富版图的移动，直接推动和促进了"光武中兴"。

"大城东有太仓，仓下运船常有千计。"

洛阳城东的码头是当时中国大型内河航运港口之一，是中国最大的内河码头，停满了各地至京都的漕船。漕运给都城带来了丰富的物资，催生了洛阳繁华的集市。

西汉时"东贾齐鲁，南贾梁楚"的洛阳，至东汉，"船车贾贩，周于四方，废居积贮，满于都城"。东汉洛阳集市主要有金市、南市和马市。《洛阳记》中说，金市在大城西，南市在大城南，马市在东。集市上，牲畜、家禽、盐、蔬菜、鞋、陶器、丝织品、铁农具、器皿、珠宝玉器……无所不有。后又专门开设粟市，规模和繁荣景象，超过前三市。生意人之众，如过江之鲫。"今察洛阳，资末业者什于农夫。"

看一看阳渠码头，看一看洛阳集市，就知道当时漕运的规模，就知道这里天下贡赋聚蓄，就知道阳渠运河带来了京都前所未见的繁荣。

永平七年（64 年），汉明帝刘庄夜寝南宫，梦见金人，身有日光，飞行殿前。第二日，传问群臣，有学识渊博的大臣为之解梦："西域有神，其名曰佛。陛下梦见的可能就是佛。"明帝闻之大喜，旋即派遣使臣赴西域天竺，问佛道法。三年后，永平十年（67 年），使臣带着他们从大月氏国请来的两位高僧，用白马驮着佛经、佛像，一起回到国都。明帝急切地召见使臣、高僧于南宫。高僧一番"缘起""因果""法门""慈悲"……佛法布道，听得明帝澄澈清明，心生大欢喜。永平十一年（68 年）敕令在洛阳西雍门外邙山南麓仿天竺精舍式僧伽修建寺院。中土洛阳迎来第一缕佛光，敲出第一记响彻心灵的钟声，中国第一座佛教庙宇也诞生在了阳渠北岸。

寺院建成后，明帝赐名"白马寺"，以铭记白马驮经驮佛的无量功德。

建寺所需的栋梁椽檐，从阳渠上运来；砖石基础，自阳渠上菪来；建设工匠和民工，沿阳渠来。特别是建设工匠，汇聚了中土最杰出的艺人，他们在建设中施展才华,创造性使用梁柱式和穿斗式,为营造之前从不曾有过的美观宏大的造型和空间提供了可能;斗拱用来作为出檐或平座的支撑,为高层木结构出现准备了技术条件……白马驮来佛经佛像,阳渠运河"驮"来白马寺。

白马寺

一花一世界,一梦万莲开。一梦引来了迥然不同于中华文化的另一种文化,汉明帝始料未及。佛教的到来,首先是在帝都洛阳,接着扩大到整个中华文化圈,亦如人体器官移植发生排异反应,佛教与中华文化的冲突不可避免地发生了。

排异剧烈,理疗千年。直至在理疗中形成儒、道、释三足鼎立局面,直至在中华文明的容器里将之溶解成为中华文化的一部分。

佛如水,被白马寺前的阳渠挟带,带进黄河、淮河、长江……

尽管东汉一代,国力远不如西汉强盛,但不乏开凿运河的热情,不仅将围绕都城洛阳的运河网络建设推上历史新阶段，而且，驻守边境的将帅，也竭力开筑运河，主持漕运，稳固边疆。

驻守北部边境的汉将王霸，"颇识边事，数上书言宜与匈奴结和亲，又陈委输可从温水漕，以省陆转输之劳，事皆施行"。温余水出上谷居庸关东，又东过军都县南，又东过蓟县北。"事皆施行"，运河漕运第一次通达到了今北京北部。

安帝时期，武都（今甘肃陇南一带）数万羌人反叛之际，文韬武略的虞诩临危受命为武都太守，率领数千军士即敉平。叛乱制止了，虞诩作为武都太守的故事刚刚开始。"先是运道艰险，舟车不通，驴马负载，僦五致一。诩乃自将吏士，案行川谷，自沮至下辨数十里中，皆烧石翦木，开漕船道，以人僦直雇借佣者，于是水运通利，岁省四千余万。"武都郡地处西秦岭南麓余脉，境内山大沟深，出行艰难。所幸，境内有一条青泥河从这里向东南流入嘉陵江。当地人民在青泥河两旁的悬崖上千辛万苦地凿出了一条栈道，联系着大山之外的世界。栈道勉强可以徒手过人，要想运输货物，只有人背畜驮，经过许多危险的路段，五成货物到走出武都也就剩下一成了。如果能让青泥河通航，那将是件功德无量的事。虞诩深入查勘。从沮地青泥河汇入嘉陵江处走到下辨，虞诩看到，数十里河道乱石嶙峋，是它们阻碍着舟行船航。于是，虞诩亲自带领属下官吏士兵，沿水烧石剪木，清除这些挡道的巨石，打通航道，将漕运通至西部边地。

光武帝建国之初，国敝民穷，无力治理黄河。至明帝时，灾难深重，沿黄两岸百姓苦不堪言，"汴渠东侵，日月弥广，而水门故处，皆在河中。兖、豫百姓怨叹，以为县官恒兴他役，不先民急"。泛滥的黄河淤塞鸿沟，都城通向江淮的漕运梗阻不畅。黄河与运河，相生相克，令汉明帝操碎了心。案牍劳形之中，汉明帝问策参与治理开封附近浚仪渠显示出治水才能的王景。

奉诏问询，王景应答：汴渠流域接近京城，漕运更是王朝命脉，且附近十几个县，产粮丰富，因此，黄河决口的问题应该解决，但鸿沟故道也应修复，只有将两者结合起来一起治理，才是上策，也才能收到好的效果。

王景进一步向明帝解释道：现在的黄河水，分作两支向东流，一支大体上已形成了固定的河道，一支则流入鸿沟，而连接鸿沟的其他支流都已淤塞，枯水季节无所谓，一到丰沛时节，无支流可以分流的鸿沟河道，承接不住源源不断的滔滔浊流，便四溢为患。想让黄河回到西汉时的故道已经不可能了，唯一的办法就是将黄河与鸿沟断开，让黄河按现在已经初步形成的固定水道东流入海，堵住侵害鸿沟的另一支流黄河水。当然，鸿沟失去黄河补水，会影响漕运，可以在黄河与鸿沟交汇处置水门，用黄河水补充鸿沟到合适的水量，改变原来任其泛滥的情况。

明帝深以为然，颔首称许。赏王景《禹贡图》《山海经》《史记·河渠书》等治水著述，再拨以粮款，征发民工数十万，命王景主持治理黄河、鸿沟。

永平十二年（69年），亲临现场勘察后，王景和另一位水利专家王吴一起，启动治理工程，"修渠筑堤，自荥阳东至千乘海口千余里"，"十里立一水门，令更相洄注，无复遗漏之患"，黄河安澜入海。

鸿沟整治工程的难点、焦点在荥阳渠口。此处为分流点，需要用闸门控制黄河水进入鸿沟的水量。王景往坝上加石头，与黄河河堤相连，留下一丈多宽的豁口，用厚木板卡住，这就是水闸。水多时闸门打开，水少时就关住，再按山地落差选择路线，尽可能保持水流平稳；急转弯之处修以石堤，分出支流，灌溉土地。

水门开启一次，水就会大量流向下游。秦始皇在广西兴安开凿连通漓江与湘江的灵渠时就设有水门，也称斗门。王景第一次将水门用于黄河与运河的连接上，对中国运河发展具有划时代意义。

王景的这次河、沟共治，开始形成东汉黄河河道，也就是后来《水经注》以及唐代《元和郡县志》所记载描述的黄河河道。它的位置较西汉黄河河道偏东，自今河南濮阳东北流经今山东聊城，折北经禹城西，又东北经利津入海。这是历史上黄河第一次来到与如今基本一致的河道入海，它带来的大量泥沙淤积在海岸线，并不断推进，填海造陆，从这时开始塑造古代黄河三角洲的历史行程。说是王景造就了今天的黄河三角洲，也许并不夸张。

黄河有了王景给予的河堤的约束而东流，中原大地上鸿沟水系的许多人工河受黄河泛滥的淤积而废弃和消失，最后只剩下汳水一支畅流，人们称这支畅流之水为"汴渠"。也就是从东汉王景治水开始，自魏惠王始响彻中原历史时空四百年的"鸿沟"悄悄归隐，"汴渠"从此登上时代舞台，在之后的千年历史中激荡。

阳嘉四年（135年），汉顺帝刘保诏令第三次修筑阳渠。

阳渠，都城洛阳的生命线，润泽洛阳，养育洛阳，护佑洛阳。由阳渠连通成的漕运水网，对都城，对整个国家政治、经济、文化、军事的重大意义日益显现。风俗醇厚、天下太平的"明章之治"，国泰民安、四夷宾服的"永元之隆"，无不有阳渠水的力量参与，无不有运河的力量加入。也因此，东汉历代帝王格外重视阳渠，重视阳渠建设、管理、使用。即便不从建武五年（29年）王梁初开算起，就从张纯再开计，也已经有八十八年了。

八十八年风雨侵蚀，八十八年人踩、马踏、浪剥、篙侵，该大修了，于是在汉光武帝"急就章"的基础上，来了一次提升能力、完善功能的精雕细刻。

都城城西阳渠为引谷入洛工程，引来谷水，保障阳渠的水源需求；城东阳渠主要是堰洛通漕工程，承担水路运输任务。这次重修，循建武五年（29年）王梁筑渠旧迹，对城东阳渠进行加宽、加深改造，足可行大船；再过鸿池陂，与城南张纯所修漕运渠道汇合，东通洛水、黄河，使天下漕船，直抵都下。

根据历史文献和现代考古发掘，汉魏洛阳城城东阳渠渠道分为东、西两段，从其地理位置和笔直的走向来看，二者本是一条完整的东西向沟渠，明显是经过认真设计、由人工开挖形成的，应该就是阳嘉四年（135年）汉顺帝下诏修筑的。至目前考古发现，城东阳渠全长18公里，深约4米至5.5米，宽约60米至80米，最深处100米。

作为这次修筑工程的一部分，在洛阳建春门外石桥桥首建了两个石柱，右石柱上有铭文曰："阳嘉四年乙酉壬申，诏书以城下漕渠，东通河、济，南引江、淮，方贡委输，所由而至。"

古阳渠遗址上的高阳，在树隙间投下无数闪耀的金币，炫人眼目。风，像母亲的手，抚摸大地，山河神圣，万物葱茏……这千年的堤岸真的有千年吗？有！这块堤石就是东汉时留下的。

我们深情地抚摸这块长满苔藓的堤石。它是自然的，更是历史的，上面留存着先人生命的温热，皱褶间有的是先人的渴望和理想。

面对无言的堤石，我们思念先人强悍的豪情和不可抗拒的意志。是这种豪情和意志构筑起的阳渠，让中华文明发祥之地显示出依然年轻的勃勃生机，盛开出繁荣的花朵。

流之长、影响之深，前无古人，后启来者，将一个朴素的事实书写在中原大地，颠扑不破：得中原者得天下，得运河者得中原。

中原大地，在纷飞的战火中战栗；中原河山，在弥漫的硝烟中破碎。这是中华文明历史的洼地。狂飙天落，落成洼地上的运河。运河，自诞生那日起，就获得了只属于自己的独立生命：吸纳大地上、山河间的涓涓细流，点点涧水，缀连破碎、缝补河山；凝聚大地上、山河间的精神魂魄，填平洼地，滋养生灵，一往无前。

第三章 风骨异彩

曹操的眼光是军事家的眼光、战略家的眼光、政治家的眼光,深邃阔大、高远卓越:开筑运河,转漕给军。兵士民夫自浚仪始,经陈留、杞县、睢县、宁陵,开筑水渠至睢阳。睢阳渠开浚,漕粮有济,曹军顺水推兵,于官渡大败袁绍集团,一役廓清中原。

是睢阳渠焕发出的力量,更是经济实力的较量。承续起父亲"以通渠积谷为备武之道"的战略思想,作为『修耕植以蓄军资』的组成部分,魏文帝曹丕在黄淮平原上大修水利,大兴屯田,大筑运河,全盘接过父亲的运河遗产,更在其基础上奋力开拓进取,不遗余力,讨虏渠、千金渠、广漕渠、贾侯渠……于沙、洧、颍、汝水之间,使淮河以北各支流沟通舟楫,形成了新的运河网。所开运道数量之多、径

扫码探寻
· 图解千年运河
· 镜头下的运河
· 运河文化珍藏
· 中华水系之美

前瞻秦汉，后顾隋唐，前后都是中国历史上赫赫有名的朝代，就是220年到589年，汉、隋之间这三百多年，是一块蓄满血泪的分裂的洼地、历史的洼地、文明的洼地。

刀光剑影，鼓角铮鸣；苍山如海，残阳如血。马蹄踩踏扑地的旗幡，劲风卷动奔突的狼烟……

"苍天已死，黄天当立"的黄巾起义，揭开了三国时代的序幕。"国恒以弱灭，独汉以强亡"，张角用他的太平道，摧毁了大汉王朝，也让东汉的半亿人口减少到三国时代的七百万。

封建割据，战火连绵。四海之内，权欲之斗如火如荼，山河破碎，生灵涂炭，所有的人文伦理和道德信仰都在生存的实用法则下被践踏殆尽，文明既久的华夏坠入了一段不堪回首的荒唐岁月。

分裂中的中原，大运河之命运又会怎样？

大河流火。身穿战甲、手执兵刃的兵士逃窜跌落大河中；跃起的战马一声嘶鸣，将马背上的士兵掀入大河中，河面激起血般的浪花……

一条原本畅通无阻、盛装着统一和繁荣的运河，被战争的利剑碎尸万段。作为运河枢纽的汴渠，其沿岸先后成为群雄割据争夺天下的主战场，残破堙塞，不复为用。原本作为交流和融合象征的运河，被强行建起的一座座这国那国的闸门无情阻断。闸门紧闭,成了国与国之间的"海关",成了朝与朝之间的"哨卡"。

此时,运河,蓄满华夏民族凄苦的眼泪、悲伤的眼泪、痛恨的眼泪。在这不堪回首的三百多年里,百姓以生命为代价,在群雄逐鹿、兵荒马乱的危局中,在连绵不断的战火缝隙中,维持着局部游丝般脆弱的通达,艰难地赓续着运河文明。

西凉武夫打进长安,就把长安给屠了,"傕等放兵略长安老少,杀之悉尽,死者狼藉"。长安悲惨:"出门无所见,白骨蔽平原。路有饥妇人,抱子弃草间。顾闻号泣声,挥涕独不还。"(王粲《七哀诗》)

兴平二年(195年),汉献帝侥幸挣脱李傕魔掌,仓皇中逃至洛阳,急召各路诸侯入都勤王,东郡太守曹操接旨自青州策马而来。一路上他看到汴渠已被狼烟吞没,山河破碎,饿殍千里;到洛阳看到了"宫室烧尽,百官披荆棘,依墙壁间……尚书郎以下自出采稆,或饥死墙壁间,或为兵士所杀"。这样的帝都还能待下去吗?曹操护驾汉献帝离开洛阳,迁都到离颍水不远的许昌(今河南许昌东),依靠颍水灌溉,兴屯田,充军食,图生存。认定曹孟德阴鸷的人将此丑化为"挟天子以令诸侯"。

曹操的到来,是中原大运河的幸事。作为战略家,他运筹帷幄、纵横布局之时,格外重视水的力量、运河的力量,锲而不舍开凿运河。曹操征战到哪里,首先将运河凿通到哪里,指点江山,挥斥方遒,大手笔布局山河,"始于屯田,成于转运",带来中原运河局部发展。

睢阳渠。

自浚仪流来的睢水,穿越历史,在时光的原野上流淌,淌出一座古城睢阳(治今河南商丘)。睢水的源头是我们早已熟悉的魏惠王的鸿沟、王景的汴渠。鸿沟水系的水源是黄河,黄河水自古含沙量高,易淤积,抬高河床，至东汉末年，浚仪至睢阳间连通黄河的睢水因淤积已经很不畅通，无法漕运。

汉末战火四起，火过之处，残垣断壁，寸草不生，往昔富庶的中原地区，"白骨露于野，千里无鸡鸣"；当初繁华的城市更是"空而不居，百里绝而无民者，不可胜数"。在这样一个腥风血雨的时代，组织并养活起一支庞大的军队已经是一件非常难的事情，再要征发大量民力保障军队粮草军需，更加困难。曹操从许昌颍水边屯田、水运获得的经验出发，再次把眼光投向水，投向运河。这是军事家的眼光，这是战略家的眼光，这也是政治家的眼光，深邃阔大，高远卓越——开筑运河，借助运量大、省力、省钱、安全可靠的运河运兵、运粮，转漕给军，确保军队行动所需。于是，曹操命军队挥动铁锹，扛起竹筐，与民夫一起，展开运河开筑工程。

建安七年（202年），"春正月，公军谯……遂至浚仪，治睢阳渠，遣使以太牢祀桥玄。进军官渡"。曹操在与袁绍集团决战之前，为进军官渡修筑运河。

袁绍早就想用幽州牧刘虞取代汉献帝；袁绍集团的另一名骨干袁术，更是想自立为帝。这样的集团绝不见容于汉献帝。

胡三省于《资治通鉴》卷六十四《汉纪·献帝建安七年》"睢阳渠"下作注曰："浚仪县属陈留郡。睢水于此县首受莨荡渠水，东过睢阳县，故谓之睢阳渠。"注中的"莨荡渠"，是鸿沟、汴渠的又一个名字。汉末战乱，这条渠淤塞不通。曹操就是对这条旧渠加以疏浚，打通自浚仪至官渡水道。也就是说，曹操"治"的不仅仅是睢阳一段，而是自浚仪始，经陈留、杞县、睢县、宁陵，一直到睢阳。

睢阳渠开浚，漕粮有济，曹军顺水推兵，于官渡大败袁绍集团，一役廓清中原。是睢阳渠焕发出的力量，吞没了北方地区最大的割据势力。

或许，这只是在旧渠基础上的一次疏浚，对曹魏政权而言算不上大工程，以至史籍鲜有记载，连《水经注》也只字未提。然而，这一点并不妨碍睢阳渠是曹操连续不断开筑运河、兴修水利、屯田兴兵之先声的地位；它继东汉王景治水一百三十多年之后，再一次畅通黄河与淮、泗之间的运河交通，加强了曹魏对东方兖、青、徐、扬等州的军事控制；"农官兵田，鸡犬之声，阡陌相属。每东南有事，大军出征，泛舟而下，达于江淮，资食有储，而无水害"，"所以为一世雄也"。

千年过去，沧海桑田。睢阳渠已化作尘土，肥沃历史。肥沃的历史之上是岁月的生机勃勃。

白沟。

官渡鸣金，曹操鹰隼一般的目光盯住了下一个战略目标，败将逃亡之地——冀州邺城。

古时，除黄河直通北方之外，河南北部没有直接与海河水系相通的大河、干流，天然河流大都自太行山区东南流入黄河。为了达成剿灭袁氏集团最后巢穴邺城这一战略目标，曹操乘胜从许昌渡过黄河，喝令三山五岳让道，再一次挥动钉耙锄头、竹筐篾篓，筑运河，沟通起黄河与海河的联系，将黄河南部中原地区丰饶的物资输往邺城地区，建立起对袁氏集团的战略优势。

白沟，改来改去的黄河水道留下的一条故道，原名宿胥渎，一道小水沟。历史地理学家史念海先生考证，发源于太行山东麓的淇水，挟带大量蚌壳顺流而下，使下游如沟的河床上布满白色的螺蚌壳，于是，有了"白沟"之谓。

宿胥渎的流经路线大致经今河南淇县东南，折向东北流去，"折"处距离当时的黄河不远。还是历史地理学家史念海先生的考证，春秋后期，黄河向北倒岸，原本也属海河水系的淇水在这次黄河倒岸中改变了流向，向南注入黄河，摇身一变，成为黄河水系的一支。

也就是说，在曹操开筑白沟时，淇水与宿胥渎已经不可能相通。孕育了商朝歌城的淇水的这一次改换门庭，吸走了大量水源，使宿胥渎流量变小，变成了一涓细流。曹操要做的就是截断淇水南流，导引淇水东流入宿胥渎，使宿胥渎水流得以大畅，足通漕运。

截断淇水南流的主体大堰是淇水入黄河口处的枋堰。建安九年（204年），曹操命人在这里投下粗大枋木，杂以铁柱、石头等，筑成一条高大坚固的拦河坝。淇水入黄河处受到大坝的阻挡，改变流淌方向，向东注入宿胥渎，流向海河。"淇水右合宿胥故渎，渎受河于顿丘县遮害亭东，黎山西，北会淇水处立石堰，遏水令更东北注。魏武开白沟，因宿胥故渎而加其功也。"

开筑白沟的目的，就是要贯通中原地区黄河以北的漕运。"遏淇水入白沟以通粮道"，《三国志·魏书·武帝纪》仅此一句；《水经注·淇水》上也只是简略的"立石堰遏水"，没有详细载明立的石堰是截住全部淇水注入宿胥渎，还是拦河滚水坝，抑或在此处建筑了分水铧嘴。这关系到南北漕船过枋堰的方式。如果是拦水坝，那么，漕船须盘坝，接转运输，或拖船翻过堰坝；如果是分水铧嘴，那可直接通运。当然，无论是哪种方式实现通漕，就以在中国历史上第一次实现拦截天然河流、扭转其流向改造自然的实践而言，就足以名垂青史，白沟与曹操的名字连接在一起，深深嵌入了中国运河史，意义极其重大而深远。

用巨大的枋木筑成枋城堰，拦截黄河、淇水注入宿胥渎，形成运道，是古代水利工程史的创举。

由于枋堰巨大，堤高水深，漕运畅通，作用堪巨，闻名遐迩，堰所处的地名渐渐被人们淡忘，世人以名声日隆的"枋头"代之。久而久之，原地名被时光带走了，立在此处的只有"枋头"，"枋头"就成了这里不朽的地名。六朝时，堰旁筑有城池，称为枋城，是兵争要地。"枋头"越千年。迄今，浚县仍保留着前枋城村、后枋城村地名，以及枋城堰遗址。

上起枋堰，下至今河北威县以南的清河，皆被称为白沟。

站上白沟大堤，"建安七子"之一的王粲放声高歌："朝发邺都桥，暮济白马津。逍遥河堤上，左右望我军。连舫逾万艘，带甲千万人。"

白沟北流。曹军经北流的白沟进入洹水，沿洹水得以剑指邺城。

黄河以南大量物资沿白沟运河源源不断地抵达邺城以东地区，运河将强大战力输至邺城城下，曹操随之向盘踞在邺城的袁氏残余势力袁尚、袁熙发起致命一击。筑白沟当年八月，邺城克。袁尚、袁熙被迫逃向乌桓领地寻求庇护。曹操的政治军事实力急速扩张，迅速成长为中原地区的霸主。

如果说名不见经传的睢阳渠，是曹操利用运河进行战争谋略的一次尝试性努力，那么，截断淇水畅通白沟，则是在洞悉运河力量之后的一次积极主动的战略布局。

有了畅通的白沟运河加持，曹操遂按照王都规制在邺城大兴土木，邺城也成为曹军统一北方、兼并群雄的大本营、根据地。

乌桓，东胡人的后裔。东胡在汉初被匈奴灭国，余部一支逃到鲜卑山，以山为号，称"鲜卑"，鲜卑部落此时正在积蓄力量，即将在中华文明史上书写属于自己耀眼的一页；另一部分逃到了乌桓山，也以山为号，这便是"乌桓"。乌桓部落以幽、并两州为主要聚居地，在北方分布的范围相当广，布列辽东、辽西、渔阳、上谷、右北平等。乌桓部落于东汉末年中原各诸侯忙于内战时迅速壮大，成为中国北方一股不可小觑的力量。《三国志·魏书·武帝纪》："辽西单于蹋顿尤强，为绍所厚，故尚兄弟归之，数入塞为害。"袁尚、袁熙在穷途末路之时前去投奔乌桓,希望借助外族的力量杀回冀州。他们投奔乌桓后,乌桓骑兵多次进入幽州腹地掠夺,袭扰曹操的北部边境,成为曹操的心腹之患。"公将征之,凿渠,自呼沱入泒水,名平虏渠,又从泃河口凿入潞河,名泉州渠,以通海。"

同为征战所需,曹操开筑新河。《水经注·濡水》:"魏太祖征蹋顿,与泃口俱导也,世谓之新河矣。……新河又东北绝庚水,又东北出,径右北平,绝巨梁之水,又东北径昌县故城北……合封大水,谓之交流口。"

这些运河被称为平虏渠、泉州渠、新河,它们的开通,形成了一条由南而北又向东的弧形,与当时的渤海湾海岸线基本平行,既可以替代海运,避开海运惊涛骇浪之险,又可以与海运相接,进入辽东半岛,直插乌桓腹地。

建安十二年(207年),新河开渠的第二年,借助运河充盈起的力量,"宜将剩勇追穷寇"的曹操亲率大军北伐,杀向乌桓老巢,清剿袁氏残余势力。

曹、乌两军相遇于白狼山(今辽宁喀喇沁左翼蒙古族自治县东境)。操之猛将张辽率军突击,大破之,临阵斩杀以骁勇著称的蹋顿单于,乌桓及袁氏集团残部覆灭,大半个北方统一在了曹操的大纛之下。

建安十三年(208年),占据荆州十八年之久的刘表突然病危,荆州政权形势不明,两个继承人刘表之子刘琮、刘琦矛盾重重。面对这种绝佳机会,只要意图天下的诸侯都不会放弃,因为谁得荆州,谁就极有可能得到天下。曹操当然不会放过这个机会,更何况刘备、孙权两个对手也对荆州虎视眈眈。

战国时期开通的鸿沟水系运河与淮水相通,淮水通汝水,汝水通舞水、溱水,楚国人于春秋战国时期开筑人工运河将舞水、溱水与沘水连通起来,沘水达南阳，自南阳入沔水、汉水，抵达荆州，荆州北部地区与中原地区的联系源远流长，密切深刻。运河的历史意义在这里再次凸显。而且，身居南阳的刘秀轰然崛起，建立东汉王朝，使近南阳的荆州北部地区与中原地区的关系进一步提升，这一带与中原王朝早已成为一个密不可分的政治经济整体。这些都是刘备、孙权不具备而只有曹操才有的对荆州志在必得的历史本钱。

七月底，曹操亲率兵马驻集宛城和叶城，从这里高张征帆，乘风破浪，几日之后抵达荆州境内的军事重镇樊城。在这里，刘表之子刘琮率部前来投降，并下令其他各个郡县无条件降曹，曹操和平取得了荆州大部分地区。接着，曹军占据襄阳，这对保证中原安全的军事意义重大，同时也是取得了随时南下的桥头堡。再接着，获得了刘表麾下蔡瑁、张允等率领的八万荆州水军，奠定了鼎立三国中绝对优势的基础，是"得中原者得天下"的精彩华章。

建安十四年（209年），获得绝对优势的曹操，"王师东征，泛舟万艘"。如此大规模的水军作战得以启动，得益于曹操迎献帝都许昌以来从未停歇过的运河建设，畅通的运河网载浮起浩荡水师，南征北战。

建安十八年（213年），统一了北方的曹操，审时度势，适时将都城自黄河南岸的许昌迁至黄河之北、心仪已久的邺城，也就是战略重心北移。袁绍领冀州牧时，驻邺县，后占有并、青、幽诸州，邺便成为北方之政治中心。现在，邺城已到曹操手中，没有比占据对手老巢为都城更令人愉悦的事了。

邺城运河环绕，船帆片片，畅达天下；沃野春风，烟霞天成。无论如何，这片土地的繁茂，凝结着战国时代魏文侯的邺令西门豹的心血。西门豹为邺令时，消除漳河水患，引水兴利，向南岸同时开十二道引水口，延伸出十二道引水渠线,此淤彼疏,轮换疏浚,灌溉邺地,浇灌出魏国河内郡富饶粮仓。

六百年后的曹操策马西门豹奔走过的河堤,指点江山,下令重修西门豹引漳灌溉工程,"竭漳水回流东注,号天井堰,二十里中作十二磴,磴相去三百步,令互相灌注,一源分为十二流,皆悬水门"。

曹操巡视邺城,马鞭指处,漳水与白沟平行流向东北,二水相距不远,但并不相通。曹操以为遗憾。太祖怎能留遗憾?为了邺城与四方的联系,建安十八年(213年),"魏太祖凿渠,引漳水东入清、洹,以通河漕,名曰利漕渠"。

历经大规模建筑,邺城"平原千里,漕运四通","其城东西七里,南北五里,饰表以砖,百步一楼,凡诸宫殿门台隅雉,皆加观榭,层甍反宇,飞檐拂云,图以丹青,色以轻素。当其全盛之时,去邺六七十里,远望苕亭,巍若仙居"。

"我生之初尚无为,我生之后汉祚衰。天不仁兮降乱离,地不仁兮使我逢此时。干戈日寻兮道路危,民卒流亡兮共哀悲。烟尘蔽野兮胡虏盛,志意乖兮节义亏……"这是一个女子历经辗转、穿越战乱从匈奴归汉的血泪吟唱,悲怆之声回旋在邺城运河的水面上。

蔡文姬《胡笳十八拍》激荡着曹操平乱一统的心志,不遗余力地畅通着北方的大运河。时光好像特别眷顾北方这片神奇的土地,于是在这里,留下了许多它走过的痕迹,白沟、平虏渠、泉州渠、新河、利漕渠,沟通了南起黄河、北到海河,中间涵盖清水、漳水、淇水、洹水、滱水、易水、涞水、沽水、滹沱河等各水系,是时间和使命的奇妙相遇,是时间和理想的长久封印;它们如纽带,极大地强化了曹操对华北地区的控制、经营能力。沿白沟向南,越过黄河,进入也由曹操疏浚的睢阳渠,这是中国历史上第一次实现运河畅通整个黄、淮、海平原。

曹操大规模疏浚运河、兴修水利、平治水土、改造自然，丰富生动的社会实践，展示出人类自身在自然界中的力量，先秦以来形成的"天人合一"的思想第一次受到"水"的强劲冲击和洗礼，开始动摇，逐渐衰微，濒于破产。运河，在显示凝聚"大一统"精神之后，再一次呈现出巨大的思想力量。

往事越千年，魏武挥鞭，开筑运河有遗篇，畅流大中原。

建安二十五年（220年），一代枭雄曹操去世。"挟天子"的人走了，继承者失去了"挟"的兴趣，何不自己做"天子"？纵览天下大势，再没有"缓称王"以韬光养晦的空间，到了自己称王的时候了。于是，刘协不得不褪去伪龙袍，不再扮演"献帝"一角，以"山阳公"的名号谢幕，"魏文帝"登上烽烟滚滚的历史舞台。

已承汉帝，必须拉开与"刘皇叔"争夺"正统"角色的大幕。显然，此时再蜷缩在偏于一隅的北方邺城于政治上不利，必须到中国历史大舞台的中心去，到中国王朝政治正统都城去，到中华文明的核心地带去，将战略重心从黄河以北转移到黄河以南，转移到"天下之中"，到那里逐鹿中原，一统天下。胸怀这样的雄心、抱负，魏文帝曹丕毅然迁都洛阳。

这是吕不韦的洛阳吗？这是汉光武帝刘秀的都城洛阳吗？广布都城的阁、观、馆、台呢？东汉帝王的南宫、北宫呢？收藏图书典籍、史学家集中在这里修撰出《东观汉记》的东观呢？诸儒会集于此，研讨五经异同，记录诞生了《白虎通义》的白虎观呢？……它们有的在黄巾军的扫荡中倒塌，有的在董卓纵火中被焚毁，"垣墙皆顿擗，荆棘上参天"，"中野何萧条，千里无人烟"。目下的洛阳只剩下繁华过后时光远逸的肃飒苍凉。

曹丕从废墟上重建洛阳城，自东北角建百尺楼开始，一砖，一楼，一台、一阁，燕雀垒窝，鸟禽筑巢，重现汉家帝都光彩。

大舞台，大气象。曹丕立足洛阳，向西与刘备建立的蜀、向南与孙权建立的吴展开天下争霸。

任何争霸都是军事实力，更是经济实力的较量。承续起父亲"以通渠积谷为备武之道"的战略思想，作为"修耕植以蓄军资"的组成部分，曹丕在黄淮平原上大修水利，大兴屯田，大筑运河，全盘接过父亲的运河遗产，更在其基础上奋力开拓进取，不遗余力，于沙、洧、颍、汝水之间，使淮河以北各支流沟通舟楫，形成了新的运河网。所开运道数量之多、径流之长、影响之深，前无古人，后启来者。

讨虏渠。

黄初六年（225年）三月，魏文帝下令在郾城至西华之间开挖讨虏渠，渠经颍水入淮，通向东南。这里的"虏"，当然是指地处东南的吴。中原至黄淮之间的运河十分通畅，曹魏征东吴所需的粮秣、装备等，正是通过讨虏渠等中原运河输向东南。

郾城、商水田野上有一线低洼伸向远方。

一位当地村民指着这低洼处说："知道这里曾是沟通颍水、汝水的水道，不知道有'讨虏渠'，这是哪份皇历上的事？要这么说我倒是想起，每年春天的早晨，别处都没有雾，就这低洼地有团团雾气缠绕，雾气很浓，一条线，伸出老远。我们都觉得奇怪，这条线的地下有啥宝物，上面这是仙气？现在看，可能就是'讨虏渠'不散的水汽。"

千金渠。

曹丕迁都洛阳，由此，酿造出洛阳辉煌、东汉辉煌的阳渠，以它超越王朝、超越历史的冷峻庄严，流进了曹魏时代。为了这条帝都之河、力量之河、国运之河，曹魏倾尽心力。

魏晋文献中多有涉及"千金"等的记载，千金竭、千金渠、千金坞，以及五龙渠、代龙渠、长分桥、张方沟、石巷水门等，这些水利工程，就是在穿凿东汉阳渠基础上的整修、加固、改造和利用。

"千金竭，旧堰谷水，魏时更修此堰，谓之千金竭。积石为竭，而开沟渠五所，谓之五龙渠。"

太和五年（231年），在东汉张纯所建阳渠基础上，魏明帝派都水使重修千金渠。千金渠引谷水东流，经洛阳城北，分一支入城，然后自城北转城东和阳渠汇合，借以增加洛水的水量，保证首都与南北各地的水运联系。

千金渠修成，渠上立竭，竭的东首立一石人，石人的腹部刻勒文字曰："太和五年二月八日庚戌造筑此竭，更开沟渠，此水衡渠上其水，助其坚也，必经年历世，是故部立石人以记之云尔。"

成国渠。

曹魏政权在经略京都运河、中原东南运河，与吴争霸的同时，放眼西南，为伐蜀积蓄力量。这种积蓄的标志是魏明帝青龙元年（233年），征蜀将军卫臻率兵筑成国渠。

东西走向的成国渠与因时代久远失修淤废的秦郑国渠、汉武帝时代汉渠重叠，就是在故渠基础上重开，从今陕西眉县东北引渭水经今扶风、武功、咸阳复入渭水。

当然，成国渠有进一步的拓展，自陈仓（今陕西宝鸡东）引汧水东流，和汉成国渠相接，如此，畅通关中漕运，保障征蜀战争；引以浇田，丰饶陇上。

汴渠。

正始二年（241年），在曹操治睢阳渠39年之后，曹魏政权动员民力，全程整修汴渠，使之可以通舟楫。

广漕渠。

辽远的豫东平原郁郁葱葱,生机勃勃。

《三国志·邓艾传》云:"时欲广田畜谷,为灭贼资,使艾行陈、项以东至寿春。艾以为'田良水少,不足以尽地利,宜开河渠,可以引水浇溉,大积军粮,又通运漕之道'。"

邓艾是曹军在陈、项驻守屯田的将领,他的"宜开河渠"的建议被采纳,正始二年(241年),守军加征集而来的民夫,合力开筑,竭力疏通和恢复古鸿沟(汴渠)水系,引黄河水补充颍水等水源,满足漕运。

邓艾疏浚开通的漕渠,大约相当于开封以西的汴渠和从开封南流入颍的蔡水。这条漕渠,史称"广漕渠"。

广漕渠的开通,不仅滋润了江淮之间的土地,军民垦耕,五谷丰登,囷溢仓满,举兵伐吴所需军粮可以就地备足,省去由许昌、邺城调运之劳顿;而且,魏军攻击江东吴国,可以由中原集结,沿广漕渠泛舟东下,达于江淮,剑指吴喉。

开筑广漕渠的邓艾在讨吴之后拔寨西征,攻打皇叔去了。广漕渠,连同开筑它的魏帝的野心,一并被中原的黄土所掩埋,或许可以化作土下的经络。

淮阳渠。

"帝以灭贼之要,在于积谷,乃大兴屯守,广开淮阳、百尺二渠,又修诸陂于颍之南北,万余顷,自是淮北仓庾相望,寿阳至于京师,农官屯兵连属焉。"

《晋书·宣帝纪》上的这段记载告诉我们,广漕渠之后,曹魏政权又接着开筑了淮阳渠、百尺渠。

淮阳渠,是在疏浚贾侯渠故道的基础上完成的。贾逵任豫州刺史时,遏郾、汝，造新陂，河渠上承沙水，下接颍水，因贾逵曾被魏文帝封为"阳里亭侯"，这段河渠被历史记忆为"贾侯渠"。

今周口地区淮阳西北贾侯渠故道，田野辽远，树木森森，村舍点点。

也就二十余年，沟通汝水与颍水的贾侯渠，即被泥沙淤塞，已经变得不易辨认，《水经注》也只能叹息一声"交错畛陌，无以辨之"，它随贾侯而去，来也匆匆、去也匆匆地消失在岁月的旷野中。

它们被从地下掘出，又归寂于地下，犹如天空中没有留下飞的痕迹，但鸟儿已翱翔过。

是正始四年（243年）曹魏政权的再一次开筑，将贾侯渠自地下重新唤醒，易名淮阳渠，上承庞官陂，下与广漕渠相通，经淮通渠二百余里。

百尺渠在广漕渠东南。沙水与广漕渠汇合后，又"东径长平县故城北……又东而南屈，径陈城东，谓之百尺沟"。这里的"百尺沟"就是"百尺渠"。

《晋书·食货志》上一句"宣帝善之，皆如艾计施行"告诉我们，淮阳渠、百尺渠，是采纳开挖了广漕渠的那个邓艾的建议修筑的。邓艾对水、水道，有着天才般的敏感，视野宏阔，"北临淮水，自钟离而南横石以西，尽沘水四百余里，五里置一营，营六十人，且佃且守。兼修广淮阳、百尺二渠，上引河流，下通淮颍，大治诸陂于颍南、颍北，穿渠三百余里，溉田二万顷，淮南、淮北皆相连接。自寿春到京师，农官兵田，鸡犬之声，阡陌相属。每东南有事，大军出征，泛舟而下，达于江淮，资食有储，而无水害"。

八里胡同峡古栈道。

荆紫山脉与王屋山余脉隔岸对峙，对峙成一道黄河峡谷，眺望犹如一道长长的门阙。

此段峡谷，民间俗称八里胡同峡。峡谷的两面悬崖绝壁上，开凿有栈道，绝壁上凿出的方形壁孔、牛鼻形孔、椭圆形孔穴以及纤绳拉磨留下的痕迹，无声诉说着黄河漕运的艰辛苦难。触摸这些孔穴，似乎依稀能感觉到当年黄河漕运纤夫抠抓它们留下的生命的温热。

1996年10月、1997年6月，河南省古代建筑保护研究所科技保护研究室两次深入峡谷之中，对八里胡同峡南北两岸14个自然段的古栈道，做了深入细致的考古调查。

正是这两次考古调查，在北岸东Ⅱ段栈道，由东向西60米处侧壁上，发现三国时代题记一则。这则题记，距栈道底部50厘米，高36厘米，宽23厘米。题记正书："正始□□贺园领帅五千人修治此道。天大雨。正始九年正月造。"

正始九年（248年），曹魏时代。这个时代，役使五千人修治黄河栈道，堪称工程浩大。它一方面证明黄河栈道修治工程的艰难，一方面也证明曹魏对黄河漕运之重视。

青龙三年（235年），关东饥荒，司马懿漕运长安粟五百万斛救济京师。或许正是这次饥荒以及通过漕运成功赈灾，使曹魏集团切身感受了漕运的重要性。景初二年（238年），"二月，帝遣都督沙丘部、监运谏议大夫寇慈帅工五千人，岁常修治，以平河阻"，下大力气大规模修治黄河栈道。当然，这次修治黄河栈道的目的不一定仅限于向关东漕运，或许有着备战、备荒的双重意图。

最迟至正始五年（244年），由西向东的漕运，发生了根本性的逆转。经过多年的休养生息、屯田积累，关东地区已经可以自给有余，转漕关中成为可能。蜀将姜维曾打算镇守关隘以御敌，"有事之日，令游军并进以伺其虚。敌攻关不克，野无散谷，千里县粮，自然疲乏，引退之日，然后诸城并出，与游军并力搏之，此殄敌之术也"。这里的"千里县粮"，应该就是指转漕关中。在八里胡同峡栈道题记发现之前，这属于字面推测，题记发现之后，这就不是推测，有了转漕关中的实证。正始九年（248年）正月，五千人修治栈道，既是景初二年（238年）下大力气修治黄河栈道工程的延续，也是进一步深化。

正月大雨，在河南殊为少见。大雨之中修治栈道，苦上加苦。或许正因为这样的苦难刻骨铭心，栈道修治现场中断文识字者刻写了这题记，记寒雨侵身，记艰难竭蹶，记五千条生命的千年不朽。

从景初二年（238年）到正始九年（248年），以迄晋世，黄河漕运栈道的修护一直维持在五千人之数。五千人用他们的生命热血，注释着畅通漕运对魏晋政权、对中原历史的作用和意义。

是的，曹魏政权自奠基人曹操开始，格外重视运河的开筑、水利的应用，数十年如一日，苦心孤诣，呕心经营，终在水量相对贫乏的中原地区，在北部中国，编织出了一张四通八达、绵密细致的水运交通网，灌溉出丰饶的田地，获得了殷实的收成，书写出未曾见过的历史新篇。

转观孙吴、蜀汉，统治区域内的水资源比起曹魏来不知富裕多少，不知丰饶多少，或许正是因为这种富裕丰饶，对之的投入、经营、应用远不及曹魏。——为什么最终北方弭平四百年的历史血泪统一了全国？答案就书写在中原大运河上。

运河上的答案，并不是每个人都能读懂。在碎片化的历史时代，各称朝代的王朝，或因为疆域狭窄有限，或因为国祚短暂，几乎没有像样的运河开筑，也就不会有像样的运河成就，多是抱佛脚式的挖掘、急功近利的使用。

历经长期战乱、从分裂中建立起来的西晋，本应更懂得统一的珍贵，可它的历史，格外富有戏剧性。自从司马代魏，三分归晋，洛阳的舞台上，王侯将相、才子佳人倾情演出，留下烟花般的极致绚烂。待到痴儿悍妇登场，八王之乱爆发，百姓流于道路，中原丧于蛮荒，这个王朝也就离崩塌不远了。

晋室东渡后，东至大海、西抵葱岭、南控江淮、北及大漠这辽阔的北方，出现了第一个统一的非汉民族（氐族）政权——前秦。357年苻坚即位后，去帝号，称"大秦天王"。这位被范文澜夸赞为"皇帝群中是个优秀的皇帝"、被柏杨称为中国历史上五个称得上"大帝"之一的皇帝，文治煌煌，武功赫赫，尤其在烽火未熄、干戈四方的建元八年（372年），"议依郑白故事，发其王侯已下及豪望富室僮隶三万人，开泾水上源，凿山起堤，通渠引渎，以溉冈卤之田，及春而成，百姓赖其利"，舟行渠上，朝廷赖其便，不致关中平原上的郑国渠、广通渠在战火中干涸，不致阳渠、鸿沟、白沟失去了长安的消息，由此创造出"盗贼止息，请托路绝，田畴修辟，帑藏充盈"的一方繁荣。

东渡之后的晋室，总体上偏安一隅，风月金粉，聊保半壁。当然，也有热血志士，心存复国之志，稍有国力，便起兵北伐。北伐军队运输粮食军饷，无不仰仗运河。当自然河道与已有的运河无法通达目的地时，还有开筑的激情。兴宁二年（364年），桓温北伐，"遣西中郎将袁真、江夏相刘岵等，凿杨仪道以通运"。太和四年（369年），桓温率步骑五万北伐，驻军金乡，时逢大旱，"水道不通，乃凿巨野三百余里以通舟运"，"引汶水会于济川"。义熙十三年（417年），刘裕北伐，从关中退兵，"自洛入河，开汴渠以归"，从洛水进入黄河，疏通汴渠沿运河南归。

晋室北伐，无功而返。此时，能征善战的鲜卑部落登场，他们自"敕勒川、阴山下"的参合陂誓师，一路南下，激情飞扬，挺进中原，建立起北魏王朝的光辉与荣耀。在统一北方的历程中，北魏入乡随俗，改变原来的生活方式、思维方式、行为方式，积极疏浚运河，畅通物流，滋润经济，致"百姓殷阜，年登俗乐，鳏寡不闻犬豕之食，茕独不见牛马之衣"。

浩荡胡风当会刮倒汉文化的葱茏大树吧？他们会将落后的生产关系强加于经济文化十分发达的汉文化区吧？有多少人有着这样的焦灼忧心。然而，出人意料，鲜卑族统治者中的杰出人物，谦卑、虔诚地拜汉文化为师，以开放的心胸迎纳着各种文化的洗礼。他们在398年迁都平城（今山西大同东北）之后，到处网罗华夏"豪门强族"和"先贤世胄"，给予这群人高官厚禄，请他们帮助鲜卑人制定政治、礼仪、法律一系列制度，再"徙山东六州民吏及徒何、高丽、杂夷三十六万，百工伎巧十余万口，以充京师"，"给内徙新民耕牛，计口受田"，运河区域先进的生产技术迅速传播到了鲜卑人的统治区。"离散诸部，分土定居，不听迁徙，其君长大人，皆同编户。"通过这些措施，北魏汉化日益加深，也在这种加深中国力日益强盛起来。439年，北魏灭北凉，最终统一了北方，北方运河地区全部纳入了北魏的版图，北魏成为中国历史上又一个入主中原、统一北方的非汉民族王朝。

不断强大的北魏，继续向南扩展。494年，后世公认的政治家、改革家孝文帝拓跋宏，推崇汉文化，亲政不久，决意迁都，将都城由平城迁往"崤函帝宅，河洛王里"汉文化的核心地带洛阳，由此开启了中国历史上规模最大、影响最为深远的民族大迁徙。

洛阳，天下共主周天子所在的洛邑，老子、孔子两个中华民族精神原创者的会合之地，汉光武帝刘秀的都城，汉文化的核心地带，迁都洛阳就是认祖归宗，就是认"大一统"之祖归中华文明之"宗"。

中华文化、游牧文化、佛教文化、佛教文化背后的印度文化、西域文化，因北魏孝文帝的到来，在洛阳聚齐了，这是多种文化第一次历史性大规模融合，伴随着这次波澜壮阔的民族大融合，北魏长期推崇儒佛、教化民众的政策深入人心。大批在旧都城之侧一钎一斧开凿出惊世之作云冈石窟的雕刻工匠和信徒随迁进入新都，他们在大禹治水开凿的石门处、在鲤鱼跃龙门的地方，用刻凿雕刀继续表达他们对佛陀的虔诚、对佛教精义的理解，佛光熠熠的支提式僧伽龙门石窟辉耀而出。他们在距洛阳东五十公里的大力山创建伽蓝，凿石为窟，是为希玄寺，也就是后来的巩义石窟寺。他们构造出安置印度高僧跋陀尊者的嵩山少林寺。印度高僧来到少林寺开辟译场，翻译经书，此时，它与白马寺并肩，佛光河山，慈悲人心。

巩义石窟寺

迁都洛阳的孝文帝，怀着虔诚之心，在曹魏的洛阳、西晋的洛阳坍塌之后重修都城，同时，立刻疏浚流淌了四百多年的阳渠运河。

让我们看一看记录在《魏书》中的重修阳渠之前孝文帝与大臣李冲的一番对谈。这番对谈发生在君臣泛舟洪池时。洪池，洛阳市东北汉魏古城东二十里的一方胜水，"洪池清蘌，渌水澹澹"，"梧桐攀凤翼，云雨散洪池"——"高祖自邺还京，泛舟洪池，乃从容谓冲曰：'朕欲从此通渠于洛，南伐之日，何容不从此入洛，从洛入河，从河入汴，从汴入清，以至于淮？下船而战，犹出户而斗，此乃军国之大计。今沟渠若须二万人以下、六十日有成者，宜以渐修之。'冲对曰：'若尔，便是士无远涉之劳，战有兼人之力。'"

这不是对阳渠简单的重修，是孝文帝向运河精神的致敬，是一种赓续中原文化精神的行动表达。

这段对谈，表达了孝文帝的大运河理想。这样的运河理想又与他的大一统理念紧密相关。大运河理想是实现大一统理念的战略支撑，而大一统理念则是孝文帝大运河理想的动力来源。

"丁亥，将通洛水入谷，帝亲临观。"《魏书》上的这行记载，清晰地表达着孝文帝的理想情怀。

以孝文帝为代表的鲜卑没有使中华文明遭受劫难，反而使中华文明获得了新的素质，获得了一次提振，并沿重修过的阳渠运河播向更辽阔的土地。

由于北魏后期政治中心移至洛阳，北方边镇的鲜卑族人源源不断地涌向他们的国都，源源不断地进入更广阔的中原运河地区。鲜卑族人群的流动带动了北方更多的少数民族人群结伴而来，不同民族的文化融合在中原大地，在运河两岸，自然而然地发生着、深化着。尽管少数鲜卑族贵族试图抵制这种融合，但是，在一种更先进的文明面前，这样的抵制于事无补，毫无意义。发展到南北朝时期，居住在中原运河沿岸的少数民族，其经济生活、风俗习惯，包括最具族群特征的语言，都已经与汉族基本相同。他们中间的杰出人物，更非一般汉族平民所能比拟。陆俟是代北豪族，鲜卑八大贵族之一，少聪慧，有策略；他的儿辈陆丽"好学爱士"；他的孙辈陆琇"雅好读书"；他的重孙辈陆卬"博览群书"；他的第五代陆乂精熟五经，时人赞"五经无对有陆乂"……少数民族一代接一代在汉文化的熏陶下成长，长成汉文化精英，足以令许多汉族士大夫望尘莫及、望之兴叹。

运河畅达，带来活跃的物产交流，促进着市场繁荣。北魏太和之后的魏都洛阳，"别有阜财、金肆二里，富人在焉。凡此十里，多诸工商货殖之民，千金比屋，层楼对出，重门启扇，阁道交通，迭相临望。金银锦绣，奴婢缇衣，五味八珍，仆隶毕口"。此处的"十里"是指阜财、金肆二里及通商、达货、调音、乐律、延酤、治觞、慈孝、奉终八里。

域外商人，无远不至：大秦、安息、天竺、波斯……商贾纷至沓来，络绎不绝。这时，都城洛阳通往西域的道路也由汉代的两条拓展到四条，《魏书·西域传》描绘道："出自玉门，渡流沙，西行二千里至鄯善，为一道；自玉门渡流沙，北行二千二百里至车师，为一道；从莎车西行一百里至葱岭，葱岭西一千三百里至伽倍，为一道；自莎车西南五百里葱岭，西南一千三百里至波路，为一道焉。"四路相通，商贾如鲫；沙漠驼铃，不绝于道；商胡贩商，日奔塞下。药材、香料、水银、琉璃、金银饰物、火浣布（石棉布）……来自西域、中亚、东欧的稀罕物，在洛阳的摊铺上都能买到。大量外商来京交易，形成了京都洛阳中外贸易的繁盛局面。

不唯西域、中亚、东欧商贾云集，象牙、火齐珠、沉香、吉贝（木棉布)、香药、金刚指环……大量出现在洛阳店肆,证明南天竺、师子国(今斯里兰卡)、南洋等地的商贾,也进入了中原,进入了中原运河流域。他们大多从南海到达交、广,或从泉州登陆,然后从陆路和水路到达中原地区,到达京都洛阳。

不少外国商人,在京都、在运河流域经商时间久了,乐见中国土风,便在运河流域特别是在都城洛阳定居下来。为了安置好这些定居的客商,北魏王朝专门在洛阳城南水桥的东西两侧靠近四通市的地方,建起"金陵馆""燕然馆""扶桑馆""崦嵫馆"四馆,作为"流转房",安置四方滞京客商。在四馆住满三年,还想继续在京城经商,那就赐给与四馆相邻的"归正里""归德里""慕化里""慕义里"这四里中的房宅居住。——就是这四馆、四里的名称,也呈现着多文化交融的样态。

尽管魏晋南北朝时期的中国运河、中原运河是分裂的,主脉已散,但仍四方奔溢,气貌繁盛,以无可阻挡之势促进着交往、涵养着文化。

黑暗如磐的天空,一道长长的闪电划过,惊雷炸裂,轰隆隆滚向天边;闪电照亮山河,从黑暗的天空落向大地,落成大地上流淌的河流,睢阳渠、白沟、讨虏渠、广漕渠、淮阳渠、百尺渠、千金碣、汴渠、黄河八里胡同峡栈道……依次涌来。

中原大地,在纷飞的战火中战栗;中原河山,在弥漫的硝烟中破碎。这是中华文明历史的洼地。狂飙天落,落成洼地上的运河。运河,自诞生那日起,就获得了只属于自己的独立生命:吸纳大地上、山河间的涓涓细流、点点涧水,缀连破碎,缝补河山;凝聚大地上、山河间的精神魂魄,填平洼地,滋养生灵,一往无前。

不能想象中华文明陷入历史洼地的时刻,没有运河,历史将会是什么样子；不能想象中华文明陷入历史洼地的中原，没有运河，文明将会是什么样子。历史不容假设。中原呈现出的只能是有运河在的文明史。

少数民族入主中原，中原统治政权频繁而惨烈的更替，都在告诉人们君主的权力并非神授，上天根本不是人类社会的主宰。汉代以来独尊的儒术原形毕露，今文经学神化孔子，认为经书中的微言大义，是后世必须遵循的金科玉律；又将阴阳五行迷信糅合进去，使得儒学神学化，进而与谶纬合流；谶纬神学空虚无力，更无助于激烈的社会政治问题的解决。正因此，在这思想"硬"解放的四百年里的文化创造，前承继秦汉，后交接隋唐。历史的洼地从黑暗、混乱、血腥中，隆出一块令人仰望的文化高地，风骨异彩的运河之水映照出它的苍劲悲壮，刚健豪放。千年过去，我们仍然能感受到"慨当以慷，忧思难忘"高扬政治理想、喟叹人生短暂雄健深沉的建安风骨绽放出的异彩。

谯郡铚县嵇山（今属安徽涡阳）人嵇康、陈留尉氏（今属河南）人阮籍，从自然中汲取精神营养，便成为自然赤子。他们从崇尚自然出发，看清了自然是宇宙的本来状态，是一个和谐的统一体；看清了人类社会也是自然，是自然的一部分，并不外在于自然。既然人类社会是自然的一部分，也应该与自然一样，和谐统一，没有矛盾冲突。于是，他们握起"自然"的利器，无畏地刺向"名教"的虚伪无耻，抨击它破坏自然的和谐统一，借以掩饰极端暴政，由此高扬起"越名教而任自然""非汤武而薄周孔"的思想大旗，迎风猎猎作响。然而，山水萧瑟，岁月荒寒。不得理解的阮籍在荥阳广武山楚汉相争的古战场勒住悲怆的马缰，俯瞰鸿沟，迎风长啸："时无英雄，使竖子成名！"这废墟边的一叹成为难以企及的精神高峰。而另一位傲世名士嵇康，则来到洛阳，在运河边支起了一个铁匠铺，挥锤打铁。炉燃邙山柴，淬火阳渠水，锻打出《明胆论》《管蔡论》《难自然好学论》等名篇，千秋相传；更有临刑索琴弹奏的一曲《广陵散》，终成绝响，精魂神魄，涨满阳渠。阳渠上飘荡的古琴声里，《华佗针灸经》《太平圣惠方》《诗品》《水经注》《洛阳伽蓝记》一本一本打开……

汉初，佛教由丝绸之路传到关中，又沿运河传抵洛阳，尽管如此，在整个汉代，佛教影响不大，只是在皇室及贵族上层中传播，并未溢出高墙深院，传入民间。至魏晋南北朝，战争频仍，厄运乱飞，社会动荡，没有一个阶层是稳定的、安宁的，每个人都是痛苦的、挣扎的，都渴望寻求解脱、寻求依托，佛教适应了这种需要，如野火，迅速燎原。运河区域的便捷交通，为佛教的传播创造了条件，运河区域成为佛教最为兴盛、最为普及、最为泛滥的区域。一些运河城市中，佛寺林立，"南朝四百八十寺，多少楼台烟雨中"。汉末以降，战火肆虐，生灵涂炭，说什么因果报应！谁能超度众生出苦海？谁能度众生逃生死劫？与佛教在民间急速传播几乎同时，无神思想自运河流域生长出来，向之宣战。南乡舞阴（今河南泌阳西北）人范缜，以一纸《神灭论》，捅破阿弥陀佛天。梁武帝宣布佛教为国教，诏命王公朝贵及僧正六十余人反驳范缜，向国教的异教徒宣战。寒微范缜从容不惧，激越反诘，从"形神相即"和"形存则神存，形谢则神灭"的基本命题出发，论证形体和精神的关系是"质"和"用"的关系——"形者神之质，神者形之用"，亦如刀和刀刃的锋利，精神本身并非物质实体，而是人的形体的一种作用，戳穿精神是一种特殊物质的虚妄，"浮屠害政，桑门蠹俗。风惊雾起，驰荡不休"。范缜汪洋恣肆，滔滔不绝，将不幸的人们从为寻求解脱而陷入一种新的不幸中解放出来，助其挣脱精神束缚，获得新生。

　　与刘勰同时代的钟嵘,没有像刘勰那样立足文学理论的宏大建设,而是执着于为诗歌立规矩、定标准。这位诞生于鸿沟流经的颍川长社(今河南长葛东)的记室,以运河水给予的翩翩才思著就《诗品》,提倡"风力",反对玄言,主张音韵的自然和谐,推进着诗歌的"滋味"。

　　清商曲在曹操的邺城响起,在邺城运河之滨铜雀台上响起,"魏氏三祖,风流可怀,京、洛相高,江左弥重"。浊世、乱世中的清越之声,或许正得"蝉噪林逾静,鸟鸣山更幽"的精蕴。

　　挺立在天地之间,"竹林七贤"之一的刘伶放声《酒德颂》:"有大人先生者,以天地为一朝,万期为须臾,日月为扃牖,八荒为庭衢。行无辙

《高逸图》（唐 孙位 绘，自右而左为王戎、刘伶、山涛、阮籍）

迹，居无室庐，幕天席地，纵意所如。止则操卮执觚，动则挈榼提壶，唯酒是务，焉知其余。"曹植补以《酒赋》："于是饮者并醉，纵横喧哗。或扬袂屡舞，或扣剑清歌，或嚬噈辞觞，或奋爵横飞，或叹骊驹既驾，或称朝露未晞。于斯时也，质者或文，刚者或仁，卑者忘贱，窭者忘贫。"一种异于任何时代的"建安风骨"流响恒久。

西晋大臣杜育，又名杜毓，文官至汝南太守，武官至右将军，身处乱世，上马杀敌，下马安民，上下马之间仰望星空。蘸阳渠之水，圣手一挥，才气过人、清俊飘逸的《荈赋》称雄于世："灵山惟岳，奇产所钟。瞻彼卷阿，实曰夕阳。厥生荈草，弥谷被岗。承丰壤之滋润，受甘霖之霄降。月惟初秋,农功少休;结偶同旅,是采是求。水则岷方之注,挹彼清流;器择陶简,出自东隅;酌之以匏,取式公刘。惟兹初成,沫沈华浮,焕如积雪,晔若春敷。若乃淳染真辰,色殨青霜。□□□□,白黄若虚。调神和内,倦解慵除。"《荈赋》是人类茶叶史上第一篇完整记载茶叶从种植到品饮全过程的茶学作品,是人类茶文学的开山之作。杜育自茶文明原始荒原向前一小步,却是人类文明一大步。一壶冲古意,千秋有同心,饮茶自杜育引导进入人类文明领域后再也没有离开,且不断累积升华,成为人类精神生活的一部分。

麻袍飘飘,这个时代神医的足迹遍及中原,把内、外、妇、儿、针灸各科播向运河沿岸的广大地区,造福黎民。《脉经》《本草经集注》……书写出中医中药皇皇篇章。

虞喜发现岁差、祖冲之制定《大明历》,让中国的天文历法走在了当时世界最前沿。祖冲之在刘徽"徽率"基础上,把圆周率准确数值算到了小数点后第六位,千年之后的西方人才达到这个水平。

"粟、黍、穄、粱、秫,常岁岁别收,选好穗纯色者,剜刈,高悬之。至春,治取别种,以拟明年种子。"贾思勰将农耕文明里平民百姓的谋生方法浓缩在一部书里——农业生产技术集大成之作《齐民要术》,在人类文明发展史里光芒四射。

西晋陈寿著《三国志》。

南朝宋范晔著《后汉书》。

南朝宋刘义庆著《世说新语》。

北魏郦道元著《水经注》。

北魏杨衒之著《洛阳伽蓝记》。

北魏崔鸿著《十六国春秋》。

......

  一个灾难深重的破碎时代，却有如此多的杰出天才在建构完整的物质世界的同时丰富了博大精深的精神世界，实是中国文化史上的奇迹。

  文化奇迹的诞生，离不开以洛阳为中心的中原大运河在苦难时代也没有放弃的流动、沟通、融合。运河，如针线，无论现实何等黑暗，也不放弃对破碎的连缀缝补；运河，如乳汁，无论时代何等野蛮，也不放弃对生命的滋养。这些文化巨人的风骨异彩，都映照在中原运河的波纹里。

  读《水经注》《洛阳伽蓝记》，我们可以清晰地知道，至北魏，阳渠仍流淌着，流淌成喧哗和繁忙。没有人知道，也不会有人相信，此时此刻，竟是五百年阳渠的绝代风华。534年，北魏分裂为东、西魏，昔日的都城洛阳因此瞬间没落，而阳渠则随之失魂落魄。慢慢地，邙山上冲刷下来的泥土堵塞了渠道，接着是弃之不用后被时光掩埋。

  阳渠，在野风尘烟中沉思，在泥层荒草中等待……

第四章 壮阔磅礴

隋王朝定都长安。

长安经洛阳畅通江淮,已经是王莽新朝之前的事了,距隋文帝至少五百年。五百年来,洛阳以东至江淮的中原运河再也没见过长安驶来的漕船。

「渭水千年浊,秦山万里秋。」隋文帝勠力开筑广通渠。深阔的广通渠上,千舟万船,桅樯相接,风飞帆动,昼夜不息,将长安与中原、与黄淮地区联系起来,让始于鸿沟的中原大运河,在淹没了战国秦汉宫阙之后,再一次凝聚起四分五裂的大地,将天下一统的宏大理想,冲刷到隋王朝的栏槛前,一个崭新的王朝,由一段运河的开筑趁势走向巅峰。

大运河,天地化育,流淌着中原文明的滋养,启示先贤凝结的哲思,诞生出深邃的高天流云,在隋王朝的天空上盘旋。

扫码探寻
- 图解千年运河
- 镜头下的运河
- 运河文化珍藏
- 中华水系之美

"隋"旗幡在风中翻飞,马背上的杨坚策马奔腾,泥水飞溅,马蹄踏过"北周"旗幡,直奔长安。

长安宫殿威严肃穆,宫柱耸立。空旷静谧的殿堂里回荡着脚步声,坚定、铿锵,一声、两声……

三百多年的纷乱分裂,被这脚步踩碎,被这脚步终结。

旋即,大厅烛火通明,龙椅辉煌,有苍茫的声音传来:"平身"……

尽管也有一些超凡的智者视若无睹,悲哀的愁人空怀愤懑,但苍白的面容下其实都是心潮难平。乱世多隐者,然而,真正的高人并不能真正逍遥事外。无论是箪食陋巷还是垂钓江渚,他们皆如同身登蓬莱而遥望齐州,九点烟云中,往往慨然浩叹。所以说,总有一种潜在的力量决定了乱世不会长久。

愈是黑暗,对光明的期待就愈为炽烈,尽管没有多少人真正知道从黑暗到光明需要多大的代价。天下乱得太久了,到了该大治的时候了。581年,北周大象三年,外戚杨坚顺应历史,发动人类历史上最兵不血刃的光荣政变,代周称帝,保住了中国元气,一个"隋"字书写出华夏历史上又一个统一王朝。

起家于关陇贵族集团的隋文帝杨坚,初为新皇,不能不迁就自己依凭的军功豪强势力，咬牙切齿地将新王朝都城定在长安。

汉以来的长安都城，位于龙首原之北，近渭水，城池潮湿，供水、排水不畅，常有被泛滥渭水侵害之虞，城中宫宇朽蠹，不适合居住，"汉营此城经今将八百岁，水皆咸卤，不甚宜人"。而且，西汉之后，如果不算西魏（535－556年）、北周（557－581年）两个短暂的区域性小朝代，历史名声显赫的长安不做大一统的皇都已经有五百多年，"凋残日久，屡为战场，旧经丧乱"。

隋文帝毅然定都长安的代价是，必须在长安另择地块，重建新城。杨坚看中的是龙首原之南，地属万年县，它"川原秀丽，卉物滋阜，卜食相土，宜建都邑。定鼎之基永固，无穷之业在斯"。

谁能负责营建新都？当然是宇文恺。隋文帝猛然想起宇文恺正与宇文家族一起被押赴刑场问斩！

"恺少有器局。家世武将，诸兄并以弓马自达，恺独好学，博览书记，解属文，多伎艺，号为名父公子。"

宇文恺出身北周名门宇文家族，"年三岁，赐爵双泉伯；七岁，进封安平郡公"。生来富贵的他不好习武却爱读书，尤其在建筑设计和工程管理方面颇有天赋，隋文帝杨坚还是北周宰相时，宇文恺就深得赏识，"加上开府，匠师中大夫"。

然而，北周皇族宇文家族宫廷叛乱，新生政权岌岌可危，接过北周皇权的杨坚毫不迟疑地高高举起了屠刀，剿杀整个宇文家族，宇文恺也在被砍杀之列，命悬一线。

想到他的新都，隋文帝急急地高喊："来人！刀下留人，传回宇文恺！"

西安城通向郊外法场的官道上，马蹄疾风般卷过，"刀下留人——"的嘶喊声，如离弦之箭，划破王朝的天空，幽怨而苍茫。

被隋文帝特赦的二十多岁的宇文恺，成了营建大都的总设计师。宇文恺没有辜负隋文帝"刀下留人"的信任，亲赴洛阳、邺城考察。经过一番热火朝天的建设，新都落成。杨坚曾在北周时受封为大兴郡公，因此，他将新都命名为"大兴城"。因为这一命名，都城内"大兴"系列自然而生：都城内宫城名"大兴宫"，大兴宫正殿名"大兴殿"，新都所在地万年县改名"大兴县"，新设禁苑名"大兴苑"……无一不寄托着隋文帝对隋王朝永兴不衰之国运的高度渴望。

其时，长安已不再适宜作为王朝都城。东汉之前的中国经济重心在黄河流域，北方经济比南方发达得多，即使到了西汉，江南经济依然低下，"地广人希，饭稻羹鱼，或火耕而水耨。果蓏蠃蛤，不待贾而足。地埶饶食，无饥馑之患。以故呰窳偷生，无积聚而多贫。是故江淮以南，无冻饿之人，亦无千金之家"。然而，此时北方的关中不再是全国富裕地区，不再是中国经济重心，"京辅及三河，地少而人众，衣食不给"。长安也已经不是秦时八水缠绕的长安，也不再是汉时富甲天下的长安，历经汉末、南北朝连绵争天下的战火焚烧，关中地带饱经摧残，整个黄河流域生灵涂炭，经济凋敝，八百里秦川已经无法满足长安粮食物资供应，已经养不起王城。

在中原大地流火、战争频仍的时空里，江南崛起。

江南经济崛起与中原陷入长期战乱密切相关。中原百姓为躲避战火，苟延残喘，纷纷南迁，"江右土沃，流人所归"，南下的人口大多在江南运河地区停下他们奔逃的脚步，聚集在这里，极大地增加了运河流域的劳动人手，同时也带去了先进生产技术，两者结合，将三吴地区社会推向了一个新的历史发展阶段。到杨坚称帝时，"江南之为国盛矣！……民户繁育，将曩时一矣。地广野丰，民勤本业，一岁或稔，则数郡忘饥。会土带海傍湖，良畴亦数十万顷，膏腴上地，亩值一金，鄂、杜之间，不能比也。荆城跨南楚之富，扬部有全吴之沃，鱼盐杞梓之利，充仞八方，丝棉布帛之饶，覆衣天下"，"宣城、毗陵、吴郡、会稽、余杭、东阳……数郡川泽沃衍，有海陆之饶，珍异所聚，故商贾并凑"。这样的描绘彻底颠覆了《史记》中江南的叙事，长江流域已然成为新的经济重心。

定都长安可以，但能不能将经济重心的财富漕运到政治中心来，是京都能不能稳定繁荣的要害，是新朝立国的基础和安危的关键。漕运，成为隋文帝的生命线、王朝的命脉。

然而，漕运江南，谈何容易！

郑国渠、汉渠故道堤塌道塞，一片破败，许多地方已经湮废，仅余河床，杂草丛生，犬突鼠窜。

经黄河进入渭河抵长安，是关东、中原和江南地区漕运的唯一水道。然而，如今距开凿郑国渠已经八百年，距汉武帝修汉渠已经七百年。七八百年的铁都锈蚀了，何况土筑的运河！汉渠走不通，利用自然的渭河能不能行呢？不行。如果能行，秦始皇为什么要不遗余力地开凿郑国渠？汉武帝为什么要使尽力气修筑汉渠？渭水流浅沙深，河道弯曲，漕船往来困难："京邑所居，五方辐辏，重关四塞，水陆艰难。大河之流，波澜东注……而渭川水力，大小无常，流浅沙深，即成阻阂。计其途路，数百而已，动移气序，不能往复。泛舟之役，人亦劳止。"

"渭水千年浊，秦山万里秋。"

漕运必须开通。

隋文帝杨坚决定另辟水道，沟通中原运河，畅达江淮。

隋文帝任命大将郭衍为开漕渠大监，开凿略循汉代漕渠故道而东、至潼关入黄河、长三百余里的运河。

郭衍策马而去。他站在关中平原的渭水之南，高喊一声"开干"，兵卒们遵照大将的命令，"喔、喔"地呼着号子，在广阔的关中平原上散开。

大将郭衍率领着英勇善战的劲旅，对西汉武帝时开凿的漕渠进行疏浚和重修，引渭水从大兴城东流，经华阴到潼关附近入黄河。

当郭衍带着长三百余里运河竣工的喜悦，回到都城向他的圣上复命时，文帝杨坚面对瘦了许多的郭衍很长时间没有说出话来，默默地伸出手，无言地为郭衍擦去盔甲上的泥土。

满载漕粮的漕船行驶在漕河上。

中原大运河不见长安的漕船已经很久很久了，已经记不清八水长安的船型。

汉光武帝时代河南尹王梁治河失败，东南漕粮不能足量运抵都城，只得向西，漕运关中粮食来洛阳，运道是从长安到洛阳；有了张纯的阳渠，江淮漕运畅通，关中长安至洛阳的漕运也就随之停止，长安到洛阳间没有了运河消息。

长安畅通江淮已经是王莽新朝之前的事了，距今至少五百年。洛阳以东至江淮的中原运河，五百年来再也没见过长安驶来的漕船。

大一统的中国才会有大一统的运河，大一统的运河才能有大一统的漕运。

江淮漕粮抵长安当日，隋文帝亲临大兴城漕渠码头迎接。

帝王迎接的是漕粮，是京师稳定的人心，更是运河的力量。

文帝在开筑运河的同时，"以京师仓廪尚虚，议为水旱之备"，诏令建设大型储备粮仓，备战备荒，有时备无时，在蒲、陕、虢、熊、伊、洛、郑、怀、邵、卫、汴、许、汝等水次十三州运河沿线枢纽处，修筑了一系列的大型粮仓。这些粮仓转相灌注关东及汾晋之粟，以给京师。

运河沿线上的粮仓，宛如王朝的咽喉，被帝国重视。

运河与粮仓，成为国家发展和生存的命脉，交汇在同一条蜿蜒的曲线之上。

巨桥仓。

在今天的河南省鹤壁市淇滨区，有个小镇名字叫钜桥镇，地处鹤壁市淇滨区南部。钜桥，这个貌似普通的名字，却有着三千多年的历史。

"汤乃践天子位，代夏朝天下。"商汤在亳（今商丘）建立商朝，为了避免灾祸，商朝频繁迁都，最后盘庚定都于殷，也就是今天的河南安阳附近。商纣王即位后，开辟了四都制，国都安阳、陪都朝歌、陪都沙丘、陪都邯郸。"纣时稍大其邑，南距朝歌，北据邯郸及沙丘，皆为离宫别馆。"这一时期，朝歌也就是今天的鹤壁，达到鼎盛时期。"朝歌夜弦五十里，八百诸侯朝灵山。"

在中国古代，国家强盛的标志不只限于财富，更在农业生产安定、农民富足。《礼记·王制》记载："国无九年之蓄，曰不足；无六年之蓄，曰急；无三年之蓄，曰国非其国也。"因此，农业生产和粮食储备，成为历代封建王朝的立国之本。对于幅员辽阔的商王朝来说，巨桥仓，就是一个这样的存在。

为了积蓄粮食，收纳天下财富，殷纣王耗时七年，在首都朝歌所在处，建造了极尽奢华的鹿台，"七年乃成，大三里，高千仞"。为了保证国都的粮食供给，商纣王"又令在都城建造巨桥大仓数千余间，三年未能成就"。巨桥仓，就是商朝的中央粮库。

幅员辽阔的商王朝，广泛种植的粮食作物主要为粟与谷，不同于大米和小麦，这两种粮食水分较少，适宜长时期的存储。因此，巨桥仓存粮也以粟为主，"藏财为府，藏粟为仓，故言纣所积之府仓也，名曰鹿台、巨桥"。

在华北大平原上，太行山以东的区域自古就是农业发达的地区。在数千年的君主王朝时期，都城与边防之地并非产粮区，利用水道运粮的效率远高于陆路运输。朝歌位于"河、淇之间"，充足的水量让漕运成为可能。关中、中原之粮通过黄河及其支流渭水、漳水、淇水运抵朝歌，位于淇水之滨的巨桥，成为商王朝的国家粮仓，这是中国古代漕运仓储的开端，为以后秦汉、隋唐、宋辽夏金、明清漕仓的建设提供了经验与借鉴。

《史记·殷本纪》："周武王于是遂率诸侯伐纣。纣亦发兵距之牧野。甲子日，纣兵败。纣走，入登鹿台，衣其宝玉衣，赴火而死。"拥有过激情和奋斗之后的辉煌，后期的商纣王被奢靡蒙蔽了双眼，早早走向了荒淫腐化的堕落之路，终在鹿台投火自尽，死在了自己亲手编织的浮华之梦中。巨桥仓也没能在战火中幸免。"昔武王伐纣，发巨桥之粟，以赈殷之饥民。"

到了隋文帝时期，曾设仓两种——国家设置的官仓和乡镇村民自行设置的义仓。官仓由政府管理，义仓用于救灾应急。

黎阳仓。

开皇三年（583 年）于卫州置黎阳仓。黎阳仓建在卫州黎阳县（今河南浚县）西南。它临黄河，水运便利，从河北地区漕运而来的粮食，大多先集中于此，然后再经由白沟、黄河运往洛阳、长安，是隋王朝面向河北地区最重要的国家官署粮仓。

以黎阳仓的出现为标志，众多大型粮仓陆续出现在黄河沿岸，作为水路运输的中转站，粮仓在之后的千年里，承担着维系封建统治的重要任务。

黎阳仓地处水运要冲，对整个隋朝的粮食供给，有着举足轻重的地位，是隋王朝"北方第一转运仓"。

称它为"仓"，它很委屈，应该叫仓城。2011 年 11 月，浚县文物旅游局聘请文物钻探队,对文献记载的黎阳仓所在的大伾山北麓近10万平方米区域进行三次考古勘探,发现了仓城城墙、护城河、仓窖、夯土台基、大型建筑基址、路、墓葬、灰坑等遗迹。2011年12月,河南省文物考古研究所对黎阳仓遗址进行正式考古发掘。

黎阳仓仓城平面布局近正方形,东西约260米,南北约280米,总面积约78800平方米,已探明粮仓中心区仓窖84座,占仓城面积的五分之四。总体上看仓窖排列规整有序,大小不一,小的直径8米左右,大的14米左右,最常见的10米左右,现距地表最浅4.5米左右,最深7米左右。由于仓窖依山而建,部分仓口遭到严重破坏。为了便于管理与守护,官仓里皆辅以道路、仓城墙、护城壕和疑似管理机构等配套建筑,形成五脏俱全的"城池"。在黎阳仓城北中部发现了南北向的漕渠遗迹,口宽约8米、深约4米,应该是当年串联仓城与大运河,实现粮食周密运达的渠道。

黎阳仓仓窖

以勘探已确定的84个仓窖平均容积计算，黎阳仓的总储量大约3360万斤，可供8万人吃1年。包括尚未勘探的区域，实际仓窖储量可能会远远超过这个数量。如此大量的粮食，是如何在这仓窖中保存的呢？

工人们先挖好一个椭圆形的仓窖，在仓窖中点起一把火，去除仓窖四周的水分。在存放粮食前，先在窖底铺上草木灰，草木灰上面铺上木板，木板上再铺上草席，草席上垫上谷糠，然后在上面再铺一层草席，这样可以保温隔湿。存放在仓窖中的粮食也被分成了许多层，每一层都要用两层草席夹谷糠做隔层。这样一来，就可以保证整个仓窖不会因为部分粮食出现问题而整个坏掉。在填满仓窖之后，人们还要用草席、谷糠和土封住口，在仓窖上方搭草铺的屋顶。最后，人们会在仓窖口种上一棵树，通过观察树叶的情况判断仓窖内的温度与湿度。如此一来，粮食的贮藏期限最长可达9年。在防塌，防潮以及防治虫害、鼠害等方面，也有独特的技术处理。黎阳仓的建造，为后世粮仓的建造提供了模板和标准。

河阳仓。

为从洛口转运粮食入洛阳，开皇三年（583年），于黄河与洛水交汇处的洛州（今洛阳东北）置河阳仓，设仓监管理。

这里系邙山山脉，地势高，适宜修建仓储。

河阳仓的设置，对保障洛阳城的粮食需求，对经广通渠转输江淮粮入京，意义重大。

常平仓。

开皇三年（583年）在陕州置储藏量百万石的常平仓。政府令民间每年秋成时，贫富为差，户出粟一石以下，储之闾里以备凶年赈给。

常平仓是河渭漕运线上重要的转运仓。漕粮至陕，一路是溯黄河西上，经三门之险运至陕；一路是避三门之险，从洛阳经由"峻阜绝涧，车不得方轨"的崤函山谷，陆运至陕。位于洛阳与长安之间的常平仓，为关东漕粮输转长安的中继站，作用不可替代。

广通仓。

开皇三年（583年）于华州，即今陕西华阴市东北渭水南岸广通渠口沙苑设置广通仓，大业初改名永丰仓，为京师附近的重要粮仓，是黄河沿岸四大粮仓之一。

隋王朝寿命太短，广通仓的意义在隋朝没有太多的体现，倒是在唐王朝迎来它的高光时刻。唐高祖李渊自太原起兵，亲率主力军西进，从壶口渡过黄河，于朝邑（古地名，位于今陕西大荔县朝邑镇）长春宫，休甲养士，用的就是隋王朝储存在广通仓的漕粮。李渊觉得广通仓太重要了，命后来的太宗李世民在此镇守。至开元十二年（724年），唐玄宗"诏永丰仓出十五万石米付同州，减时价十千于百姓"。毫不夸张地说，此后的大唐帝国时代，是在运河和粮仓之上酝酿开启的。

后世渭水南移，广通仓址被隔在了渭水以北，位于今陕西大荔县境内。原朝邑县的仓西村，就是因为它位于广通仓之西而得名；仓头村，也就是因为在广通仓之前（头）而得名。

深阔的漕渠水上，千舟万船，桅樯相接，风飞帆动，昼夜不息，让始于鸿沟的中原大运河，在淹没了战国秦汉宫阙之后，再一次凝聚起四分五裂的大地，将天下一统的宏大理想，冲刷到了隋王朝的栏槛前，一个崭新的王朝趁势走向巅峰。

大运河，天地化育，流淌着中原文明的滋养，启示先贤凝结的哲思，诞生出深邃的高天流云，在隋王朝的天空上盘旋。

隋文帝宵衣旰食，励精图治，不断兴修水利，减轻徭役、税赋，百姓丰衣足食，粮食多到连运河沿岸修筑的粮库也放不下，至开皇十二年（592

年)"库藏皆满","计天下储积,得供五六十年",于是,隋文帝诏令"宁积于人,无藏府库",朝廷大开粮仓,分给百姓。

都城的经济稳定了,文化跟着发展起来,"顿天网以掩之,贲旌帛以礼之,设好爵以縻之,于是四海九州强学待问之士靡不毕集焉。……中州儒雅之盛,自汉、魏以来,一时而已"。

东方物资经中原运河源源输入京城,输入隋王朝的体内,强健起隋文帝统一全国的步伐。开皇七年(587年)于扬州(今江苏扬州)开山阳渎,沟通东南,为攻打陈朝运兵送粮做准备。开皇八年(588年),隋军"悬旌秣马,今次枫岸",在切断浙东富庶地区与陈朝京师的经济联系之后,三路大军横渡长江天堑均获成功,合力向陈都发起进攻。

陈军缘江部队,不堪一击,望风溃散。隋军围攻皇宫,陈后主跟着十几个宫人逃至后堂景阳殿,藏身一口枯井。隋军追至,对枯井大喊,不应,威胁投石填之,乃有惶恐应答。隋军放下绳索,牵引上来的正是陈叔宝以及他的宠妃张、孔。

开皇九年(589年),陈朝陨落,陨落在宫内的一口枯井里。

灭陈的隋军对江南百姓,秋毫无犯;对陈朝库府资财,一无所掠。

陈朝疆土,不算辽阔,但绝非弹丸之地。它北临长江,南暨广州,东至福建沿海,西及今之川东,所谓"西亡蜀、汉,北丧淮、肥,威力所加,不出荆、扬之域"。陈朝的灭亡,使破碎了近四百年的中华实现了新的大一统。

浩荡隋朝大军沿浩荡运河班师回朝。

船过水无痕。见过了太多的王朝更替,淹没了太多的王朝梦想,运河只承载起历史的必然浩荡向前。

文帝治下的社会,"人物殷阜,朝野欢娱。二十年间,天下无事,区宇之内晏如也"。

604 年,平陈战役中的全军统帅杨广坐上隋皇宝座,改年号"大业",史称炀帝。

炀,唐朝皇帝给杨广上的谥号,取"去礼远众,好内远礼,好内怠政,肆行劳神"之意,直指隋帝杨广残暴。这是极端化的盖棺论定。隋帝杨广绝非一个颟顸无能的君主,相反,他"美姿仪,性敏慧,沉深严重;好学,善属文;敬接朝士,礼极卑屈;由是声名籍甚,冠于诸王","大臣用事者,广皆倾心与交。上及后每遣左右至广所,无贵贱,广必与萧妃迎门接引,为设美馔,申以厚礼"。杨广聪敏果敢,朗襟雄怀,高瞻远瞩,英气勃勃,为国家、民族、历史建立了不朽的丰功伟绩,与千百年间比比皆是的昏聩无能的帝王相比,不知要英明伟大多少!因此,本著不取唐朝以来儒生撰写历史典籍时一以贯之的"隋炀帝",也不取杨广之孙隋恭帝杨侗谥世祖为"明皇帝",一律称作"隋帝杨广"。

杨广登位之初第一个重大决定是放弃建成也就二十来年的大兴城,执意迁都洛阳,给出的理由是大兴城"关河悬远,兵不赴急",而迁都的真正原因,恐怕只有隋帝杨广自己知道。空旷的宫殿,传旨的声音在四壁回荡——"然洛邑自古之都,王畿之内,天地之所合,阴阳之所和。控以三河,固以四塞,水陆通,贡赋等……今可于伊、洛营建东京,便即设官分职,以为民极也……"

建设新都城的重任仍然落在老皇帝驾崩后一直赋闲在家的宇文恺肩上。将作大匠宇文恺依据隋帝杨广在邙山观伊阙龙门时的讲话精神,布局新都,"都城前直伊阙,后据邙山,左瀍右涧,洛水贯其中,以象河汉",天人合一,别具神韵。

有过建设大兴都城的经验累积,再建新都,宇文恺驾轻就熟,得心应手,一挥而就。大业二年(606年),经过十个多月的紧赶慢赶,东都洛阳城建设接近尾声。尽管新都比起大兴城来小了四分之一,但宏伟、奢华程度非汉、魏旧都可以同日而语。深谙隋帝杨广心理的宇文恺,把洛阳宫城布局与天上星辰逐一对应,引连通谷水、洛水的运河穿城而过,将宫城与民坊一分为二,如同银河横亘天际。

连接宫城正门和郭城正南门的定鼎门御道,对应天上的"天街"星座,称为"天街";正对端门、天街之侧的洛水,是人来船往的渡口码头,天子官家,黎民百姓,临水而待,隋帝杨广指定是处,命宇文恺"修桥通行"。

宇文恺就是宇文恺,不仅有着非凡的创造力,也有着非凡的想象力。他"用大船维舟,皆以铁锁钩连之,南北夹路,对起四楼,其楼为日月表胜之象"。为了不影响运河上往来船舶航行,按照宇文恺的设计,桥体自由开合,遇河水暴涨河面变宽时还可伸长,连接两岸;航运高峰时可一分为二,确保船只水上航行。——宇文恺一出手就是有文字记载的运河史上第一座桥梁,也是有文字记载的中国桥梁史上第一座浮桥。

桥建于"天子津渡"处,就有了"天津桥"这个神采奕奕的名字,是当时宫城、皇城与洛水南岸民坊间的唯一桥梁,也成为大隋朝廷与民众苍生联系的纽带。

随着天津桥的竣工,东都洛阳也完美收官,"制造颇穷奢丽,前代都邑莫之比焉"。包括专供皇帝个人玩乐的西苑:"周二百里;其内为海,周十余里;为蓬莱、方丈、瀛洲诸山,高出水百余尺,台观殿阁,罗络山上,向背如神。"

第四章　壮阔磅礴

天津桥石碑

夕阳西下，宇文恺站在紫微宫前，凝视大运河对岸，河汉伊阙，云蒸霞蔚；邙山瀍河，气象万千。

隋末秦王李世民攻陷洛阳，杀入皇宫，见皇城宫殿如此富丽，愤愤慨叹："逞侈心，穷人欲，无亡得乎！"

洛阳，不做都城已经很久了。北魏远去，洛阳寥落。隋帝杨广的莅临，令洛阳再次繁华，更让洛阳迎来了中国运河中心的高光时刻。

夏商以后，中国历代王朝都城的商业规划、乐肆瓦舍大多集中在"市"这种专事经营的地方。因为集中才有了"市"，又因有"市"才更加集中，日趋繁华。一千四百多年前的洛阳，四面八方的商贾流连于天津桥两端，胡人商旅沿街设摊叫卖，桥上游人如织，桥头酒幌招摇；入夜，烟火明晃，灯盏熠熠，把那里喧哗得一片昌盛，成了王朝繁盛的标志和符号。

文帝时代，杨广做过扬州总管。以扬州为起点、诞生于春秋战国时期的邗沟运河，以它的千年流淌，呈现着深刻的政治、经济、军事、文化意

105

义，身临其境的杨广体会深切；江南运河在灭陈作战中的巨大作用，杨广亲身经历，刻骨铭心。南北朝以来，门阀士族垄断政权的局面有所瓦解，但在政治上、经济上仍然有兴风作浪的实力，而且，南方一些门阀士族投靠朝廷后又反叛，对政权稳定构成威胁。开筑运河，畅通东西，连接南北，便利大规模、快速机动用兵。一统的王朝，必须有一统的运河；有一统运河的王朝，才是有力量的王朝。

作为都城的洛阳，如果把刘邦二月定都五月迁走也计算在内，那就是八百年来，漕运通洛阳盛，运河畅都城强。

由是，隋帝杨广即位之初，立即诏令开凿通济渠。他相信运河通，国运自然扶摇直上。

大业元年（605年）三月，"命尚书右丞皇甫议发河南、淮北诸郡民，前后百余万，开通济渠"。

魏晋南北朝时期发展起来的冶铁技术得到普遍应用，为通济渠开凿工程准备了过"硬"的施工器具。

吴人邗沟、魏国鸿沟的开凿，李冰父子都江堰的修筑，秦军灵渠的建设，汉光武帝朝的张纯修筑阳渠，汉明帝时代的王景治水，魏武帝曹操治睢水，北魏孝文帝重修千金堨……都给隋帝杨广开凿通济渠以历史经验，以经典示范。

北魏郦道元所著《水经注》，为隋帝杨广开凿大运河的规划、设计和施工提供了可靠的技术资料。

祖冲之在前人的基础上，求得圆周率有效数字已经精确到第八位；裴秀创制《禹贡地域图》和"制图六体"……所有这些，为隋帝杨广开凿通济渠准备了科技条件。

自魏惠王开鸿沟以来九百六十余年里仍然存活的中原运河，为隋帝杨广畅通大运河提供了便利。

更重要的是，大自然为之准备了只有发生在这里、不可能发生在别处的充分条件。

地球上塑造地形地貌最重要的力量来自大自然的水和风，这种力量最直接的呈现是"木秀于林，风必摧之；堆出于岸，流必湍之"，就是侵蚀和堆积。大江大河冲出高原，挟带的泥沙因落差降低水流变缓而一点点堆积下来。堆积的顺序依流速及泥沙自身质量先后是卵石、砂砾、细沙、土粒。广阔的中原平原就是黄河、淮河堆积出来的杰作。

中原平原的堆积物厚度之深，堪称自然界奇观。这里多数地方的沉积厚度达七八百米，沉积最厚的开封、商丘、徐州一带达五千米！是水和风的力量将它们从海底托起，堆积成辽阔的平原。这样的地形地貌，为快速开筑大运河提供了极大便利。

在隋帝杨广开筑通济渠之前，中原大地上连接黄河、淮河的水道有两条，我们可以称之为东线和西线。东线为古汴渠航道，即由黄河入汴渠至彭城（今江苏徐州一带）入泗水通淮河；西线是由黄河通过颍水、涡水入淮河。

两线运道受黄河多泥沙、善淤积特别是决堤泛滥影响，疏浚则通，不修则堵。汉之后，唯有曹魏政权统一北方时，是两线水运状态最好的时期；北魏王朝，是它们的回光返照。此后始终处于浅滞淤阻状态。

隋帝杨广开通济渠，"自西苑引谷、洛水达于河，自板渚引河通于淮"。《隋书·炀帝纪》上的这句话，可以理解为把通济渠划分成了西、东两段。"自西苑引谷、洛水达于河"划出的是通济渠西段，就是自洛阳西苑起，利用曹魏太和年间重修的引谷入洛的千金堨（东汉阳渠故道），按新标准加以修浚，解决黄河至京都洛阳城下的水道问题。

"自板渚引河通于淮"划出的是通济渠东段，就是自板渚引黄河入汴通达淮河。板渚，在今河南荥阳汜水镇东北，从这里引黄河水东流入汴（战国至西汉时期鸿沟水系、东汉后汴渠故道），至浚仪别出，折而东南行，经今杞县、睢县、宁陵，利用古蕲水故道，经夏邑、永城、灵璧、泗县，在盱眙之北接通淮河，全长八百里。

我们的历史教科书总是把大运河与隋帝杨广的名字联系在一起，似乎浩荡八百里的通济渠开通是纯粹个人性的。其实不然。相去不远的魏晋南北朝三百余年不堪回首的战乱离丧，新王朝统治维稳的欲望，帝国开疆拓土的雄心，江南经济的快速发展，与经济蓬勃发展紧密相连的道德律令的涣散，人心思动的社会力量，这一切使得通济渠的开辟成为必然。通济渠的开凿，就是历史发展的铁律在个人生命轨迹中投下的影子。这个影子里有鸿沟、阳渠等的涟漪波光。

隋帝杨广为通济渠制定了统一的开筑标准："水面阔四十步，通龙舟，两岸为大道，种榆柳，自东都至江都，二千余里，树荫相交，每两驿置一宫，为停顿之所，自京师至江都，离宫四十余所。"

四个光着脊梁的民工喊着号子在打夯，汗流浃背；一个光着脊梁的老汉用尽力气推着装满泥土的独轮车爬坡，独轮车前是一个衣衫褴褛的女子在奋力牵引；一个中年男子挑着满满两筐土自河心晃悠着爬向河堤，半途，腿一软，倒下，肩上的泥筐滚向河底；旁边的民工看见有人倒下，放下手中的工具、肩上的挑担奔过来，惶恐地惊叫着"掐人中"……

通济渠工程浩大。通济渠开筑艰难。最艰难的是时间紧，催命般催工。多少民工因此死在工地上，又有多少民工因工程而残废，不计其数！

隋唐小说《大业拾遗记》写道："炀帝将幸江都，令将军麻胡浚河，胡虐用其民，百姓惴栗，常呼其名以恐小儿，或夜啼不止，呼'麻胡来'，应声止。"

这是小说,不是事实。历史上有没有麻胡这个人,没有记载。"麻胡来"作为吓唬小孩的咒语,口口相传,直到20世纪还"活"在大运河曾经流经的城镇村庄里,可见开筑漫长的通济渠是何等艰难困苦,是何等无情残忍!

开筑通济渠的"主战场"摆在中原,摆在河南境内。无数中原人带着"这个混球"的诅咒,倒在河心、河堤上,通济渠水卷起这些悲惨的生命,呜咽流去……

把黄淮平原上的河南孟津与天津、江苏淮阴三个点连接成三角形,这三角地带远古时期其实是海,是黄河泥沙的淤积使它们浮出了海面成了平原,其上的山地是原先的海岛。淤积平原土质松软,易于挖掘;黄淮之间,地势自西北向东南倾斜,造就了淮河北侧众多支流,睢、涣、涡、颍,均源于黄河右堤,流向与地势一致。这种地势,使得隋帝杨广快速开凿通济渠成为可能,它取得了沟通黄淮水运充足的水源,且满足了人工运河所需要的比降和流向。通济渠,虽是人工运河,却也是上苍赐予的天河。

通济渠大业元年(605年)三月动工,八月竣工,历时不足半年,何等迅疾!工程规模之大、进度之快,在人类工程史上堪称奇迹!

沿渠筑御道,种柳成行傍流水。"隋堤柳,千里夹隋堤。堤中有平道,百尺隐金锤。柳色间桃李,行客迷芳菲。""万艘龙舸绿丝间,载到扬州尽不还。"

一千四百余年过去,今天依稀可辨隋堤遗迹。安徽宿州到河南永城间的乡村公路有很长一段处在一条古河道内,乡人称之为"槽子路"。这段"槽子路"北侧,有连绵隆起的地貌,很多地方高出路面一两米,考古专家指证"这就是千年隋堤残存"。

通济渠开通后,东段自板渚引黄河水东流入汴至开封别出,清晰准确,流经区域历史上没有争议;但自开封别出之后是循睢水、蕲水故道入淮,还是径直向东,循隋之前中原大地存在的东线水道,经徐州入泗水通淮河,因没有准确的文字记载,隋朝以后就有了分歧,随着时间的推移,分歧越来越大,千年间争论不休,而争论的焦点其实就是通济渠经不经过徐州。

徐州希望通济渠经过,多一份历史荣耀。可查遍《徐州志》,没有关于通济渠开通之后流经徐州的片言只语,隋帝杨广沿大运河下扬州那么大动静,连稗闻野史里也没有丝毫的笔墨说到经过徐州,可见,通济渠经过徐州的说法有很大疑问。然而,做过徐州知州的苏轼认为,唐朝之前汴、泗交流于徐州,宋以后不经泗水而直接入淮河。同是宋人的司马光在《资治通鉴》里也是这样认定的:"复自板渚引河,历荥泽入汴,又自大梁之东引汴水入泗,达于淮。"

认为唐之前通济渠经过徐州,依据应该是唐书《元和郡县志·河南府》所载"汴渠……自宋武北征之后,复皆堙塞。隋炀帝大业元年更令开导,名通济渠……又从大梁之东引汴水入于泗,达于淮"。见于史籍,言之凿凿,似乎应该可以定案。

然而,如果这里的"泗"指的是泗水,那么,通济渠经过徐州无疑;可如果这里的"泗"指的不是泗水,而是泗州,那么,通济渠不经过徐州无疑。

《来南录》作者李翱,元和四年(809年)从洛阳出发,乘船由洛入河,由河入汴,由汴入淮,走完了通济渠全程,并将这个全程"录"了下来:"正月己丑自旌善第以妻子上船于漕……庚子,出洛下河,止汴梁口,遂泛汴流,通河于淮。辛丑,及河阴,乙巳,次汴州……又二月丁未朔,宿陈留。戊申……宿雍丘,乙酉,次宋州。……壬子,至永城。甲寅,至埇口。丙辰，次泗州。见刺史假舟转淮上河如扬州。"

李翱不仅详细地记录了地名，对洛阳至杭州的里程也作了计算："自洛川，下黄河、汴梁，过淮，至淮阴，一千八百有三十里，顺流。自淮阴至邵伯，三百有五十里，逆流。自邵伯至江，九十里。自润州至杭州，八百里。渠有高下，水皆不流。"

作者本人亲历，不是根据其他资料编撰，且距通济渠开通只有二百年，这个记录的真实性、准确性应该得到肯定，在没有发现新的史料前，它应该被认定为最具权威性。

开封以西的通济渠循的依然是鸿沟路径；开封以东循睢水之南的惠济河，折而东至宁陵南入睢水，沿睢水过宋州之南至谷熟北，接入蕲水故道，经永城、宿州奔淮，没有徐州的影子。

1999年淮北柳孜的考古发现，应该能为通济渠经不经过徐州的千年之辩画上句号。从柳孜隋唐大运河码头遗址清理出的石构建筑、瓷器、铜钱等隋唐以来的重要遗迹遗物，证明通济渠唐朝之前流经的是这里。

现在我们可以准确地说隋帝杨广所筑通济渠，分东、西两段：西段起自东都洛阳西苑引谷、洛水，贯洛阳城东出循阳渠故道至偃师入洛，由洛水入黄河；东段起自板渚引黄河水东行汴水故道，至今开封市别汴水折而东南流，经今杞县、睢县、宁陵至商丘东南行蕲水故道，又经夏邑、永城市，安徽宿州市、灵璧、泗县，江苏泗洪至盱眙对岸注入淮河。

执着于通济渠宋以后不经过徐州还是自开筑那天起一直不经过徐州的辨析，不是我们有爱钻牛角尖的嗜好，实在是它涉及通济渠路线选择蕴含的价值评估。自商丘经徐州入淮古汴渠水道，"汴水迂曲，回复稍难"，而且，流经徐州还有"悬水三十仞、流沫九十里"徐州洪、吕梁洪之险。通济渠从开封以东与古汴渠分道东南行，避开徐州，既缩短了运河航程，又使水道更加安全可靠。

当我们以遥感卫星的视角看待千年前的运河路线选择，一切都变得简单易解，可没有上帝视角的古人，却有如此智慧的选择，应是一次次试错中的经验总结。正是这样的总结，书写出堪称人类水利史上奇迹的壮丽篇章。

隋帝杨广，中原运河的集大成者。他的通济渠，根本无法弄清哪里有王梁的锹痕抑或张纯的耙迹，哪里是曹丕的运道抑或孝文帝的堰堤、王景的遗址，他把细细水流窄窄河道拧在一起，拧成宽阔辽远。

见识过父皇在运河沿岸修筑粮仓的巨大作用，更因处于运河中心的都城，必须有足够的粮食物资储备，才能稳定安全，隋帝杨广一边开筑通济渠，一边以京都洛阳为中心，直插关中，"濒河仓廪"，建设国家级大型粮仓，完成应急保障物资的战略布局，显现着帝王的大韬略。

洛口仓。

隋大业二年（606年）在洛水入黄河之口（今河南巩义市东北）建设仓城，建仓时以所在的位置代称"洛口仓"，建成后隋帝杨广赐名"兴洛仓"，寓意洛阳兴旺繁荣。

"隋置仓于巩者，以巩东南原上地高燥，可穿窖久藏，且下通河洛漕运也。""周回二十余里，穿三千窖，窖容八千石以还，置监官并镇兵千人。"

从河北平原、长江中下游平原运来的漕粮，绝大部分贮藏在洛口仓，再由此溯通济渠西段至近在咫尺的都城洛阳。

如今的兴洛仓早已被尘土封埋，只是在巩义市七里铺村的北岭上，残存长百米、宽十余米的隋唐城墙，这可能就是盛极一时的兴洛仓的最后一抹遗迹。

回洛仓。

回洛仓建于大业二年（606年），位于洛阳北七里处，仓城周围十里，穿三百窖。仓窖区东西成行，南北成列，共约700座。仓城内各个仓窖的大小基本一致，窖口内径10米、外径17米、深10米，每个仓窖储存的粮食在50万斤左右，整个仓城的存粮总量可达3.5亿斤，是名副其实的"国家粮仓"。

仓窖区设有马厩，饲养的马匹负责在码头和仓库之间搬运粮食物品。

仓城南河道建有码头，沟通通济渠，方便船只往来。

今天，在回洛仓遗址公园内的展厅周围，建有圆形花圃，它们就是回填过的仓窖。看一看这里的花圃，就知道当年的回洛仓是何等阔达壮观。

子罗仓。

子罗仓位于洛阳宫城内右掖门街。《大业杂记》记载："街西有子罗仓，仓有盐二十万石；子罗仓西，有粳米六十余窖，窖别受八千石。"

1974年1月，在洛阳市委家属宿舍改建工程钻探时发现地下仓窖四座。随后的考古发现仓窖开口于唐代地层下，且窖内填土中没有发现晚于唐代的遗物，遗物中有隋代五铢钱。专家据此推断这一仓窖遗址为隋代子罗仓。

隋王朝大兴仓储，星罗棋布，"资储遍于天下"，70%的粮仓分布在黄河、通济渠和永济渠沿岸河南段两侧，"诸州调物，每岁河南自潼关，河北自蒲坂，达于京师，相属于路，昼夜不绝者数月"。其仓窖中的粮食多得惊人，"隋氏西京太仓，东京含嘉仓、洛口仓，华州永丰仓，陕州太原仓，储米粟多者千万石，少者不减数百万石。天下义仓，又皆充满。京都及并州库布帛各数千万，而锡赉勋庸，并出丰厚，亦魏晋以降之未有"。

虽然隋帝杨广统治下用兵频仍，奢靡无度，耗费极多，但直到隋朝覆灭之时，"计天下储积，得供五六十年"。

大业十三年（617年）五月，反隋起义军瓦岗军以威猛之势攻破永济渠边的黎阳仓，通济渠边的洛口仓、回洛仓，以这些仓储为据点攻向洛阳。瓦岗起义军开仓散米，就食者"近百万口，无瓮盎，织荆筐淘米，洛水两岸十里之间，望之皆如白沙"。获得粮食的百姓回家途中筐中的粮米溢出，散落在路上，积有数寸之厚，洛水两岸十里之间，望之皆如白沙。直到贞观十一年（637年），马周告诉唐太宗："隋贮洛口仓而李密因之；东都积布帛而世充资之；西京府库亦为国家之用，至今未尽。"

隋帝杨广在命开凿通济渠的同时，下令征发十万淮南民工，按通济渠建筑标准疏浚治理山阳渎。

山阳渎，就是伍子胥开筑的邗沟，是邗城（今江苏扬州市）与山阳县（今江苏淮安市淮安区）之间的一渎春秋水。千年间虽然有过不计其数的疏浚，包括本朝攻打陈朝时也对其有过整修，但全程水道曲折浅涩没有根本改观。隋帝杨广诏令，作为通济渠的配套工程，彻底治理山阳渎，使其不至成为"卡脖子"河段。

大业元年（605年）八月壬寅。

声势赫赫的御林军马队整齐地列成8行，马背上的骑士一手勒缰，一手举戟，有节奏地喊着相同的号子，呼啸而行，为隋帝杨广的銮驾开道。銮驾在卫士的护卫下，疾驶在宽阔的新都御道上。

接着是皇后的坐驾、后宫的坐驾、百官的坐驾……

千骑万乘，车声辚辚，浩浩荡荡地出东都，驶向运河码头。

就这天，就这样，隋帝杨广从东都洛阳登上龙舟，踏上了他自登大位以后首次巡游扬州的途程。

扬州博物馆所藏《隋炀帝东幸图》，画家的妙笔定格的就是隋帝杨广在大臣宫娥簇拥下登上龙舟的一瞬。

那场面，声势浩大：船楼顶端的信帆，岸上卫士手举的旌旗，与穿着统一制作的锦彩袍的"殿脚"(为整个船队拉纤),交相辉映,遮天蔽野,照耀川陆,真可谓"春风举国裁宫锦,半作障泥半作帆"。

隋帝杨广乘坐的龙舟有4层,高45尺(1隋尺折今约29.52厘米),长200尺,上层有正殿、内殿、东西朝堂;中间两层有120个房间,皆饰以金玉;下层为内侍的居处——俨然水上皇宫宝殿。

隋帝杨广坐在龙船顶层正殿,命人推开船楼四面的窗子,田野的风扑窗而来,一扫东都城里的闷热。

隋帝杨广的心情好极了,兴致勃勃地对因造龙舟有功而被特别安排在龙舟上"好陪朕说说话"的黄门侍郎王弘说:"爱卿,你还记得朕离开江都是哪一年吗?"

王弘当然记得,那是开皇十八年(598年)。但他见隋帝杨广兴致正高,并不是真的要自己回答,而且不回答可能比回答还要好,便马上堆上一脸的憨笑:"近来愚臣就记得圣上嘱咐臣造大船、造好船的旨意,日子过得颠三倒四,圣上何时离开江都,愚臣真的记不得了。死罪死罪!"

"爱卿何罪之有?朕的事朕记着,臣的事臣记着。那是开皇十八年。一晃都快七年了!七年里,朕时时梦到江都。七年后东巡江都,朕就愿意住在扬州总管府里,那样会使朕觉得从没离开过江都。"

"圣上万万不可再住扬州总管府!圣上贵为天子,怎么可以再住总管府呢?臣督造的显仁宫依河傍水,既清幽明亮,又富丽堂皇,恭候圣驾!"

"知道,朕就这么一说,怀想当年而已。"说到这里,隋帝杨广兴吟吟地环顾窗外,目光向龙舟后面望去。

紧随龙舟之后的是隋帝杨广钟爱的萧皇后乘坐的翔螭舟。

翔螭舟的形制略小于龙舟,但它的装饰和龙舟没有差别。螭,传说中没有角的龙,古代建筑或工艺品上常用螭的形象来做装饰,以显示威风和庄严。

后宫、诸王、公主、百官，跟在皇后乘坐的翔螭舟后面，乘坐船高3层、皆是水上宫殿的"浮景"9艘随行。

再后面是漾彩、朱鸟、苍螭、白虎、玄武、飞羽、青凫、陵波、五楼、道场、玄坛、楼船、板艑、黄篾等数千艘，载着僧尼、道士、蕃客以及内外百司供奉之物随行。

船队在运河里行，骑兵在两岸上护卫，为整个船队拉纤、被称为"殿脚"的船士总共有八万多人，其中挽"漾彩"船以上的有九千多人。极为注重视觉效果的隋帝杨广为这八万多纤夫统一了服装。——想想那场面吧！

这还不是船队的全部。船队的最后还有为隋帝杨广殿后的御林卫队，他们乘坐的平乘、青龙、艨艟、八棹、艇舸等船达数千艘，每艘船上载卫兵十二人，船上装着兵器、帐幕等。这些船不用纤夫，由士兵自己拉着。

亘古未有的深阔运河，载着亘古未见的浩荡船队，自洛阳一路向东、向东，穿过中州全境，向隋帝杨广梦中的扬州驶去。

心旷神怡的隋帝杨广兴奋地赋诗一首："舳舻千里泛归舟，言旋旧镇下扬州。借问扬州在何处？淮南江北海西头。"

这是中国历史上帝王第一次乘龙舟自运河长距离出行。

无论正史，还是野史，对隋帝杨广御龙舟基本上都没有给予积极正面的评价，而定性为骄奢淫逸，游山玩水，并由此延伸至怀疑，甚至完全否定他开筑运河的动机。唐人笔记小说《炀帝开河记》就是直接否定隋帝杨广开筑运河的文学作品，后世很多人对隋代大运河的理解，对隋帝杨广的认识，很大程度上就来自这篇小说；最正面的评价也就是肯定隋帝杨广开筑运河的丰功伟绩，但同时也遗憾地留下了一世骂名，"若无水殿龙舟事，共禹论功不较多"。

隋帝杨广开筑通济渠，是一个时代的分水岭。以此为标志，此前，有沟渠、沟洫、漕渠开筑，不管它们叫什么名字，主要还是利用自然河道，新开筑的河道有限。有限的新筑河道就是把自然河流串联沟通起来，类似于今天的高速公路连接线。此后，自然河道降至辅助地位，更主要的是，人力新开筑的河道，作为国家重大工程，要遵循一系列规范标准，并在工程中严格执行，这些新运河以新筑的壮美傲然于世。

作为帝王，隋帝杨广无视运河开筑工程的艰难，以帝王的意志开筑一统江山上的一统浩荡运河。

隋帝杨广热爱运河。他对运河的热爱，不仅出自王朝对军事、政治、经济、文化的需要，更是发自内心深处的热爱，来自骨子里的激情。

热爱、激情，使隋帝杨广开启华夏大地上运河历史的转折。这样的成功转折，使他成为中国运河史、世界运河史上壮阔磅礴的"运河巨人"。

当然，眼前的通济渠注定是隋帝杨广的一个渊薮，依凭它的长度和力度，谁也无法预料它会把承载它的土地奔流成什么样子。

这时,是壮阔运河时代,是大——运——河!

喊一声大运河,其中蕴含着一种不可言喻的澎湃!

唤一声大运河,其间蕴含着一股无法描绘的浩荡!

壮阔运河时代的原点在河南,壮阔运河时代的艰难在河南,壮阔运河时代的枢纽在河南,壮阔运河时代的辉煌在河南,河南用通济渠、永济渠主航道的经络动脉,沟通江海,激荡山河,书写属于民族、国家的壮美史诗……

第五章 浩荡河山

造化天地的大自然没有恩赐给我们纵贯南北的天然大河,南北交通便没有自然河流可以利用。南北往来,只能或翻山越岭,或漂洋过海。自然大河在畅通东西的同时,客观上也在阻碍和屏蔽南北,使中国古代的交通迂回险阻,艰难困苦,影响着南北之间经济、文化的交流和政治上的统一。

隋帝杨广以王者的伟力,继承起前代遗产,加之不断开凿,挖掘出了由海河流域到黄河流域的永济渠,黄淮之间的通济渠,淮河与长江之间的山阳渎,京口至余杭的江南运河……将河北平原、中原地区和江淮地区紧密地联系起来,也就是将华北战略重地、中部文化昌炽之区和南部财富之区紧密地联系在一起,形成了一个以洛阳为中心,西通关中盆地,北抵河北大地,南至太湖流域,流经今京、津、陕、豫、冀、鲁、皖、苏、浙九省市,全长八千里庞大的运河系统,总长度达到中国运河的历史峰值,前无古人,后未见来者。

扫码探寻
- 图解千年运河
- 镜头下的运河
- 运河文化珍藏
- 中华水系之美

新的都城建成。

大业二年（606年）四月，隋帝杨广兴冲冲地赶到洛阳，"自伊阙，陈法驾，备千乘万骑，入东京"，亲自主持了盛大的入城仪式。隋帝杨广还登上皇城正南门端门，面向全城百姓宣布大赦天下，免所有黎民当年租赋，为新都建成留下普天同庆的纪念。

洛阳成为大隋朝的都城后，大隋王朝迎来了中国历史上第一次"万国来朝"。天津桥畔，舟帆云集，各国使节汇聚，朝贺的队伍浩浩荡荡从天津桥上走过，进入洛阳皇宫紫微城。隋帝杨广在紫微宫正殿乾阳殿设九宾之礼，接受各国使臣朝贺，"端拱朝万国，守文继百王"。

东都洛阳，尽显大国国都风范；中原运河，逶迤浩荡。如果说，大运河是王朝连接世界、对外交往的水路大通道，洛阳城据此成为中国大运河的中心，而天津桥无疑就是沟通盛世中华的脐带。

喜悦总是短暂的，接踵而至的是边陲的战争。

自隋王朝建国始，便与突厥、吐谷浑对峙，突厥时为边患。

开皇二年（582年），突厥沙钵略亲率大军入侵，将武威、天水、安定、金城、上郡、弘化、延安等地牲畜抢劫殆尽，杀戮边民，无恶不作。大业三年（607年），隋帝杨广下诏"发丁男百万筑长城，西距榆林，东至紫河",沿北线修筑长城,拒敌于千里之外。

高丽族作为隋朝东北部的一股重要军事力量,盘踞辽东,时叛时服,对隋朝的东北边境安全造成极大威胁。

边境不宁,干戈不息,隋朝屯兵数万备边。

这就需要将大量的军需物资特别是粮饷输送边关。

虽然江南富庶,不乏粮食物资,可是富庶的吴会地区距北方路途遥远,北部漕运尚未大通,陆运又十分艰难,如何解决军事上的需要,是王朝的忧虑。

北魏时期,河北地区成为继吴会经济崛起之后又一个新的经济区,北魏政权国之资储,唯借河北。围剿袁氏残余势力时,曹操围绕邺城经营过漕运;接着追讨乌桓,再将漕运扩大到整个津冀、渤海湾地区,可那是四百年前的事了,迄今漕运艰难,丰富的资储难以外运。

无论是为了北部边关,还是为了吸纳河北新经济区的资储,隋王朝都需要在黄河以北开凿出一条大运河来,这是现实的战略性需要。

在今天的洛阳市洛龙区,耸立着一座隋都洛阳正南门定鼎门遗址,残阳斜照,苍茫如烟。在定鼎门遗址二楼,放着一座沙盘,清晰地还原了隋都皇城格局。历史上,第一个通过这道城门的是主持完入城仪式之后的隋帝杨广。

隋帝杨广登上定鼎门,如炬的目光眺望东北方向。身处洛阳,隋帝杨广享受着万民的崇敬,但他超拔的眼光越过眼前,注目着王朝四方的国泰民安,边关安危萦于心头。他想到了运河,想到了漕运。北方漕运事关国家兴衰、黎民福祉——"朕要运河!"

高瞻远瞩的隋帝杨广慷慨激昂,激情澎湃,仿佛身上有无穷的力量,毅然决然地下旨开凿北方运河:迅即动工,年内筑成!

同时给出大渠的建筑标准：与通济渠一样，渠宽四十步，可通龙舟，渠旁皆筑御道，树以柳。

大业四年（608年）春正月，河南、河北诸郡百万役丁遵旨走上筑河工地。

动工之时虽为春正月，但北方大地依然天寒地冻，滴水成冰，用力挥动铁叉，也只是在坚硬的冻土上留下几道白痕。百万役丁在北方料峭的春寒里，挥汗如雨，用生命的顽强，疏筑河渠。

戍边需要用工；保障边境物资供应需要用工；建设新都需要用工；建设通济渠沿岸行宫需要用工；建造航行于运河上的巨船大舫需要用工……隋王朝工程太多，需要用工的地方实在太多了，役丁奇缺，北方筑河工地上男丁不够用，又征妇女从役，比起建筑通济渠、疏浚山阳渎，开筑永通渠的残酷程度进一步升级，"筑河者，十之三四殁于河"，"麻胡来"已经不足以吓唬小孩，应该叫"隋帝来了"！

黄河之北大运河，是隋王朝的重大战备工程、国防设施。当然，满足战争需要只是暂时的，隋帝杨广更希望这条运河能泽被后世，永济百姓，因此将此渠命名为"永济渠"。

关于"永济渠"这个渠名，《元和郡县志》卷十六《河北道·永济县》给出的解释是："永济渠，在县西郭内。……隋氏修之，因名永济。"也有人列举王安石"灯火匆匆出馆陶，回看永济日初高"诗句以加强这一说法。姑且一说，姑且一听，以一县之名概全域，不足为凭。

武陟。

黄河之北大运河与黄河的连接点，经过严谨的现代考古论证，可以确定，遗址位于今河南武陟县黄河交通学院东校区内。构筑永济渠时对沁水河道加以疏浚，引沁水南达黄河，形成永济渠南部渠首。

武陟小原村现存的明代石碑碑文记载了隋代在当地建闸的情况。

曹操在黄河之北倾心经略过白沟,但无论是"遏淇水入白沟,以通粮道",还是"立石堰遏水",都无法使我们确认白沟与黄河能够直通,永济渠"引沁水南达于河",一个"达"字明白无误地告诉我们:沁水与黄河贯通。

永济渠自武陟以沁水接黄河,过黄河后接巩义境内洛口进入通济渠,北方运河第一次实现对黄河的十字穿越,这是了不起的大事件。无论站在政治、经济、国防、文化、历史、地理等任何一个角度去估量,它都是大事件。黄河文明更深、更远地浸入北方的土地,大一统的理想更深、更远地熏染北方河山,运河水的力量将人心更紧密地连接起来、融合起来,增强着民族的凝聚力。

永济渠对黄河的穿越,是了不起的大事件,是对河南北部的整体、深度唤醒,放到河南社会经济发展的历史版图上考量,厥功至伟。

开筑永济渠的河南、河北诸郡的百万役丁中,有六万来自武陟。他们手中的大镐在武陟境沁水河道上舞动,舞动出人声鼎沸。

武陟,华夏民族早期活动区域。陟,登高、兴起的意思。相传周武王伐纣时路经这里,登高望远,有了"武陟"这个词。秦置怀县,隋分置武陟县,一个描述周武王事迹的词演变成了一个地名。位于黄河中下游分界处的武陟,自古饱经黄河水患,这一回,用生命换来了水的滋养之德、浇灌之利、舟楫之便。武陟人从未见过如此深阔的河渠,喜不自胜。

河渠之上,浮动着仰韶、龙山、商周等的文化地气,滋养着运河流过的地方。

新乡。

沃野千里的平原与层峦叠嶂的太行山,在新乡交会出一幅壮美的画卷,太行山把最美的一段留给新乡，其间长河逶迤，堤柳风拂。

流过武陟，携带"西南汇沁去漫漫"的小丹河水，永济渠进入了新乡。隋帝杨广在这里摆开的不再是八百诸侯会同盟的牧野大战，而是百万役丁掘河渠的建设现场。

在这里，永济渠与曹操的白沟相遇。白沟之前，这里的河流称"清水"。"清水出河内修武县之北黑山"，"其水历涧流飞，清泠洞观，谓之清水矣"。清水发育形成大概在战国以后。战国之前，流经这里的黄河没有完整的堤防，发源于太行山区的所有河流全都直接泻入黄河。黄河河道因经年淤积河床不断升高，为保证黄河北岸的安全，战国时自武陟始，经获嘉、新乡、延津，直至汲、浚、滑三县的黄河北岸，逐渐修筑起了堤防，称阳堤，时间久了，阳堤被称为古阳堤。古阳堤的出现，阻断了太行山区流出来的涧水直接泻入黄河。这样，在背河洼地处逐渐汇集出一股自然水流。这股水流经卫辉市区域后与淇水汇合，在黎阳（今浚县）宿胥口流入黄河。这股水自山泉流出，清澈透明，与浑浊的黄河水形成鲜明对比，东汉时人们把它称为"清河"或"清水"。

古阳堤的这一拦截，让本注入黄河、属于黄河水系的淇水、清水，均改道北去，成为海河水系。

永济渠携带清水，更汇聚起新乡烟波浩渺的历史长河，灌溉年轻的现实。隋代短促，但随后的"通运道，民居繁庶，客商辏集"，在新乡水运码头乐水关耐心地等待。

"谁谓河广？一苇杭之……谁谓河广？曾不容刀。"诞生在新乡土地上的《卫风·河广》，以奇特到匪夷所思的夸张，把客旅在卫的宋国人急于归返父母之邦的绵绵情思，渲染得感人至深。一声"河广"，预言了新乡新的历史，当客旅在卫的思乡人面对漕渠，当有怎样的吟唱？应该是"吾谓河广，载歌载航"吧！

卫辉。

商末，纣王施暴政，残害百姓，致使社会矛盾激化。丞相比干，为救国救民，以死力谏，被纣王处以剜心酷刑。后人为纪念这位重义正直的"亘古第一忠臣"，在比干受刑处修庙祭祀。孔子游历途中经过比干墓，用随身佩剑刻印下"殷比干墓"碑。

大业三年（607年），改卫州为汲郡，治汲县（今卫辉西南）。次年，永济渠工程就在古老而又年轻的汲郡土地上艰辛而又火热地铺开，同时唤醒了这片土地上的比干文化。

汲郡在永济渠上的位置非常重要。永济渠可分三段，西南段利用了沁水，北段利用桑干河道，中间段利用的是曹操开筑的白沟—清水—平虏渠水运通道。而西南段与中间段相衔接的地区就在汲郡。

永济渠在汲郡选择顺白沟东去，是由汲郡及其以东的地貌条件决定的。汲郡及其以东地区，处于太行山东麓与华北平原的过渡带，大断裂对这个地区地质构造起控制作用。沁水故道入白沟地点选择在汲郡断裂以西不远，最大限度地利用自然地理允许的条件，顺势而为，体现出古人惊人的智慧。

永济渠汲郡段主要工程就是对白沟贺生屯、司湾、周湾、南坡、曲律五处裁弯取直，直流八十里过境向东北行。

就像今天的高速公路每段都有自己的名字一样，永济渠也有段名。汲郡段在隋代就称"御河"，《初学记》记载："隋炀帝于卫县因淇水之入河，立淇门以通河，东北行，得禹九河之故道，隋人谓之御河。"

沿淀街、河园、西码头、南码头、北码头、东码头、毛楼……汲郡段沿渠的这些地名，见证着运河浸入这片土地之深，浸入这片土地上人的生活之深，也证明着汲郡得运河之利、漕运之势开始崛起。

滑县。

辽远的永济渠逶迤在山川田野间，它流出汲县境就流出了太行山麓，流向了豫东北平原。

永济渠自浚县向先皇建筑在这里的黎阳仓致敬，再东入滑县，至道口镇军庄北复入浚县，这段永济渠依然是对白沟运道的加阔加深。

如同飞鸟追寻着日光往复的痕迹，人们总行走在日出日落之间。一代一代的生命就是这样如水般回旋流转。永济渠畅通之后，运河沿岸一日行程处会有船夫歇脚的小码头，几日行程处会有大码头。就是朝行暮栖的驿站，间距也常在六十到八十里，尽管船夫前行的步伐各异，却同样遵循着日升日落的轨迹。日子久了，小码头成了集镇，大码头成了城市。因为有南来北往、川流不息的行船停靠，它们繁华起来；也因为商贾、行人、船夫、河工各色人等歇脚休闲，它们缤纷起来。它们是被运河水淘洗得溜光锃亮的珠子，被时光缀饰在两岸。各色人等登岸需要消费，需要休闲，需要娱乐，各色服务业应需而生，在运河沿岸悄然兴起，它们在运河水的辉耀下光彩夺目，转又辉耀运河水，色彩斑斓。滑县运河码头就是这样彩带上的一个结点，因为格外繁华，且经久不衰，终被各种史志所记载。

内黄。

隋朝开筑的永济渠，在内黄县境内且有据可考的就剩一小段河道。它用这一小段河道里浅浅的一汪水证明它流过千年，证明它千年前的壮阔。

周定王五年（前602年），黄河改道内黄东，留下了黄泽、金堤、高堤、鲧堤水的历史遗迹。永济渠来了，向这片土地上水的历史致敬之后，深挖宽筑，以全新的河道，携带淇水、禹河、卫河……壮阔而去。

颛顼、帝喾二帝葬于内黄，永济渠开筑至这里，据传，河督下达死命令，无论是打夯还是挖掘，无论是筑土还是挑运，一律不许发出声响，更不得喊号子，即便是吃饭、收工，也只能低声耳语，不能惊扰安睡的祖先。

静穆、壮阔的永济渠，带着对颛顼、帝喾的无限崇敬，也带着内黄深厚的历史文明，逶迤而过。

永济渠流出内黄，也就流出了河南地界，流向了河北魏县、大名……向海河奔去。李白用他不朽的诗句这样描绘永济渠豫、冀交接："魏都接燕赵，美女夸芙蓉。淇水流碧玉，舟车日奔冲。青楼夹两岸，万室喧歌钟。天下称豪贵，游此每相逢。"

王者的意志是强悍的，没有人能违抗。全长两千多里的永济渠，按隋帝杨广钦定的路线、时间筑成了——

自黄河入沁水，溯沁水西行，于今白马沟村分沁水北行，至今南石涧村折东而行，与淇水相接，循白沟经今新乡、卫辉、滑县、内黄（以上属河南）、魏县、大名、馆陶、临西、清河（以上属河北）、武城、德州（以上属山东）、吴桥、东光、南皮、沧县、青县（以上属河北），到达今天津市区，折向西，经今河北廊坊市安次区，溯潞河而上，北折入桑干河，抵达今北京市境。

中原地区与海河流域的紧密联系由此建立了起来，以都城洛阳为中心，以永济渠为纽带的中国北方航运大通道彻底形成。

一般认为，隋帝杨广开筑永济渠的基本动机，指向北征高句丽，用兵辽东。这样的认识过于简单。在江南经济因中原战争而崛起的时候，河北地区自北魏始，悄然发展，逐步形成跟随江南、超越关中的新经济区，所谓"国之资储，唯借河北"。运河贯通新经济区，对于隋王朝而言也很重要，经济动机肯定也在隋帝杨广的治国理政方略中。

在如此短暂的时间内，动员如此庞大的民力物力，展开如此浩大、如此艰难、如此高标准的开凿工程，站在社会伦理的角度，我们有足够的理由痛恨、诅咒隋帝杨广；但站在社会历史发展的角度，我们又不乏理由理解、同情隋帝杨广。他满怀热爱与激情所开筑的运河，推动了人类文明进程，进而改变着中国社会的发展面貌。

隋帝杨广在推动永济渠施工建设的同时，大业六年（610年），"敕穿江南河，自京口至余杭，八百余里"，在长江以南重开河道，从京口（在今江苏镇江）引江水穿过太湖流域，直达钱塘江边的余杭（在今浙江杭州），这就是江南运河。

至此，以洛阳为中心，北至涿郡，南至江都后过长江进入江南运河，直抵余杭的隋朝运河网络，全线贯通。

与此同时，隋帝杨广"敕江南诸州，科上户分房，入东都住，名为部京户，六千余家"，还从河北迁来三千余家工艺户到洛阳……全国各地数万户迁移洛阳，成为"运河人家"，洛阳成了"曾雉逾芒，浮桥跨洛，金门象阙，咸竦飞观……移岭树以为林薮，包芒山以为苑囿"的东方大都市，成了人烟辐辏最为繁华的所在，本朝富庶殷实，莫盛于此。

华夏地貌西高东低，西部雄起的是青藏雪域，中部高耸着黄土高原，东部则是澜迤无垠的平原，呈现着高度渐降的三级台阶。水往低处流，华夏大地大江大河，自西向东归入大海。这些自然的大河，以傲然于世的泱泱之风，冲决峡谷山峦，荡漾高原险滩，气势磅礴，壮阔如虹，在它们所流经的峰谷岇墚、城邑村落，泼洒下仁慈与暴戾的印痕，镌刻下毁灭与创造的徽记。它们联结东西，沟通山海，养育民族。

造化天地的大自然没有恩赐给我们纵贯南北的天然大河，南北交通便没有自然河流可以利用。南北往来，只能或翻山越岭，或漂洋过海。自然大河在畅通东西的同时，客观上也在阻碍和屏蔽南北，使中国古代的交通迂回险阻，艰难困苦，影响着南北之间经济、文化的交流和政治上的统一。

隋帝杨广以王者的伟力，继承起前代遗产，加之不断开凿，挖掘出了由海河流域到黄河流域的永济渠，黄淮之间的通济渠，淮河与长江之间的山阳渎，京口至余杭的江南运河……将河北平原、中原地区和江淮地区紧密地联系起来，也就是将华北战略重地、中部文化昌炽之区和南部财富之区紧密地联系在一起，形成了一个以洛阳为中心，西通关中盆地，北抵河北大地，南至太湖流域，流经今京、津、陕、豫、冀、鲁、皖、苏、浙九省市，全长八千里庞大的运河系统，总长度达到中国运河的历史峰值，前无古人，后未见来者。

这时，是壮阔运河时代，是大——运——河！

喊一声大运河，其中蕴含着一种不可言喻的澎湃！

唤一声大运河，其间蕴含着一股无法描绘的浩荡！

大运河，在中国航运发展史上，第一次从区间性运输为主转变为全国性水运体系。运河水面宽30~70米，是古今中外最长、最宽的运河，唯有这样的深阔运河，才匹配壮美大地、浩荡河山。它是世界水利史上空前伟大的工程，"为后世开万世之利"，成为举世公认的古代文明奇迹之一。

它将在大地上生活了亿万年却不能牵手的长江、黄河、淮河、海河、钱塘江连接沟通了起来，使长江得以携带雪山的风采、惊涛的气概，携带流经的十多个省区市不同音调的歌赋、故事、风俗及习惯，汇入运河；使黄河得以带着睿智无比的老子诠释宇宙万物演变的《道德经》及其"道法自然"的真谛，带着枕石梦蝶的庄子灿若云锦、汪洋恣肆的《逍遥游》，带着它的天籁地音，带着伟大先哲孔子著就"治邦安国平天下"的《论语》，带着它的"礼"与"和谐"的理想，带着思想的大儒孟子"民贵君轻"的民本观念，汇入运河；使海河、淮河、钱塘江得以带着各自的豪情、各自的风骨、各自的性格汇入运河。大运河，以一泻千里的豪迈，实现中华民族对生存地理局限性的历史性跨越。

中原的地理位置决定了中原运河是中国大运河的枢纽。在农耕时代，地理位置决定战略位置，得中原者得天下，通中原者通中国。通中原后通中国的大运河，以世间绝无仅有的肚量，从容潇洒地吞吐五大水系，横向流淌北方大野、南国沃土，纵向创造中华文明，流进我们的血脉，成为中原文明的精神性格。

汉王朝之后的中国，先后有匈奴、鲜卑、羯族、氐族等在原汉族区域登上历史舞台，建立过局部的割据政权；在国家政权和政治制度上，从十六国到南北朝，始终存在着全国的或局部的胡汉体制混杂。割据势力之间各自封闭，管控交往，尤其在文化方面，形成了不同风格、不同体系的文化区块。大一统隋王朝建立后，随之而来是大运河的诞生，文化藩篱被交流、融合所取代，极大促进了区域间的文化交流，"包容""汲取"成为大运河的时代精神，推动了以中原文化为主、对各少数民族和外来文化的兼收并蓄，这是隋王朝畅通大运河带来的文化盛况。

隋帝杨广以睥睨百世的气概，开凿出赫赫、煌煌之大运河，酿造出中国大运河的鼎盛时代。壮阔运河时代的原点在河南，壮阔运河时代的艰难在河南，壮阔运河时代的枢纽在河南，壮阔运河时代的辉煌在河南，河南用通济渠、永济渠主航道的经络动脉，沟通江海，激荡山河，书写属于民族、国家的壮美史诗……

隋帝杨广筑运河是为了扬州的那一朵琼花？御龙舟真的只是为了游山玩水？是效尤南朝亡国之君的纵情享乐？《资治通鉴》曰："隋炀帝至江都，荒淫益甚，宫中为百余房，各盛供张，实以美人，日令一房为主人。江都郡丞赵元楷掌供酒馔，帝与萧后及幸姬历就宴饮，酒卮不离口，从姬千余人亦常醉。"这是对一个帝王的道德质疑，不是对一个帝王的历史价值评判。吴会地区是旧陈的中心地带，时常发生叛乱，开筑一条可供快速向东南地区调兵遣将的运河，仅从维稳而言也是刻不容缓的。恰如隋文帝所言，广陵、荆州"皆作乱之地"，隋文帝调集大军弹压，经两年用兵，方才平定叛乱。然而，这只是表面上的平静，虽暂时没有再发生大规模叛乱，但小股作乱，仍是家常便饭。开皇十七年（597年）六月，原陈将萧摩诃之子萧世略在江南作乱；仁寿元年（601年），"潮、成等五州獠叛"；仁寿二年（602年），交州俚帅李佛子作乱；大业初年，"番禺夷、僚相聚为乱"。为了遏制新的叛乱、新的动荡，防止星火燎原，加强对南方社会的控制，隋文帝置扬州总管府，总领南方四十四州的军事和行政管理。至隋帝杨广时代，南方社会仍然不稳，威胁着王朝的安全。自京都沿运河浩荡下扬州，无论如何，都是王朝力量的一种宣示，直抵吴会核心区域，对稳定社会秩序意义重大。南方各地的农业产量已经占到隋王朝统治地区农业总产量的40%左右，江南，在隋帝杨广的眼里有了帝国支柱的分量，运河对于漕运淮南粮米至京都意义重大且无可替代。

历史经济学家冀朝鼎指出，从东汉末年到南北朝结束，三百余年的分裂给中国农业造成的最大影响是"基本经济区"范围扩大。由于战争推动了人口转移，一度地广人稀的四川盆地和长江中下游地区接触到了中原地区带去的先进农业技术，粮食生产迅速发展起来。因此，利用水路连接江南和关中、关东政治中心，使江淮的经济产出直接滋补京畿、强健军队国防，成为重要的政治布局。隋帝杨广开筑通济渠，正是对这一布局的兑现。

大业五年（609年）初春，隋帝杨广自洛阳大运河畔策马西行，二月抵长安，后经陇西、临津关（今甘肃临夏县西北）、西平（治在今青海西宁），由长宁谷（今青海西宁北川河谷）北上至张掖。途中合围吐谷浑主，降其仙头王以下男女十余万口。

在河西时，高昌王麹伯雅、伊吾吐屯设及西域二十七国来朝于行所，献西域数千里之地。隋帝杨广当即置西海、河源、鄯善、且末等郡，历史上第一次将青海省的大部分地区归入中原王朝郡县制管辖之下。

击败吐谷浑，派军队戍守边防，"道路无壅"，辽远的丝绸之路更加安全畅通。

隋帝杨广是西巡最远的封建帝王。身后他开凿的大运河有多长，他西出狼烟大漠、戈壁沙地就有多远。

为服务隋帝杨广北巡。精于匠心的宇文恺为隋帝杨广量身定做了一座能容纳数百人、下装轮轴可推移的"观风行殿"，这是中国历史上最早的活动房屋、最早的房车。在五十万甲士和十万骑兵的簇拥下，隋帝杨广乘坐着这座移动行宫，凭着大运河盈集起的国家力量，浩浩荡荡，挺进大漠，沿途各部突厥人以为有神助，无不伏地称臣。隋帝杨广站到祁连山上，站成时代巨人，西域诸国拜服仰望，大气都不敢喘，望风归顺，不可一世的鲜卑族的江山也尽入华夏版图。

大业六年（610年）元宵日，西域各国王宾会集大运河边的隋都洛阳，"诸蕃请入丰都市交易，帝许之"。

东都洛阳有丰都、通远、大同三大市。三大市之一的丰都市，因在洛河南偏东，又称"东市"。"其内一百二十行，三千余肆。甍宇齐平，遥望如一，榆柳交阴，通渠相注。市四壁有四百余店，重楼延阁，互相临映，招致商旅，珍奇山积。"

通远市在洛水之北，因称"北市"。规模仅次于丰都市，近漕渠，"其内郡国舟船舳舻万计"。

大同市在洛阳外城西南部，因称"南市"，尽管是三市中最小的一个，但"邸一百四十一区，资货六十六行"。

市内有众多的行、肆、邸店，繁荣可见。或许，隋帝杨广自豪于洛阳市场的繁荣，把它当作帝都的一个品牌、一张名片，欢迎西域诸藩来东都市场贸易。

在大运河的激荡下，与西域的商贸由此进入一个新的历史时期，促进着古代东西方文明的交流。

摆平西域，永济渠也已经筑通，有条件解决辽东边事了。

当时，辽东被高句丽占据。高句丽对隋王朝叛服不定，且无人臣之礼，不时侵扰边境。大业七年（611年），隋帝杨广震怒，决定北上涿郡视察，拉开三征辽东的序幕。

途中，隋帝杨广于龙舟之上下旨令隋王朝中枢一律随船办公："敕选部、门下、内史、御史四司之官于船前选补，其受选者三千余人，或徒步随船三千余里。"一个移动的隋朝政权顺着运河奔向辽东前线，毫不夸张地说，隋王朝就在运河上。

行驶五十多天，隋帝杨广最终抵达涿郡前线。

隋帝杨广是中国历史上第一位也是唯一一位航行过永济渠的帝王，是唯一一位航行过通济渠、永济渠大运河全程的帝王。

抵达涿郡，隋帝杨广诏征天下兵，不分远近，到涿郡集中。

永济渠水运顿时繁忙起来。

江海以南的水手1万人，弩手3万人，岭南排鑹手（一手持盾、一手持矛的兵士）3万人，河南、淮南、江南造军用车5万辆，屯于黎阳仓、洛口仓的粮食……都需要通过永济渠北运，永济渠里船只前后相接，长达千余里，几十万人在运河上运送兵甲、器具、军车、军粮，昼夜不息："舳舻相次千余里，载兵甲及攻取之具，往还在道常数十万人。"

浩荡大运河积聚起的伟力，给了隋帝杨广风发的力量，北巡塞外，西巡河右，南下江都，东征辽东，十次亲巡，镇边卫国；地广三代，威震八纮，单于顿颡，越裳重译。

这是一个伟岸的隋帝杨广，一个时代的巨人。然而，当触及文化、触及文化精神时，杨广又是一个侏儒。他醉心南朝，"三幸江都"，"好为吴语"，写下的"轻身赵皇后，歌曲李夫人""步缓知无力，脸曼动余娇""汉水逢游女，湘川值两妃"……尽是轻薄淫靡之音，哪里有一点点骨气？更罔论格局与气概！

隋帝杨广喜音乐，重修过祭祀朝会等场合演奏的雅乐；整理过用于游宴的宫廷燕乐；为歌颂大运河开筑，创制出综合声乐、器乐、舞蹈为一体的"大曲"。这些重修、整理、创制，有一个共同的特征，就是大量采用南朝音律，充满浮艳气息。

隋帝杨广雅好书画，以国家财力赞助书法、美术、雕塑等各项艺术活动；召集南北艺术家会聚京都，切磋交流。他在洛阳观文殿后筑东、西二台，东台称妙楷台，收藏书法帖迹；西台称宝台，收藏名画。他亲自主编了《古今艺术图》，"既画其形，又说其事"。隋帝杨广没有留下画作，主编的五十卷艺术图书迄今没有发现有存，只能从实存中去揣摩体会：隋王朝"土木频兴，其间绘画之饰施，穷极奢侈。加以当时京洛一带寺院道观等之建筑杂起，靡不以绘画为饰，我国壁画之风，盖至是号称极盛。故工匠派之绘画，极巧至精，而非工匠派之绘画，亦因炀帝之好，不堕先绪"。无论工匠派还是非工匠派，都争先恐后地投隋帝杨广所好，艳极奢靡。

连续的浩大工程、连年的征战、大规模的巡狩巡游，劳民伤财，急徭重役下的百姓苦不堪言。大业七年（611年），王薄在长白山（在今山东邹平南）爆发起义。之后，刘霸道、孙安祖、窦建德等纷纷率领各地农民起义，不断蔓延，难以剿灭。大业九年（613年），隋帝杨广二征高丽，命礼部尚书杨玄感在黎阳仓向前线督运粮草。杨玄感见天下大乱已起,乘机起兵反隋。

大业十三年(617年)九月,瓦岗农民起义军李密派徐世勣领兵五千自原武渡过黄河,与元宝藏、李文相等部起义军联合,共同袭破黎阳仓,开仓赈济饥民。饥民踊跃参加瓦岗军,一天之内竟然招募到起义兵二十万。武贲郎将裴仁基与孟让率兵两万袭击回洛仓,劫掠洛阳城,火烧天津桥,被称为"天汉之津"的天津桥几近焚毁。此后,起义军"既得回洛,又取黎阳,天下之仓,尽非隋有"。隋朝中央政权丢失了核心战略物资,农民起义军却因得粮而迅速壮大。运河之侧的黎阳仓见证了一个王朝的兴盛与衰亡。

大业十四年(618年),宇文化及在扬州杀隋帝杨广,大隋王朝最终还是死在了宇文家族剑下。杨坚从宇文家族手中获得皇权建立隋,隋帝杨广最终又被宇文家族所灭,这也算一种历史的轮回报应吧。

一千三百余里的杨柳堤岸,被烟波笼罩,曾经喧嚣繁华的大运河,因战火一片萧瑟,兵乱之后的洛阳城,因为失去了天津桥,也像截断了给养和血脉,失去了王者之相,隋亡的悲歌沿着大运河四处弥漫。

天风浩荡,巨轮似的落日滑入通济渠、永济渠的粼粼波光,铺天晚霞映红一渠大水为夕阳壮行,辽远的大河落日滚滚涌进日月之门,光线转趋黯淡,黯淡到通济渠、永济渠完全被大地无边的黑暗所笼罩,在那里痛苦呻吟,在那里生死涅槃。

"二百年来汴河路,沙草和烟朝复暮。后王何以鉴前王?请看隋堤亡国树。"

第六章 天下大河

隋帝杨广赌上了一个王朝的命运，开筑通济渠、永济渠，掘出三里沟文明之气、夏商周富贵之气、河洛山川浩荡之气，以八千里的流淌，将民族、国家送进了唐王朝的历史辉煌。

站在盛唐舞台中央的，不是帝王，不是贵妃，不是朝廷文武大臣，而是望春楼下的广运潭，是托举起广运潭的大运河。

"世界的历史，即城市的历史。"运河文明史就是运河沿线城市的诞生、成长、发展史。运河文明的精华就集中于运河城市中，然后以运河城市为中心枢纽延伸到中国社会文明机体的末梢与细部。

运河城市总是成群出现，形成运河城市群。隋唐大运河一般是穿城而过，百姓夹河而居，呈现着城市因河而兴的历史轨迹。如果说隋唐通济渠是一条碧绿而柔软的彩练，那么，洛阳、陕州、偃师、巩义、荥阳、郑州、商丘……就是镶嵌在这条彩练上的城市群落明珠，璀璨夺目。

扫码探寻
· 图解千年运河
· 镜头下的运河
· 运河文化珍藏
· 中华水系之美

618年,隋去,唐来,长安城换了主人。

唐初,洛阳常住人口已达百万,俨然一个超级大都市。人口增加、经济发展,对交通需求更加迫切。承担连接洛阳城市南北重任的那座著名的天津桥,被隋末李密起义军焚毁,贞观十四年(640年)唐太宗下令修复天津桥,洛阳郡守组织民力,"令石工累方石为脚",清理桥基,础以坚石,强基固本,垒砌桥墩,高架桥梁。一座石柱桥,在隋代桥梁原址上,仍冠以"天津桥"之名,带着唐太宗的丰满理想,飞临洛水,横跨运河。

684年,女皇武则天临朝称制,改"东都"洛阳为"神都"。武则天登基后下达的第一号建设令是修筑象征大唐盛世的天津桥。她派出内使大臣李昭德负责,"务求稳固"。

这次修缮后,天津桥成为中国古代最早以龟背形桥墩为支撑的桥梁,是人类桥梁建筑史上的一个创新。

修葺一新的天津桥车水马龙,人声鼎沸,络绎不绝,热闹非凡,成为洛阳城内繁华之地,也成为大唐"网红"驻足打卡地:"白发三千丈"的李白和"痛饮狂歌空度日"的杜甫相约于此;春游归来,白居易临桥而咏"宿雨洗天津,无泥未有尘。初晴迎早夏,落照送残春";晴空万里,姚合"闲立津桥上",看"皇宫对嵩顶,清洛贯城心";秋日暖阳,张祜作《洛中作》,"尽日洛桥闲处看,秋风时节上阳宫";临近佳节,刘希夷走过,"天津桥下阳春水,天津桥上繁华子。马声回合青云外,人影动摇绿波里";李商隐、杜牧、刘禹锡驻足天津桥,上阳宫美景尽收眼底,啧啧称羡;元宵之夜,流光溢彩,神都洛阳俨然天上街衢,幻化为悬浮于浩瀚夜空里的灯火之城,殿阁宫城,广场山丘,与天津桥一起倒映在阳渠里,亦梦亦幻,苏味道用诗记录下这个似真似幻的《正月十五夜》,"火树银花合,星桥铁锁开。暗尘随马去,明月逐人来"……运河上的一座桥梁,在巅峰时期的盛唐文学史上留下一片属于自己的天空。

贞观十一年(637年),监察御史马周向唐太宗李世民禀报:"隋贮洛口仓,而李密因之……西京府库亦为国家之用,至今未尽。"那个时候,大隋朝已经灭亡了二十年,直到这时隋朝储存的粮食布帛尚未用完。隋帝杨广赌上一个王朝的命运,掘出二里沟文明之气、夏商周富贵之气、河洛山川浩荡之气,以八千里的流淌,将民族、国家送进了唐王朝的历史辉煌。

唐初,全国运河基本维持隋代的规模和现状,"高祖、太宗之时,用物有节而易赡,水陆漕运,岁不过二十万石,故漕事简",无须再开凿更多的运河就满足了整个大唐漕运所需。借助大运河,"云帆转辽海,粳稻来东吴","吴门转粟帛,泛海陵蓬莱"。

没有太多的开凿不是没有开凿。武周时洛阳隋时通远市一带"天下舟船所集,常万余艘,填满河路,商旅贸易,车马填塞",河道太过拥堵。大足元年(701年),武则天诏令于立德桥南引漕渠,开新潭,以供诸州租船停泊。新潭筑成,千年之后,终成遗址,但唐人王泠然所作《新潭赋》,令武则天的新潭超越自然生命,永恒在中国运河文化史上:"国之天府,名曰河南。水有清洛,涨乎新潭。夫其贯都成川,习坎为德,石门呀谺而洞泻,绿树逶迤而夹植。源自山来,漕因人力,或清浅而见底,或深沉而莫测,奔狭口以雷声，积中心而黛色。若乃方将暮春，大集都人，锦筵横石，罗幕藉尘。骑影攒临，变作桃花之浪；衣香乱入，翻为莲叶之津。由其地势多美，所以潭名永新。观其城阙映带，闾阎萦绕，半向石崇之园，斜经潘岳之沼，星月沉浮乎其内，烟云洗拂乎其表。不生芰荷，但聚鱼鸟，通舳舻之利，于国既多；开浸灌之功，与人非少。自记从调，恒来此游，朝林坐而疑夕，夏潭行而觉秋。清可照人，实欣逢于朗境；虚宜受物，仁相引于仙舟。带洛常耻，临淄更羞，况获忝乎余派，终敢希乎下流。"

唐时将隋帝杨广的通济渠改名为广济渠、汴渠（后文仅称"汴渠"），还是对运河许多河段做了必要的疏浚整理，使漕运更加畅通，成为唐王朝输送江淮物资的主干。唐玄宗曾下诏陕郡太守兼江淮水陆转运使韦坚主持疏浚整理原汉渠、隋广通渠故道，"坚治汉、隋运渠，起关门，抵长安，通山东租赋。乃绝灞、浐，并渭而东，至永丰仓与渭合"。韦坚尽职尽力，不仅按时高质量地完成了水上"高速公路"的整理修浚，还顺手建成了一个大型"停车场"——"于长乐坡濒苑墙凿潭于望春楼下，以聚漕舟"。

渠成，华阴永丰仓所贮存的粮食，可以通过这条新渠运到京城长安，不必再用牛车陆运，得以"岁漕山东粟四百万石"。

新渠筑成，韦坚准备了一个竣工庆典。

他预先准备了小斛底船三百艘，悄悄地藏在潭侧，一艘船代表一个郡，船头竖以郡名牌，船上装着最能代表这个郡的物产，船人统一着宽袖衫，着芒鞋，戴大斗笠，体现吴、楚风。庆典那日这些装饰好的船一艘接一艘从望春楼前驶过，进行水上花式巡游。——驾船人为什么统一穿着吴、楚风格的装束，而不是秦服辽衣？这应该是区域经济地位的体现。

自西晋发展起来的江淮，似经济的常青藤，经久不衰，至唐，更加富庶繁盛，成为唐王朝粮食、财政的主要来源，"赋取所资，漕挽所出，军国大计,仰于江淮","唐王朝"漕吴而食"。深知江淮地位的韦坚在庆典上格外加以特出,参与庆典巡游的三百只郡船,乐得被江淮吴楚垄断。与其说这是借庆典举行的一次全国性物产检阅,不如说是一次以江淮地区为绝对主力的农业、手工业重要产品博览会,是江淮地区经济实力的展示。

庆典之盛大繁富,呈现的物产之丰饶,体现出经济之兴旺、大运河之辽远、漕运之发达,自唐以来未曾有过,历朝历代未曾见过。观者人山人海,欢笑声山呼海啸。

看着运河水面上的这番盛况,望春楼上的唐玄宗笑逐颜开,满心欢愉,下诏褒奖、擢升开筑新渠、组织庆典有功人员。

玄宗诏敕:"古之善政者,贵于足食,欲求富国者,必先利人,朕关辅之间,尤资殷赡,比来转输,未免艰辛,故置此潭,以通漕运,万代之利,一朝而成,将允叶于永图,岂苟求于纵观……赐名广运潭。"就这样,宽阔浩渺的"停车场"从此有了一个不朽的名字——广运潭。

庆典从中午一直持续到入夜。

夜色渐浓,韦坚命兵士搬来百个一尺多高、碗口粗细的烟火炮,摆放在望春楼前的石阶上。

以望春楼为中心的广运潭两岸,明灯皓亮,火树银花,直将两岸照耀得宛如白昼。京城里的男男女女、老老少少云集广运潭,观庆典,看烟火秀,以至这里人流如潮,摩肩接踵,处处沸腾着欢声笑语。

韦坚见夜色浓了,便对列队在烟火炮前的兵丁一挥手,示意燃放。兵丁得到指示,弯腰将手中早已燃着的长香伸向烟火炮露在外面的捻子。立时,筷子粗细的捻子闪着白光,"哧哧"地叫唤着,接着就听得一声轰天雷般的巨响,一个火球直冲天空,再听得半空中又是一声巨响,刹那间,一团金光在夜空中迸发开来,格外耀眼。

万众欢腾。

不待这一个熄了,第二个又接着冲上天去,在夜空里竞相绽放。一个接一个,花样各不相同:或如金菊怒放,或似天女散花,或群星灿烂,或银灯万盏。赤橙黄绿青蓝紫,把一个明月如轮的苍穹装扮得如仙界似的。

——这不是长安又是哪里?灯火点缀文武百官上朝。

——这不是盛世又是什么?绛帻鸡人叫醒万国衣冠。

"暮江平不动,春花满正开。流波将月去,潮水带星来。"隋帝杨广于运河岸畔江都宫苑眺望长江写下这首诗时,扬州人张若虚尚未出生。数十年后,站在长江与隋朝流过来的运河交汇处,他读到了这首《春江花月夜》,似神抚心弦,怦然而动,旋即生发出了"诗中的诗,顶峰上的顶峰"。春、江、花、月还是隋帝杨广看到的春、江、花、月,但看的人却是"我"了,发出的不是喟叹,而是"人生代代无穷已,江月年年望相似"的感怀。尽管个人的生命稍纵即逝,但人类的生命绵延永恒,"代代无穷已"的人生必定与"年年望相似"的明月相伴永远。这样的人生观、世界观,超越了曹操站在睢阳渠岸上"譬如朝露,去日苦多"的惆怅,超越了阮籍站在鸿沟沟畔"人生若尘露,天道邈悠悠"的咏怀,成了崭新的文化巨人。说它"孤篇横绝,竟为大家",绝非溢美。

春江花月,辉耀大唐。

汴渠与黄河相通,受黄河的影响巨大,需要不间断疏浚,清淤通塞,养护维修任务艰巨而繁重,不得不经常花费大量人力物力,维护漕运通达。唐朝初年,每年初春总要组织附近州县男丁,"塞长茭,决沮洳",疏通堰口,修治渠道,畅通航路。开元二年(714年),"河南尹李杰奏,汴州东有梁公堰,年久堰破,江淮漕运不通。发汴、郑丁夫以浚之,省工速就,公私深以为利"。

同在开元年间，汴州刺史齐浣见"淮至徐城险急"，征调民夫"凿渠十八里，入青水，人便其漕"，即开筑新渠十八里，避开险急河段，方便漕运。

后遇大水，氾水决，侵害汴渠。洛阳人刘宗器上奏，请塞氾水、旧汴河口，于下流荥泽界开梁公堰，置斗门，以通淮汴。开元十五年（727年）正月，玄宗令将作大匠范安及发河南府、怀、郑、汴、滑、卫三万人疏决，开旧河口，旬日而毕，就是打开了隋朝通济渠黄口入汴渠的板渚口，恢复畅通漕运。

汴州刺史齐浣筑新渠后易地任职，离开汴州。开元二十七年（739年），在外转了十余年的齐浣复任汴州刺史。格外重视运河、重视漕运的齐浣再次对汴渠展开治理，请奏开汴河下流："自虹县至淮阴北合于淮，逾时而功毕。"《旧唐书·齐浣传》记载清晰："淮、汴水运路，自虹县至临淮一百五十里，水流迅急，旧用牛曳竹索上下，流急难制，浣乃奏自虹县下开河三十余里，入于清河，百余里出清水，又开河至淮阴县北岸入淮，免淮流湍险之害。"虹县，今安徽泗县。虹县至临淮一百五十里。这段航道水流湍急，漕船经过时得用竹索牵船，再用牛曳竹索，非常困难。齐浣在虹县东另开一条三十余里的新河连接清河，以清河为航路，行百里后出清河，然后再开河行至淮阴北进入淮河。齐浣所筑新河消除了汴渠漕运安全隐患。

关东自黄河入渭水进入关中的漕运路线上，三门峡是必经之地。

相传大禹治水至此，见河水困于崇山阻挡难以畅流，便挥动神斧，将高山劈成"人门""神门""鬼门"三道峡谷，引黄河水滚滚东去，故称三门峡。

黄河至壶口，一声短吟，撩起泻天瀑布；及抵龙门，换成一阕长吼，搅出的是动地狂飙。"其山虽辟，尚梗湍流，激石云洄，澴波怒溢。"三门峡鬼门在南，水流湍急，舟楫无法通过；神门在中，通道十分狭窄，舟楫不能通过；人门在北，尽管可以过舟楫，但迎面雄立的是砥柱，行船时需要胆量，掌握好方向迎着砥柱冲过去，当船行近砥柱时，河水强烈的回流会瞬间推开船只，然后可能擦着砥柱边沿涉险过关，船工稍有不慎，分流的巨大力量就会把船推向两侧的崖壁，以致船翻人亡。

自秦汉始，历朝不断有人尝试推倒"门框"，劈开砥柱天险，力挽狂澜，畅通黄河漕运。汉光武帝刘秀在这里努力过，曹魏时代在这里留下凿痕，据《平陆县志》记载：汉桓帝和平元年（150 年），在人门岛河道北岸的石岸上，开凿一段栈道，用以挽舟；魏景初二年（238 年）二月，明帝派遣都尉沙丘部、监运谏议大夫寇慈，率工匠五千人，修三门至五户滩一带运道，清除河道上的礁石，削平险滩 19 个；晋泰始三年（267 年）正月，武帝遣监运大夫赵国，率工匠五千人，继续清除三门下游礁石险滩，疏浚河道；晋太康元年（280 年）至太康九年（288 年）调用大批民夫，在人门北岸开凿栈道达 625 米……

所有这些努力，不能说一无所成，但终究没有根本改观，终究没有找到畅通河路的良策，诚如郦道元的感叹："虽世代加功，水流湍济，涛波尚屯，及其商舟是次，鲜不踟蹰难济，故有众峡诸滩之言。"隋帝杨广迁都洛阳以后，这段险流也就基本上被撂下了，再也没有花力气修治过，西去长安的漕路已经基本不通。无奈，唐初时，从洛阳至陕州只能采用陆运方式，绕过黄河三门峡段砥柱之险。江淮漕粮至东都输含嘉仓，陆运至陕。

此时，关中对关东、河北及江南漕粮的依赖不是很大，一段效率极低的陆运还能应付。

关中溉田极盛时期可达 4 万余顷，到唐高宗时期，这个数字已经缩减了四分之三，至高宗时进一步萎缩到 6200 余顷。与溉田面积急速减少相对应的是长安周边新兴城市出现，是中央政府官员数量急剧增加，是国都中不从事农业生产却大量消耗粮食的群体骤然增加。唐太宗时内外文武高级官员总数不超过 642 人，到高宗在位时已经增加到 1.35 万人。待到武则天在位晚年，中枢官僚多到令人咂舌的地步，出现了"复置员外官二千余人，兼超授阁官为员外官者又千余人"的局面，正官之外还有别官，以致以实物折算的官员俸禄总额出现恐怖式暴涨。

如此，西运关中漕粮、物资若仅靠陆运至陕，无法满足朝廷之需、关中之需。京兆尹裴耀卿曾上奏说："今升平日久，国用渐广，每年陕洛漕运数倍于前，支犹不给。"

"唐都关中，而关辅土地所入，不足以供军国之用，故常恃漕东南之粟，而东南之粟必先至东都，然后浮河渭溯流以入关，是以其至也冞难。故开元以前岁若不登，天子尝移跸就食于东都。"长安缺粮缺到了皇帝常常率领百官到洛阳蹭饭的地步。

陆运至陕，虽然只有三百里，可所付的佣金要比水运昂贵得多，动盈万计，若能兼河漕，变陆为水，则所支有余，会节省很多。

到了必须冲破砥柱天险的时候了。或者说，冲破砥柱天险刻不容缓。

决心是一回事，能不能筑成则是另一回事。显庆元年（656 年）十月，苑西面监褚朗上书请开砥柱三门，凿山架险，拟通陆运。高宗恩准，降旨："发卒六千人凿之。"

褚朗领着这六千人大干了一个月，工程完成了，"后水涨引舟，竟不能进"。

官员领导的开凿天险工程失败了。

砥柱天险，阻挡着漕运，也激发出人们征服它的欲望和冲动。中宗神龙年间，将作大匠杨务廉上书请开砥柱三门。如果说褚朗只是官员请开天险，这次则是专家出马。作为将作大匠，我们相信杨务廉在上书之前一定早已深思熟虑：怎么开，有多大把握。是的，杨务廉想到的是以往谁都没有采用过的以险制险的招数，就是在砥柱的峭壁上开凿三门峡栈道，挽夫将纤绳一头捆于胸口，一头牵着漕船，双手抠住悬崖上的栈道把手，"以挽漕舟"。

杨务廉始料不及的是，栈道凿成后，艰难地攀爬在这三门峡栈道上挽漕舟的挽夫或因绳索磨断或因失足坠落，"落栈着石，百无一存，满路悲号，声动山谷"。

面对这样的近乎是死亡之路的"三门峡栈道"，设计、开凿者——将作大匠杨务廉羞愧难当。

杨务廉失败了，还赌进了将作大匠的名声。

此后几十年，没人敢提劈开砥柱天险以通漕运之事。直到开元年间，李齐物任陕郡太守，因砥柱天险阻碍漕运而食不知味、睡难安枕。他十几次亲临砥柱考察，临渊涉险，拿出前无古人的开凿方案，报与皇帝。"李大胆"的奏折获准。

李齐物破砥柱天险的方案集褚朗、杨务廉的方案于一体，就是既凿河，也凿挽道：在三门峡北岩石中凿河，开其山巅为挽路。凿山破石，采用当时已被普遍应用的"烧石沃醯"法，就是用烧石浇醋的办法分化石料，凿出河道。工程的艰苦程度由此可见一斑，也可见唐王朝开发黄河水运以通漕的决心和意志。

这条"新河"是在人门北岩石中凿出，河身微西北东南倾斜，全长280余米，两壁陡立，上口比河床稍宽。新河的南端正当人门的入口，北端是人门的出口。《旧唐书》记载道："陕郡太守李齐物，凿三门山以通运，辟三门巅，逾岩险之地，俾负索引舰，升于安流，自齐物始也。"新河收到了"便于漕运"的效果,不仅可以避开激流,确保航运安全,并且还节省了大量人力、物力,溯河西运的漕粮也大为增加,"岁省运夫五十万,久无覆溺淹滞之患,天下称之"。

河成后无定名,《唐会要》《旧唐书》称之为"渠";《通典》称之为"石渠";《通鉴》称之为"三门运渠";《新唐书》称之为"新河";《开天传信记》称之为"天宝河"。因为该河凿于唐开元年间,史称"开元新河"。

开元新河使唐都长安与华阴、陕州、洛阳连成一线,不必再用牛车倒腾,天下财富尽可经漕运顺利抵达长安。至唐中叶,经中原大运河输往长安的漕粮达四百万石,"汴水通淮利最多,生人为害亦相和。东南四十三州地,取尽脂膏是此河",造就出百年盛唐。

三门峡人工栈道

三门峡上的这一段黄河漕运人工栈道,实际上一直延续到20世纪

147

50年代三门峡大坝修建以前，七八十年代还能看到它的遗迹。河身南北向，很直，全长280余米。河身宽约7米，河身高度（河底至河岸的距离）5~10米，两壁陡立，壁面错落不平，显然是凿出后没有打磨装饰。面对三门峡黄河古栈道，面对栈道下这样的"新河"，面对如此恢宏的历史画卷，我们不能不点燃一炷心香，献上我们的敬意，这里镌刻着古人的丰功伟绩，飘荡着他们永不消散、不屈不挠的灵魂！

开元新河凿成，应该将山西纳入中国运河省份。它的凿成，使陕、晋、豫交会处的百余里黄河成为陕境运河与豫境运河的连接线，连接起了陕境内汉渠与豫境内通济渠。黄河是自然河流，但栈道上的那些印痕无声地证明，它得益于人工建设，就像高速公路连接线也是高速公路一样，此段黄河具有人工运河性质，晋是实至名归的运河省份。

开元新河通向中原，中原运河通向江淮，江淮财赋通过中原运河输向京都长安，这使位居中原运河要津的汴州得以迅速发展，一跃成为当时著名的水陆大都会。后梁、后晋、后汉、后周四朝，包括从后周"杀"出来的北宋相继定都这里绝非偶然，原因之一就是大运河这条天下财富输送带的强劲牵引。

聚集起沿河而来的财富，唐王朝在继承隋代沿河而建的巨型粮仓的基础上，自己又新建起众多粮仓，完善布局，确保国家粮食安全，把饭碗牢牢地端在朝廷手上。

龙门仓、盐仓、集津仓……分布在河南境内运河沿岸，星罗棋布，鳞次栉比，盛装着唐王朝的繁荣，盛装着唐王朝的强大。

这些粮仓的建设，与永济渠渠首流变，唐王朝推行水陆联运，确保京都漕运有关。

隋帝杨广开筑的永济渠渠首段经流的时间很短，可能就几年，最多十几年，就被放弃了。弃之不用最主要的原因，是渠首段运道向西绕道太远，沁水受黄河影响太大，太易于淤积，运行不畅。唐王朝初年，永济渠南端起始点改到了新乡境黎阳仓附近的淇门。南来漕船横渡黄河后靠岸，陆运至黎阳仓附近的运道沿岸，再进入永济渠北运。这样的水陆转输，就需要仓储来帮助倒腾，粮仓也因此密布起来。

到了中唐时期，唐玄宗信任的裴耀卿"依仓转输"，虽然看上去暂时提高了运输效率，但也使得汴州的漕运战略地位无形中急遽上升。长安的漕运如此艰难，还能做京都吗？这样的无声怀疑，被转输马蹄车辙深深地印在了历史之道上。等到唐末黄巢起义时，"既将此东南区域之经济几全加破坏，复断绝汴路、运河之交通，而奉长安文化为中心、仰东南财赋以存立之政治集团，遂不得不土崩瓦解"。开封取代长安，成为中国此后二百多年间政治文化中心，正是由大运河漕运暗中推动完成的。

依凭大运河得以迅速发展的不只有位居要津的汴州，沿岸城镇也连片崛起、强势发展，中原经济迎来了高光时刻。

"世界的历史，即城市的历史。"运河文明史就是运河沿线城市诞生、成长、发展史。运河文明的精华就集中于运河城市中，然后以运河城市为中心枢纽延伸到中国社会文明机体的末梢与细部。

运河城市的出现与形成，还有一个鲜明的特点，它们不会单独出现，一定是间距相差不大成群出现，可以称之为运河城市群。隋唐大运河一般都是穿城而过，甚至，因为运河流经，人们至两岸聚集生活而有了城。百姓夹河居住，呈现着城市因河而兴的历史轨迹。如果说隋唐通济渠是一条碧绿而柔软的彩练，那么，洛阳、陕州、偃师、巩义、荥阳、郑州、商丘……就是镶嵌在这条彩练上的城市群落明珠，璀璨夺目。

城市群，也称都市群、都市带或都市连绵区，是当代概念。根据相关研究，衡量城市群一般有五条标准：区域内有比较密集的城市；有相当多的大城市、中心城市与外围地区的经济社会联系十分紧密；城市间有通畅便捷的交通；人口达到相当大的规模；属于国家的核心区域，并在国际联系中起到交往枢纽作用。拿这五条去衡量，抛开一些历史因素和发展阶段的差异，借助运河文明在水文、商业、航运方面的共同性，至唐王朝，通济渠、永济渠沿岸茁壮成长的城市，是中国古代横贯东西、西北的"主干大街"，构成中国古代巨大的城市群。这些城市群中的不同城市，在社会结构、生活习俗、道德信仰以及人的性格方面，有着鲜明的运河烙印，是运河文明基因的物化与再现，可以以"运河气质"来标识。

这个城市群，以洛阳为中心，形成了一个相当成熟、多层级、辐射全国市场的经济体系。运河城市群，极大地促进了中国内部在人口、物质、信息、生活方式与价值观念等方面的交换和交流，这对于改变专制体制下日益僵化与保守的社会文化结构，使其在生态上实现多样性、在实践中走向多元化成为可能。这是大运河对中国社会的巨大影响和深刻塑造。

洛阳。

出于对隋帝杨广的痛恨，李世民曾下令捣毁洛阳宫阙，坐上皇位之后，又废洛阳"东都"之称。然而，洛阳就是洛阳，以它无可比拟的山川形胜、不可替代的独特位置，成为运河之滨火烧不尽、水淹不灭的神奇存在，以为是没落了，爱搭不理，可用不了多少时光，又于人们不经意间再次崛起。高宗显庆二年（657年）复称东都；武则天临朝，改称神都；玄宗称洛阳为东京，肃宗罢东京，称东都；高宗七到洛阳，称长安、洛阳为他的"东西二宅"。唐皇的恩宠，使洛阳想不繁华都难。

洛阳运河畅达、便捷，经济繁荣。为了适应漕船停泊需要，在洛河北岸、瀍河下游，引漕渠，开新潭，以供诸州租船停泊，人声熙攘，贿货山积。

陕州。

陕州是仰韶文化核心区、华夏文明重要发源地。它连接长安和洛阳，是关中与关东的咽喉、关系国运的命门。因为砥柱的阻挡，向长安的漕运不畅，不得已，在三门峡以东修集津仓，以西修盐仓，两仓之间在黄河北岸修 18 里陆路，漕船行至集津仓，由陆路运抵盐仓，再继续由漕船沿汉渠运往京师。用"驳"的方法绕过中流砥柱。

一个流程的速度是由最慢的那一环节决定的。卸船装车，卸车装船，车舟劳顿，人困马乏，苦不堪言。

开元运河的开通，使陕州作为运河要津的地位空前突出，而其经济在运河的拉动之下迅速崛起，每年运往长安的漕粮保持在四百万石左右，每一石，都得过"门"，千船过尽万船来，商贾人流，振兴一方经济。

偃师。

武王伐纣，凯旋班师洛邑，"息偃戎师"，"偃师"由此横空出世。清朝郭楠卿在《偃师西境古迹考》中说："人知偃师之西境邻于洛阳，而不知洛阳之旧境实半绾于偃师。"隋唐大运河中心在洛阳，而偃师就在"中心"里。偃师的土层里是华夏文明的沉厚地气，通济渠掘挖出沉淀，并为偃师注入了新的血液，由此升腾成昌盛的图景。

运河水不停地流着，流过偃师。运河上人来人往，热闹非凡。但任何一个从偃师经过的人都知道，即使他路经此地千百次，这一座城市，或者说这一座城市码头，既不是起点，也不会是终点。逆水而上的人的终点是京城，顺水而下的人的终点是江淮。然而，无论是逆水而上还是顺水而下，过偃师的心情却是如此一致的愉悦，这实在是羁旅之途中罕见。或许就因为偃师在具象化的首都权力中心门外，却在京师经济圈内，有京都的繁华就有偃师的繁华。还有比这更令人欣喜的事吗？

偃师，运河造就的京东第一福地。

荥阳。

通济渠出巩义流来，荥阳牵索水、汜水潺潺流波汇入，处于西望京都洛阳、东连大梁天下漕运的要津位置，"前路白云外，孤帆安可论"。荥阳因河而兴旺起来，迎来了发展的高光时刻，远去了天下龙战的金戈铁马，成长为唐王朝实力雄厚的城镇。来往的客商，赶考的学子，求职的士人，调迁的官吏，观光的游客……成群结队，无不在古荥泽驻足，他们带来各地特产、奇珍异宝，在此交易，再将这里的物产带向天下，荥阳经济昌盛起来，昌盛成王维笔下的"河曲闾阎隘，川中烟火繁"，"秋野田畴盛，朝光市井喧。渔商波上客，鸡犬岸旁村"。荥阳成为全国名城，它富冠海内的原因，就在于近运河，在于优越的地理位置。这样的位置造就了荥阳经济繁荣强盛，也造就出这片土地上的豪氏望族、阀阅门第，出自荥阳的郑氏是唐王朝七大望族之首，唐代郑氏宰相13位，其中出身荥阳郑氏的宰相12位，荥阳郑氏中任尚书、节度使、刺史的比比皆是，时人称"郑半朝""满床笏"。他们有着家门前流过的大运河的圆融豁达、智慧节操，或勤政于朝堂，或教化于郡州，或建功于关隘，或开拓于边陲，为国家稳定、经济繁荣、文化昌盛，建功立业。

郑州。

郑州，作为地名，一直潜藏在管国、郑国的垣墙里，潜藏在荥阳的历史皱褶里。隋开皇初改荥州为郑州，从此，郑州跃上文明史的舞台，绵延至今。

隋王朝不仅给了郑州地名，同时还给了区域境内19公里长的通济渠。始于鸿沟水道，西连洛阳通长安，东接淮河达杭州，将郑州提升至大运河中心、国家漕运要点的位置。我们知道，城市与乡村的区别就在于城市社会脱离农耕文明日出而作、日落而息的自然节奏，以特有的社会组织形式聚集起超量的"人气"，以这样的"人气"确立生活节奏；特别是，人与人之间不是依靠自然发生间接联系，而是通过商贸、交易而直接发生连接。直接连接的背后是商品。商品的形成是人与自然力量的结合。也就是说，乡村社会向城市社会的迈进需要借助自然力量的推动，但这种自然的力量已经不是自然的"常态"力量，而是自然的"突变"力量。大运河传送着这种"突变"力量，将郑州"突变"成为国家物资枢纽中心，一座经济繁荣的城市巍然崛起。

至唐朝，郑州运河要道的优势更加凸显，是唐都长安、后来的东都洛阳，通往江淮、齐鲁的必经之地，运河边管城驿兴起，成为洛阳至汴州间的唯一大驿站。车水马龙，熙熙攘攘，千帆过尽万船来，造就经久不衰的繁华。

宋州。

宋州，今河南商丘一带。《史记》记述，汉梁孝王刘武"筑东苑，方三百余里，广睢阳城七十里，大治宫室，为复道，自宫连属于平台三十余里"。梁园建成，轰动天下，当时的大文学家司马相如、辞赋家枚乘都在这里与梁孝王一起吟诗作赋，吹弹歌舞。梁园辞赋，为汉大赋先声，"天下文学之盛，当时盖未有如梁者也"。

《元和郡县志》中《河南道·宋州》将宋州的来龙去脉、前世今生交代得更加细致："武王封微子于宋……秦并天下，改为砀郡。后改为梁国……隋于睢阳置宋州，大业三年又改为梁郡……武德四年讨平王世充，又为宋州。"

宋州所辖的宋城、宁陵、柘城、谷熟、下邑、砀山、虞城七县，全在通济渠旁，这在河南是头一份，没有任何一个地市有宋州这份优势。通济渠的开筑、穿越，愈发显示出宋州的重要性，襟带河济，屏蔽淮徐，争在中原，未有不以宋州为腰膂之地。西到京师，南达江淮，北至幽燕，漕运商旅，八方辐辏，粮商、盐商、茶商、丝商、陶瓷商等汇聚于此，使宋州喧闹成为豫东商贸重镇。宋州运河故道出土瓷器数量之多、窑口之众、品种之丰富，证明着其运河枢纽的地位，是这样的地位造就出一座繁华的商业都市。这里舟车往来，络绎不绝。每当夜幕降临，睢阳城里酒肆茶楼高朋满座，灯火通明，歌舞相伴，喧声市廛。"昔我游宋中，惟梁孝王都……邑中九万家，高栋照通衢。舟车半天下，主客多欢娱。""舞影歌声散渌池，空余汴水东流海。"

巩义。

巩义是被大运河塑造出来的城市中较为杰出的一个。

通济渠、黄河、永济渠，众水左缠右绕，扎扎实实地编织了一个巨大的"中国结"，结点就是巩义。

春秋以来，这里是朝廷重要的兵器锻造基地，冶炼技术极为发达；这里拥有陶瓷烧制最重要的陶瓷胎料、釉料资源；北魏迁都，不仅有工于雕凿的石窟匠人来到中原，相伴随的还有大批技术娴熟的窑工，他们会聚于黄河南岸、邙山岭下、伊洛河之北、大力山旁。悠久的工艺传统、丰厚的自然资源、独特的窑工人才，三者历史性相遇，注定了巩义将有一番辉煌的文化生成。

身怀绝技的窑工在得天独厚的巩义圈起窑口，他们舀一瓢黄河水，搅一捧陶泥土，摔打，再摔打，放到运河水推动的转盘上，旋转成西周青铜器的模样，捏塑成更久远的仰韶土陶器的造型，注入二里头文明的精魂，堆码进用黄泥盘成的龙骨窑中，点燃炉膛里不断续进的邙山山柴。带着风的呼号，熊熊炉火将一件件本色的窑器煅成金色，金色的窑器在火焰噼噼啪啪的炸响中涅槃，涅槃成陶瓷的大美。

匠人们在火红的窑火与迸裂的残片里反复试烧，有白色瓷胎在火焰冷却后偶然也必然地生成，巩义窑火托举起胎面挂透明釉的白瓷，回报给为此历经千辛、尝遍万苦的窑工。这是巩义窑的第一次亮相，一经亮相，非同凡响，一举开创中国白瓷之先河，由此奠定了其在北方白瓷领域的领先地位。

白瓷，洁白如雪，恬淡如云，质朴无华，浑然天成，呈现出无与伦比的自然之美。白瓷始于北周，惊艳于隋唐，惊羡于巩义，表达于中国，于是有了"中国白"至尊之名。"巩县茶瓶吃一槌，击碎饶州白瓷碗。"

以巩义窑为代表的北方白瓷的出现，标志着中国陶瓷制瓷技法的新进步，改变了自汉以来青瓷一统天下的格局。重要的是，它很快与人们的日常生活紧密地联系到了一起，以它的洁白纯净，极大地提升着人们的生活品质；更为重要的是，白色之上，可写最新最美的文字，可画最新最美的图画，这为日后绘彩观赏瓷的诞生，拓展出无限的想象空间，提供着深邃的思想启迪，奠定了最坚实的物质前提。也因此，彼时的巩义窑，很快成为中国北方制瓷业的主流，以它的原创性，对以洛阳为中心的周边窑口产生了极为深远的影响。

在中国的地理版图上，有一条横贯东西，从甘肃敦煌出玉门关，由新疆连接中亚、西亚的通道。19世纪的德国地理学家李希霍芬认为，丝绸是汉唐中国与中亚、印度间贸易的重要媒介。汉武帝时期两次出使西域的张骞用双脚踩踏出的这条通衢大道，就有了"丝绸之路"的美名，辉煌于世。

丝绸，既是中土对外贸易的精美商品，又是联结黄河文明与西方文明的纽带。

八百多年过去,伴随着巩义白瓷、伴随着北方制瓷业的快速崛起,丝绸之路上,不只有丝绸,又多出了一种神奇的物品——瓷器。

瓷器沿着西去的丝绸之路,走向西域,走向中亚,走向更遥远的欧洲。

不仅如此,中原大运河的畅通,使瓷器沿着东去的丝绸之路从洛阳登船,大运河拉着它向海路延伸,进入南亚,驶过南海,穿越马六甲海峡,进入印度洋,延伸向中东,延伸向更远的非洲大陆。

陆上丝绸之路、海上丝绸之路,在中原、在洛阳历史性交会。驼背上堆满丝绸,远洋的船舱里堆满整筐整筐的瓷器,从运河码头上船,驼峰叠印着船帆,驼铃和着桨声,西去南下,商旅迢迢,召唤远方。丝绸之外的china(瓷器)逐渐成为东方文明古国的代称,一直沿用至今。

胡人、大月氏人……宽袖长袍,他们或成群结队,或三三两两,牵着满载西域奇珍异宝的骆驼,穿行在运河之都洛阳林立的商铺间、熙攘的人群中,或浏览风光,或驻足交易。这是一幅盛世的经典图景。

中土各类艺人以他们天才的艺术眼光,捕捉这一经典场景,或绘于墙面之上,或凿于石窟之间,毗邻洛口仓的巩义窑工匠们则将之塑成陶俑、捏成陶品,置入窑炉。火焰光华将它们定格成永恒。

丝绸之路如纤绳,骆驼像纤夫,坚韧不拔、不知疲倦地拉动着中西文明交流之舟。骆驼们迷恋运河的繁华,在运河边的巩义窑前止住了奔走的脚步,纵身一跃,跳入窑炉,炉膛里的火焰将它们涅槃成三彩陶器。陶瓷史上的一朵奇葩——唐三彩,由此在巩义神奇绽放,毫不意外地托举起一个陶瓷的新时代。

双峰驼俑,上有毡垫,周身以黄釉作为主色调。颈上曲,驼首上昂,张嘴作嘶鸣状。背上垫花毯,双峰之间搭兽面托囊,囊的前后有丝绢,丝绢上系有小口瓶。牵驼俑的胡人高鼻深目,足穿长筒靴,立于踏板,有的

卢舍那大佛

神态自如，有的表情庄重，形象写实，活灵活现。

运河吹来的风裹挟着沙漠的热情，激烈蒸腾；各式各样的陶俑如仪仗，阵列窑炉；炉火照耀下，贵妇文吏、胡商伎人，随行骆驼，浓淡绿色斑驳淋漓，裹挟着万里风尘，无不闪着盛唐光泽。

唐朝，疆域巩固，文化昌盛。来自西域的骆驼烈马和剽悍胡商，与大唐流行的丰满阔硕的艺术相得益彰，穿越沙漠而来的钴蓝彩料成为唐三彩上最珍贵的颜色。三彩，是盛唐国运的表征，也是中原地区与世界贸易、文化交流的结晶。

唐高宗上元二年（675 年），历时三年九个月修筑的卢舍那大佛在龙门石窟落成。佛像通高 17.14 米，头高 4 米，耳长 1.9 米。大佛面部丰满圆润，头顶为波状发纹，双眉弯如新月，一双秀目微微凝视下方，露出祥和的笑意。坊间盛传这就是武则天 48 岁时的容貌再现，充满着母仪天下的慈祥与温婉。

卢舍那大佛落成的消息被穿行在运河上的遣唐使们传到东瀛，极为崇拜武则天的日本光明皇后，力劝圣武天皇下令造佛，749 年，在日本当时的京城平城京（奈良）东大寺建成了卢舍那大佛的铜像。

753 年，由藤原清河率领的日本第十一批遣唐使团抵达长安，完成了出使大唐任务，从神都洛阳天津桥码头登船，经通济渠到达明州（治今宁波），计划从海上回国，同行的还有日本著名遣唐使阿倍仲麻吕。临行前，阿倍仲麻吕连夜乘船赶到扬州大明寺，邀请大名鼎鼎的鉴真和尚一起东渡。

此时的鉴真，经历过五次东渡的失败，双目已经失明，日本使团将其藏在二号船上偷渡出海。经过四十多天的颠簸，终于抵达日本福冈，轰动了日本朝野，成为中日佛教文化交流的大事件。随船运抵的就有大批巩义窑烧制的唐三彩瓷器珍品，这些珍品成为后来日本匠人临摹仿烧的标版。

意外的是，费心费力撺掇鉴真东渡的阿倍仲麻吕所乘的一号船在海上撞到了礁石，失去方向，随风浪漂流到了安南，无奈只好历经艰辛重回大唐长安，直到离世。

熙熙攘攘的运河边，灯火通明，行船的号子声此起彼伏，飘荡在运河之上。在洛口仓装满瓷器的货船，从这里出发，有的沿黄河经永济渠，横穿华北大平原，经渤海湾到新罗；有的经通济渠直抵明州，从长江口出海通往日本；有的转泉州去往东南亚和南洋。唐三彩携带着开窑时的惊艳与美丽，走向了更远的远方，在全世界留下它艳丽的颜色和动人的风采。

1998年，在印度尼西亚勿里洞岛附近的一片海域，一艘巨大的沉船被发现，因发现地靠近一块黑色大礁岩，这艘船被命名为"黑石号"。后来从沉船中打捞出的唐代瓷器多达67000件，几乎囊括了唐代南北方最为著名的窑场的产品，碗、执壶、杯、盘、罐、熏炉等各种器型汇聚于此，每一件都是罕见的艺术珍品，其中就有大量的巩义窑三彩。

三彩飞雁荷花纹三足盘

在中国陶瓷文化史上,三彩几乎成了盛唐文明的代名词,尤其在贞观之治之后,经济繁荣,生活富足,厚葬奢靡之风盛行,唐三彩作为重要的陪葬冥器成为殡葬规格高低的标准。当时的巩义窑,因为承担两京之地重要的唐三彩瓷器供应,而走向了它的高光时刻。

然而,权贵阶层的奢靡厚葬之风给帝国王朝带来极大的浪费和贪腐,百姓不堪重负。武则天之后的几代皇帝都有意遏制但收效甚微,直到开元二年(714年),唐玄宗李隆基正式发布诏书:"缘丧葬事,非崇旧德,别有处分,不得辄请官供。"

严令之下,唐三彩陪葬之风才逐渐偃旗息鼓,加上晚唐以后,朝廷内忧外患不断,经济衰弱,王朝走向没落,出身铅陶釉的唐三彩瓷器更是因为熔点低、实用价值不高,以及明显的冥器标签而失去了市场。

但这一点也不妨碍我们这样来评价三彩和运河:在中国的历史长河中,中国三彩品种之全、造型之准、功能之多、纹饰之繁、色彩之华无不传递着丰富的历史信息,尤其在三彩文化中所表现出来的开放包容,正是运河价值的一部分,造就了三彩的气象万千,极具浪漫盛世光芒,成为世界陶瓷史、美术史伟大的里程碑。

遭遇政策严冬,巩义的三彩工匠们,有的顺着运河远走他乡,另谋生路,让三彩在中原其他地区开枝散叶成为可能。

也有的留了下来,在苦苦思索和反复试烧中催生一种新品瓷器的偶然天成,取代已被时代冷藏的唐三彩。

也许是工匠在白瓷上的随手一画,也许是太过怀念三彩,在试烧新瓷时抹上三彩中的一道蓝釉,谁承想,一种新的瓷种——青花瓷在巩义窑耀眼于世。因诞生于唐代,史称"唐青花",以与后世的元青花相区别。

充满着匠人巧思和技艺发展的唐青花,成为大唐王朝国际贸易和文化交流的一张新名片。今天出土的唐青花不少都有芭蕉叶形状的植物纹,而盘心纹饰多以菱形为中心绘花叶纹样,属于典型的中亚装饰纹样。这些珍贵的宝物,在经过漫长的海上旅行后,到达西亚乃至地中海地区,成为中西文化交融的重要佐证之一。"黑石号"沉船上数以万计的中国瓷器向世人展示了独属于唐朝的热烈和辉煌,其中有三件完好无损的青花瓷盘,经专家鉴定,均出自巩义窑口。

所谓世事难料,唐末黄巢率领的农民起义军对来自中亚、西亚地区的胡人商旅无辜杀戮,通向中原的丝绸之路被阻,青花钴料的货源渠道、销售网络也随之中断,尚处于萌芽期的唐青花,如同它的前辈唐三彩一样,最终在中国古代陶瓷史上昙花一现,留给今人的只有深埋地下的些许残片和一帘幽梦。

当蒙古人建立了具有国际视野、国际贸易的大元帝国后,大批钴青原料得以从西域重新进入中原,加上本土青料的陆续发现,青花瓷才以元青花的名义再次大张旗鼓走进了人们的视野。

从中亚、西亚到地中海沿岸，从印度的西海岸到东非的东海岸，沙漠的沙砾与海上的风在运河之滨汇聚，沙漠之舟与运河之舟，播洒属于巩义窑的色彩，带回了世界欣羡的目光。

时光如惊鸿一瞥，又如白驹过隙。此后百年，唐末藩镇割据的混乱持续到了五代十国，把国家政治舞台中央的"军人干政"演绎到极致。954年，后周世宗柴荣即位，深谙长期战乱给百姓带来的疾苦，他站在逝者如斯夫的大运河畔，萌生出"悯黎民之劳苦，盖有意于康济矣"的恻隐之心。

那一年，创制柴窑的官员请旨官方瓷器的形制和颜色，"世宗批其状曰：雨过天青云破处，者般颜色作将来"，天青色自此成为后周以及大宋王朝官窑的主流色。而位于柴窑新贵附近的巩义窑，以及整个河洛地区的窑场，面对王朝新宠五大官窑的崛起，在运河的注视下，从舞台的中央默默地沉寂于属于自己的那个角落。

白瓷、唐三彩、唐青花，在巩义从创烧到鼎盛，再由盛到衰、烟消窑冷，是一道历史的抛物线；大运河在中原诞生、发展、巅峰、衰退、消失，也是一道历史的抛物线。仔细观察这两道抛物线会发现，它们惊人地重叠，重叠在悠悠古洛口，令人感慨历史的传奇。虽然它们只有一段神话莫名的共振时光，但它们一起散发出的文化魅力、艺术魅力，却永恒闪耀在中国大运河的历史深处。樯橹远去，王业成烟，唯一不朽的，只有文化的传奇。

依凭着畅通的大运河，至韦坚为唐王朝水陆转运使时，曾将中原运河的运量增加到年400万石，达到唐代汴河漕渠运量顶峰。

"海陵红粟，仓储之积靡穷"是骆宾王所作《代李敬业传檄天下文》中的话。因堆积年数多了，粟变成了红色。海陵的红粟，仓廪的储积，无穷无尽，骆宾王以此声讨武则天统治下的唐王朝一味搜集囤积。但换个角度看，也可见出唐王朝仓满库盈。

当然，无论有多少仓城，储藏多少粮食多少财富，也无论曾经多么繁荣昌盛，都经不住、抵不了国家政治日甚一日的腐败，且唐末运河，不能把军事政治重心与经济重心联系起来，终于酿成"霓裳一曲千峰上，舞破中原始下来"，"渔阳鼙鼓动地来"。天宝十四载（755年），安史之乱横扫盛唐。

首都长安12万从来没有打过仗的常备军，根本不是常年与匈奴磨砺的叛军的对手，天宝十五载（756年）六月，潼关陷落，玄宗奔蜀，留太子李亨经营中原。临行前玄宗告诉太子："西戎北狄，吾尝厚之，今国步艰难，必得其用。"

西戎，实力最强的是吐蕃；北狄，实力最强的是回纥。李亨成为唐肃宗之后，立即派人出使回纥，向这漠北最古老的民族之一请兵平乱。为了让回纥出兵，保住摇摇欲坠的李家江山，早日收复长安、洛阳，肃宗与回纥约定，克城之日，"金帛、女子皆归回纥"。长安克，回纥要求履约。这时太子李豫提出，如果此时入城抢劫，百姓必定会与叛军结为一起死守，攻克东京就难了，不如先拿下洛阳，在洛阳履约。回纥人知道，比起日趋羸弱的西京长安来，大运河滋养下的东京洛阳更加富裕，能在洛阳动手，回纥人喜出望外，格外兴奋。就这样，"及收东京，回纥遂入府库收财帛，于市井村坊剽掠三日而止，财物不可胜计"。《旧唐书》为掩盖皇权罪行，用词温和，"入"府库，"收"财帛，于市井村坊"剽掠"，不见一点血腥气，《资治通鉴》捅破这层掩盖："回纥入东京，肆行杀略，死者万计，火累旬不灭。"

大唐的国运系于运河，然而，安史之乱中遭受破坏最严重的恰恰是漕运。强兵悍将伺机在运河上袭取漕粮，运河屡被切断。"自安禄山作乱，关、洛路阻，漕运溯江入汉、抵梁、洋，故汴渠湮废不治"，以致"自兵兴以来，凶荒相属，京师米斛万钱，官厨无兼时之食，百姓在畿甸者，拔谷揉穗，以供禁军"。

国难当头，历史呼唤英杰人臣力挽狂澜。领度支盐铁转运租庸使及东都、河南、江淮等道转运租庸盐铁使等职的刘晏被时势呼唤出来，他奔赴漕运一线，筹集、押运粮食、物资，为朝廷纾困解难。离开京城前，刘晏拍着胸脯向当朝皇帝代宗李豫保证："见一水不通，愿荷锸而先往；见一粒不运，愿负米而先趋。"

运河淤塞地段，刘晏征夫丁日夜疏浚；易受威胁的重要运段，刘晏请兵在两岸设置警卫。刘晏焦心苦形，三月不脱衣服，不安席枕，终于开通了淮汴漕运。

接着，刘晏制定出较完备的战时漕运制度。"每船受千斛，十船为纲，每纲三百人，篙工五十，自扬州遣将部送至河阴。"河阴以上，组织专人用竹、麻绳拉船。又根据江、汴、河、渭各段水情的特点和船夫对各段航道熟悉程度，实行分段转运。规定"江船不入汴，汴船不入河，河船不入渭；江南之运积扬州，汴河之运积河阴，河船之运积渭口，渭船之运入太仓"。这既保证了行船安全，提高了运输效率，也大大减少了运费和损耗。

然而，无论刘晏怎样能干、怎样努力，都无法拯救安史之乱后唐王朝的衰退。

大唐帝国的北方地区大多落入割据的藩镇之手，并和河北地区不受中央节制的藩镇势力相呼应，抢劫汴河漕运，"汴州大将李灵耀反，因据州城，绝运路以邀节制"。争夺运河、控制漕运的斗争在唐廷与地方藩镇割据势力之间激烈地展开。

为扼守中原，保证汴河漕路畅通，朝廷调兵遣将，重兵防守，当长安与江淮间中原运路渐渐被打通，江淮锦帛在朝廷的翘首盼望中从通济渠上运来，军士们终于穿上换季衣服。当三万斛粮食运到陕州的消息传到长安时，唐德宗喜极欲狂，对太子说道："米已至陕，吾父子得生矣！"

德宗的一时之喜掩盖不了李唐王朝的悲哀。晚唐，藩镇割据势力越来越大，一个接一个反叛，唐懿宗咸通九年（868年），由徐州、泗州调往西南边陲抵御南诏入侵的藩镇军队因为长期戍边而心生不满，趁乱杀都将，推判官庞勋为首北归，自桂林一路烧杀抢掠返回江淮，所经之处，千里扫地一般干净，民不聊生。年底，他们在淮口一举歼灭唐军三万，又向北攻围寿州（今安徽寿县），截断江淮通道，直接导致通济渠彻底中断。尽管起义军一年后被敉平，但被截断的运河终究是断了，给李唐王朝以致命一击。

中原通济渠大运河的灭顶之灾终于在唐僖宗乾符年间到来。王仙芝、黄巢起义，剑锋所向，耕织屡空，人户逃亡。

黄巢包围运河重要转运站宋州，以切断运河要津相要挟，随后沿中原大运河杀向首都长安。等待黄巢的长安，"京师食尽"。黄巢"以金玉买人于行营之师，人获数百万。山谷避乱百姓，多为诸军之所执卖"，人相食，起义军做起了买卖人肉的"生意"。一个个生命被毁灭，一座座城池被摧毁，撼动了大唐王朝的底座。

就在黄巢占领长安，大唐宗室留长安者几乎被杀绝时，以徐州为根据地的军阀时溥兴兵进攻运河与淮河的交汇点泗州，运河漕运再度宣告中断。无法西去的漕粮贡赋先后被高骈、杨行密、朱温等一众藩镇割据军阀哄抢一空，强极一时的庞大王朝像一个失血病人，脸色一天比一天苍白，四肢一天比一天乏力，除了苟延残喘、望河兴叹，再无计可施。

及至杨行密占据淮甸，自甬桥东南决汴，永济渠汇为污泽，不能用来航运，漕路彻底断绝。

"夫黄巢既破坏东南诸道财富之区，时溥复断绝南北运输之汴路，借东南经济力量及科举文化以维持之李唐皇室，遂不得不倾覆矣。"

907年，存活二百余年、中国历史上最鼎盛的大唐帝国被运河的污泽窒息，"王业于是荡然"。

大唐王朝，寿终。但，不能正寝。

没有一个专制独裁家天下的王朝能够"正寝"。如果能"正寝"，就不会"寿终"。

随着政治中心、经济中心地位的失去，长安，逐渐断绝了与大运河的联系。望春楼下广运潭上的盛大庆典，既是序曲，也是终章。

大唐历史，最后凝结在洛阳运河上的天津桥：880年，腰挂长剑的黄巢占领洛阳，威风凛凛地站在天津桥上，桥下是血色运河，桥上是满城尽带黄金甲；二十天后，他率领的农民起义军攻破长安，迫不及待地登上留着唐皇体温的龙椅，升起"大齐"龙幡。只是疯狂的农民理想主义没能救百姓于水火，反将他们推进无边的血腥，大齐政权被这样的血腥吞噬。惨败而终的黄巢侥幸逃至洛阳天津桥，在站立过的桥头驻足，留下了他最后孤独而苍茫的身影："记得当年草上飞，铁衣著尽著僧衣。天津桥上无人识，独倚栏干看落晖。"

第七章 大宋宝带

魏国凿鸿沟，经大梁入淮水，一条大运河将大梁滋润成煌煌国度。秦灭魏，毁大梁，运河湮，开封从此沉睡，一睡就是七八百年。隋帝杨广开筑通济渠，激活了鸿沟、汴河，也激活了开封。唐朝后期，战争绵延不绝，千年都城长安衰落了，千年都城洛阳衰落了，开封却依凭运河强势崛起，重现淤泥下的昔日繁华，甚至更为繁华，终于自五代开始取代长安、洛阳，成为梁、晋、汉、周四朝的国都。惠民、金水、五丈、汴水等四渠，如四条宝带，派引脉分，会于开封，缠绕汴梁，舳舻相接，赡足大邑，以无匮乏，最重要的是它把汴梁与四海九州联系在了一起。宋王朝用大运河作针线，将破碎的国土连缀成大宋版图；；用大运河作甘霖，浇灌出五谷丰登，锦绣繁荣，浇灌出世界上最大的都市；；用大运河为国际水道，鼓励国内和海外远程贸易，分四路招致海南诸蕃，京都居中，畅通天下，水上的风帆橹桨将大宋王朝的自由之风和绚烂璀璨的文化传遍世界。

扫码探寻
- 图解千年运河
- 镜头下的运河
- 运河文化珍藏
- 中华水系之美

安史之乱后，大唐皇土，藩镇割据，"唐室既衰，五季迭兴，五十余年更易八姓，宇县分裂，莫之能一"。

代唐自立的朱温，起家于洛阳以东最为重要的大运河转运站之一——汴州，自然渴望紧紧握住运河在手的优势，便利地获得江南财赋，支撑并光大新的中原王朝。然而，限于由他开创的后梁的实力，向北受制于沙陀人建立的后唐，向南进攻淮南屡战屡败，无可奈何中收缩野心，退而求保豫鲁残缺河山，自然无法恢复东西方向的大运河，只能在自家门前的这一段运河上苦心经营。

后晋石敬瑭定都开封的诏书说："当数朝战伐之余，是兆庶伤残之后，车徒既广，帑廪咸虚。经年之挽粟飞刍，继日而劳民动众，常烦漕运，不给供须。今汴州水陆要冲，山河形胜，乃万庾千箱之地，是四通八达之郊。爰自按巡，益观宜便。俾升都邑，以利兵民，汴州宜升为东京，置开封府。"

在五代割据混战的半个世纪时光中，中原大运河始终处于被截断状态，直至后周世宗柴荣励精图治，彻底扫平淮南，中原运河的畅通水道才达到这个时期的最大长度。

后周王朝对运河的热爱，超过这个时期所有王朝政权。仅巡查河堤就已经成为制度。他们在汴口立斗门，控制黄河水势对汴渠的影响，疏浚汴河，向开封东北开五丈河，又自城南引汴水入蔡河。于是以汴河为枢纽连接济水，使山东的漕船直达开封；疏浚通济渠南端和山阳渎，确保黄河与长江的沟通；疏浚蔡河，使京都开封南达寿州。畅通的运河水运，使开封"华夷辐辏，水陆会通"，"工商外至，络绎无穷"。

五代用五十余年，走马灯似的换了十几位皇帝，极致诠释了"天子兵强马壮者为之"的含义。尽管中原大运河在这争夺江山五十余年的搏斗中还畅通着，但终究是乱世中的挣扎。幸运的是，忠臣义士多出于乱世，面对艰难的世界，他们远取诸物近取诸身，仰观天文俯察地理，最终在难以觉察的暑移寒暑中发现了一条真理：久乱必治，天下势，乱久必合。

960年，"真命天子"终于出现。这一年，功勋卓著的后周殿前都点检、宋州归德军节度使赵匡胤在一群跟自己一起出生入死的兄弟的拥戴下，率部迎战兴兵南下的辽、北汉，到陈桥驿转了一圈直奔大梁崇元殿，行禅代礼，由宰相扶升殿，服衮冕，即皇帝位。因新帝起家于河南，节镇治所于宋州，是春秋时期宋国故地，于是号天下曰"宋"，建元"建隆"。

大宋帝国诞生了，结束了安史之乱以降中原的四分五裂。

乱糟糟的天下并不是一次黄袍加身就可以太平的。但宋太祖没有辜负天下渴望和平的愿望，在接下来的岁月里，他用十三年的时间，远交近攻，辅以仁厚爱人之德，先定周境，继平荆湖，灭后蜀，再取南汉。

后蜀、南汉两割据政权被消灭后，江南大国就剩下运河边上的南唐了。赵匡胤经过一番精心备战，恢复畅通大运河，于开宝七年（974年），发十万大军沿春秋战国时代的鸿沟、隋唐永济渠、周世宗疏浚过的山阳渎南下，直扑南唐都城金陵。

兵临城下，南唐后主李煜正在寺院里闭目虔诚地听和尚讲经。闻报，大惊。此时,李煜的整个身心在"打、降、跑"三策之中厮杀着,痛苦不堪,悲伤不堪。

留得民众在,让他们生生不息地繁衍下去吧。留得金陵在,让历史去评说千秋。如血的残阳铺满古老的城墙,天色乌青,唯有扬子江如金陵脸庞上的泪在无声流淌。暮色越来越浓。在这没有一点生气的黄昏,一个声音把城墙上所有的人都吓住了:"敞开城门!"

这是李煜的声音。这是李煜在南唐国王位上说的最后一句话。

迎着浓重的黑暗,开宝八年(975年),李煜亲率文武百官,出城投降:"最是仓皇辞庙日,教坊犹奏别离歌,垂泪对宫娥。"

南唐被灭,大势所趋。南唐近邻吴越王钱俶沿运河来到宋都开封,向宋太祖进献玉犀带,以示归顺。从此,江南太平。至此,除了北面的北汉、辽以外,唐后纷纷割据一方的小王朝烟消云散,大宋差不多算得上天下统一了。

手捧吴越王进献的玉犀带,宋太祖非常高兴:"一条玉犀带使富庶的江南免于战火,吴越王贡献大焉!"接着,宋太祖话锋一转,以政治家的气度说道:"朕已有四条宝带,你献给朕的算是第五条。"

钱俶闻之大惊:自己所献贡品,宋太祖早已有了!

宋太祖看出了越王的心思,大笑:"吴越王所献,朕很喜欢。朕所拥有的四条宝带与你献的这条毫不相同。京师平畴万里,四方辐辏,水网四通八达,这得益于历朝历代的不断疏凿,而本朝终得其利。舳舻连绵千里不绝的好处不仅仅是江河贡输而已,最重要的是它把帝京与四海九州联系在了一起。帝京身边富有汴河一条、惠民河一条、金水一条、广济河一条。漕运四渠使我帝国富裕、京都繁盛,这不就是朕的四条宝带吗?"

魏国凿鸿沟,经大梁入淮水,一条大运河将大梁滋润成煌煌国度。秦灭魏，毁大梁，运河湮，开封从此沉睡，一睡就是七八百年。隋帝杨广开筑通济渠，激活了鸿沟、汴河，也激活了开封。唐朝后期，战争绵延不绝，千年都城长安衰落了，千年都城洛阳衰落了，开封却依凭运河强势崛起，重现淤泥下的昔日繁华，甚至更为繁华，终于自五代开始取代长安、洛阳，成为梁、晋、汉、周四朝的国都。赵匡胤的核心势力范围与朱温、石敬瑭、刘知远等五代割据君主大体相同，都在汴州渡口一带。"惠民、金水、五丈、汴水等四渠，派引脉分，会于天邑，舳舻相接，赡足京师，以无匮乏。"宋太祖夺取江山，毅然决然地将大宋旗帜立于漕运枢纽的开封，用大运河作针线，将破碎的国土连缀成大宋版图。

定都开封，好处自不必说，然而，也存在巨大的战略地理缺陷。开封身处平原，无险可守，自太行山以东南下的骑兵可以直趋城下，使都城极易受到攻击，所谓"四战之地，天下有变，常为兵冲"。既然无险可守，那就"举天下之兵宿于京师"，"此所谓以兵为险者也"。此去不远的唐季五代以来军阀封建割据祸患不已，令大宋政权心惊肉跳，深虑安危之计，立国之始就采取"屯兵于内，连营畿甸"的策略予以防范，"京师者，天下之本也。强本者，畿兵耳。本固且强，繇中制外，则天下何患焉"，以致"国朝禁兵，多屯京师及畿内东南诸县"。

京师周围及沿运河两岸地区，尽是兵海军山，犹如一道又一道的铁箍，将京师箍得结结实实。

大宋立国之初两次北伐均告失败，未能夺回五代时被契丹人割取的战略要地燕云十六州，都城失去了必要的战略纵深。加上党项人控制的定难军宣布独立，自立为王，建立西夏政权。大宋王朝北边和西边都面临着戍守边关、防备边患的巨大军事压力。

京畿堆积重兵卫戍，边境屯兵戍边，军队规模因此大到惊人，据历史学家钱穆在《国史大纲》中推断，太祖时期有禁军20万，膨胀到仁宗时，这个数字已经升高到120万。仅军费一项，就要耗去财政年收入的一半以上。

尽管中原地区比较富裕，社会经济比较发达，但仅仅靠一个局部地区的财力物力支撑如此巨大的国家开支肯定不行，必须举全国之力，而其中最主要的是依靠江南，"东南奥壤，国家仰之如帑府"，"国家财用所出，尽在东南"。要将丰富、巨大的江南财赋输往京都，唯有仰仗漕运。

"今日之势，国依兵而立，兵以食为命，食以漕运为本，漕运以河渠为主……今仰食于官廪者，不惟三军，至于京师士庶以亿万计，大半待饱于军稍之余，故国家于漕事至急至重……有食则京师可立，汴河废则大众不可聚。汴河之于京师，乃是建国之本，非可与区区沟洫水利同言也……大众之命，惟汴河是赖。"

宋太祖敬重运河，登基之初便开凿、疏浚运河，舞动四条"宝带"，使开封成了与国都地位相称的天下之枢，八荒争凑，万国咸通。

对大宋帝国来说，汴河是自首都开封通向江南地区的主要水上运道，担负着大部分的漕运任务，漕运是运河的核心功能，年运额随朝廷靡费与日俱增，从宋初的数十万石猛增到宋真宗大中祥符初年（1008年）的700万石，以后大体维持在600万石上下，是关系到宋王朝生死存亡的大动脉。

"唯汴水横亘中国，首承大河，漕引江湖，利尽南海，半天下之财赋，并山泽之百货，悉由此路而进"，"自淮南之西，大江之东，南至五岭蜀汉，十一路百州之迁徙贸易之人，往还皆出其下。舟车南北，日夜灌输京师者，居天下十之七"。帝国就在运河上，运河已经成为立国之本。

以今日开封市区所在地的海拔观察，高度68米至78米，洛阳的海拔高度约147米。洛阳与开封相距不足200公里，200公里间的海拔落差约

70米，巨大的水势给漕运带来的困难是明摆着的。宋之前的国都都在洛阳、洛阳以西，唐之后的五代都开封，但这些政权寿命极短，且国土有限，漕运有限，海拔落差造成的漕运难题并不突出，至宋朝，则成为必须面对的现实问题。

北宋立国第二年，宋太祖视察洛阳，诏令重修洛阳运河上的天津桥。帝王的任何举动都有一定政治目的。诏令修桥当然也是政治，宣示的是帝王对大运河的政治态度，以及即将有的行动。

德宗贞元十七年（801年）、宣宗大中五年（851年）、僖宗光启二年（886年）都有修补天津桥的记载。后唐时，遇水患，天津桥被冲断，附近的房舍被冲垮，往来官民以舟渡河，几乎每天都有渡河人落水溺死的消息传出。入宋，天津桥再次被洪水冲毁。宋太祖诏令重修历三百五十多年风雨，深深嵌入中国运河史册中的天津桥。这次重修，以巨石垒砌桥墩和石堰，高数丈，每砌一层，缝间凿槽，镶嵌铁腰，错缝拼连，形成巨大板块，令洪涛巨浪难以撼动；桥墩凿成龟背形，以减轻水流对桥墩的冲击力。宋太祖的用心就是企盼一劳永逸，永固天津桥。

重修天津桥工程结束后，宋太祖专门降诏褒美。

作为"天子渡口"的天津桥再次喧闹起来，洛阳城逐渐恢复生机。大宋王朝的文化之风，开始在天津桥上聚集。

辘辘车轮声从天津桥上传来，听到声音，路旁的士大夫争相迎候，就连孩童、老人甚至小厮衙役们都高兴地说："我家先生来了。"

"士大夫家识其车音，争相迎候，童孺厮隶皆欢相谓曰：吾家先生至也。"

特立独行的出行方式，备受洛阳城人尊崇的，就是当时与周敦颐、张载、程颢、程颐并称为"北宋五子"的邵雍。

173

宋仁宗皇祐元年（1049年），邵雍陪着父母迁居到洛阳。初到洛阳，邵雍的生活状况并不理想。《宋史·邵雍传》记载："初至洛，蓬荜环堵，不芘风雨……岁时耕稼，仅给衣食。"虽然日子穷苦，但邵雍与父母怡然自乐。

富弼、司马光等人一起商议，大家集资为邵雍在天津桥畔买了一片宅子，邵雍对这片宅子也非常满意，把这片宅子命名为"安乐窝"，邵雍因此号称"安乐先生"。

邵雍故居

"万红香里烹余后，分送天津第一家。"

"云轻日淡天津暮，风急林疏洛水秋。"

行过万里路的邵雍在天津桥畔潜心研究学术，成为两宋理学的奠基人之一。深爱洛阳山川风俗之美的他，伴随着中原运河的闲散文风，在天津桥上留下娱情山水的精神寄托。

"相逢谈笑犹能在,坐待牵车陌上来。"1077 年,67 岁的邵雍在大运河畔完成了诸多传世巨著之后,撒手而去。只有一代哲人的辘辘车轮声留在了天津桥上,在中国文化哲学史上回响。

政和四年(1114 年),对于宋代桥梁史来说是重要的一年。这年八月十日,京西路计度都转运使宋昇,向河南府奏请依照赵州桥的样式修葺天津桥,并且专门向宋徽宗赵佶呈送"彩画天津桥三等样制修砌图",徽宗看后下令依照第二桥样修建。宋徽宗诏令当时任都水使者的孟昌龄与宋昇一同修桥。为了分流洛河,以防涨水,宋升还向宋徽宗建议"添修重津并黄道桥",重修分洛堰,"增梁以疏其流于下",以实现"永久之利"。

逐渐修缮和巩固的天津桥,稳固地矗立在洛水之上,沟通南北,便利漕运,承载着宋徽宗安定运河的美好愿望,将大宋王朝的自由之风和绚烂璀璨的文化传遍世界。

再说宋太祖诏令重建天津桥的同时,下令疏浚洛阳至开封间隋通济渠旧河,采纳水工建议,旋置弯道,以弯缓水势,达到行驶安全的目的。

"四河所运,惟汴河为最重","大众之命,惟汴河是赖","汴河乃建国之本,非可与区区沟洫水利同言也"。或许,读一读周邦彦的《汴都赋》,就会更加清楚汴渠对北宋社会经济巨大的推动作用:"于是自淮而南,邦国之所仰,百姓之所输,金谷财帛,岁时常调;舳舻相衔,千里不绝。越舲吴艚,官艘贾舶,闽讴楚语,风帆雨楫,联翩方载,征鼓铿锵。"因此,畅通汴水漕运,成为朝政重中之重。

汴水以黄河水为水源,黄河水含泥沙量巨大,极易造成淤积,且水量变化剧烈,洪水来时时常冲决堤防,洪水去时即淤运道,易淤善决的个性,使整个汴渠漕运难得顺畅无碍。清汴,稍堙则浚,就成为北宋治理运河的

175

最大工程，三五年实施一次浚河清淤。嘉祐元年（1056年）始，沿岸自京师至泗州置汴河木岸，嘉祐六年（1061年）继续用木岸夹河，约束汴河宽度以六十步为限，水深以六尺为准。船重载不过四尺。沿岸筑短墙以防人马跌落，沿堤植柳以固护堤脚，加速水流，减缓淤积。设立提举汴河排岸司管汴河。

每年秋冬都要关闭汴口进行疏浚，清理淤积的泥沙。如此清理，耽误漕运，于是，宋王朝决定在汜水县（今荥阳）下开凿新口，引河入汴，用来与旧汴口轮换启闭，交替疏浚清理，不误漕船往来。同时将汴口天然性闸门改为人工控制调节流量，设主监官、役卒岁常兴作。

但清淤工程耗费巨大，于是，不得不再寻找新水源。元丰二年（1079年）开始导洛清汴工程，元祐五年（1090年）废清汴，复旧汴口。但至绍圣四年（1097年）又恢复清汴，断闭引黄水源。由于洛水含沙量小，对改善汴河通航起到一定作用。

运河上的帝国采取各种措施，确保大运河的畅通。皇帝诏令沿黄河、汴河两岸的府州长官须兼任本地河堤使——今日"河长"的前身——肩负呵护运河的使命。政府派出官员常驻汴口，专事负责汴口引水通畅，每年春天，征集沿河州县民夫疏浚汴口，挖尽埋于河底的淤泥。

淳化二年（991年）六月，汴水水位暴涨，在浚仪县决口，太宗亲自乘辇车临河督修，官员们劝皇帝回宫休息，宋太宗回道："东京养甲兵数十万，居人百万家，天下转漕，仰给在此一渠水，朕安得不顾。"

运河上的帝国采取各种措施，全力维护命脉的畅通，甚至动用禁兵，沿河防护，扫除对运河安全的威胁。沿河防护的禁兵日后逐渐转变成专业的护河队伍，分工渐细，排岸兵、河防兵、开江兵等一应俱全。

北宋时期把汴河的漕运功能发挥到了极致。宋开国之初的漕运量年数十万石，至太平兴国六年（981年）汴河岁运江淮漕粮300万石、菽100万石；至道二年（996年）增至580万石；大中祥符二年（1009年）达到700万石；仁宗时最多至800万石。除漕粮外，治平二年（1065年）据统计进入国库的尚有金帛缗钱1173万，而从京西、陕西、河南入京的柴薪1713万、炭100万秤。其后有增有减，基本维持在漕粮500万石上下，再加薪炭、山货，林林总总，不一而足。畅通的大运河，造就了开封的繁华。

　　安徽省考古所隋唐大运河考古队发掘资料显示，他们在2007年宿州境内发掘的通济渠遗址（墉上嘉院）内出土一艘沉船。根据层位关系以及船板底部出土的10余件北宋中期吉州窑瓷盏和50余枚"崇宁通宝""崇宁重宝"铜钱，判断此船应为北宋中期或晚期的一艘漕船。

　　残存船体为木板结构，沿通济渠方向头西尾东，显然，它的航向是自江淮航向中原，目的港或许就是开封。残船仅剩船体内底板和舷侧板，其余部分构件均已不存。舷侧板长12.4米、宽3.2米、厚50~60毫米；内底板由10列纵板组成，列板长短不一。

　　这艘宋代沉船在继承柳孜遗址唐代漕船的诸多特点的同时，也具有自己的时代特征：唐代漕船船体修长窄狭，装载量不大；宋代漕船体形丰盈肥阔，装载量显然比唐代漕船大得多。究竟大出多少，目前没有根据出土的北宋漕船进行复原得出的具体数据，但从船舷板曲线趋势，可以推断漕船的长度和宽度，便可知这艘北宋漕船的装载量要比唐朝漕船至少多出20%。由此可见，北宋漕运的发达。

　　对惠民河、广济河、金水河这三条"宝带"的整修治理，宋王朝同样不遗余力。

惠民河。

惠民河起自新郑（今河南新郑），贯开封，经陈州（今河南淮阳）入颍河。开封西南一段本为闵河，东南一段本为蔡河；蔡河旧以汴河为源，宋初始改导闵水入蔡，又自长社（今河南许昌）引溵水入蔡以广水源。开宝六年（973年）改闵河为惠民河，以后遂通称闵、蔡二河为"惠民河"。

蔡河以汴水为源，汴水以黄河为源，也因此，蔡河受黄河的影响很大。为摆脱黄河的影响，入宋以后，宋人为蔡河另觅水源。一番勘川察地之后，重新规划，改源换流方案形成。

建隆元年（960年）春，朝廷调兵卒民夫疏浚蔡河，设置斗门。次年，征发丁夫数万，完成导闵水自新郑与蔡水合贯京师。乾德二年（964年），征夫卒数千，筑渠20里，自长社引溵水至开封合闵水。前后历时五年，分期分批地完成了整条漕河建设，成为惠民利民的中原通道，"舟楫毕至，都人利之"。

广济河。

广济河是利用古济水道开筑整修成的一条漕河，河宽五丈，原名"五丈河"，宋开宝六年（973年）定名"广济河"。它起自开封，东经今兰考、菏泽市定陶区，至巨野西北注梁山泊，下接济水，是大宋王朝东南用兵、转输山东境粮食物资不可或缺的战略通道。

也因此，朝廷对广济河的开筑、治理、经营从不马虎。宋王朝建立之初，即发曹、单诸州丁夫数万人，全线疏浚广济河。在京城西汴河上架漕引金水河东注为五丈河源，掘进水深，扩展河面，便利漕运。新河成，太祖亲临放水入河仪式。这天，开封民众奔走相告，万人空巷，摩肩接踵来看新水、睹龙颜、凑热闹。太祖高兴，诏赐奖励所有工程建设者30万缗。

十九年后，太平兴国四年（979年），再建新水门，当朝皇帝太宗同样亲临落成仪式，并赐新水门名"咸通"。又二十五年，广济河水深不适应新的漕运需求，景德二年（1005年），用巨石置于原汴河引水斗门处，分汴水入广济河；重新开凿菏水、泗水航道，增强广济河漕运能力。

仁宗天圣六年（1028年），黄河泛滥溃决，广济河自济州合蔡镇以下不能通航。大宋朝廷立即派员前往一线治理，浚广济河道入黄河，以通泗水。

其实，这样的处置顶多算作"保通"的应急措施，并不彻底，不长时间，运道堵滞，难以通航。无论是惠民河，还是广济河，都受同样的两个难题困扰：一是易淤塞，二是水量小。抓住了这两点，就是抓住了中原运河的要害；解决了这两个问题，中原运河就畅通。熙宁七年（1074年），宋廷下力气解决广济河缺水问题。在汴河北岸开新河引汴水入广济河。仅有引水还是不够的，要有备用水源，一旦淤浅，可以立即调动水源补充。于是建汴河渗水塘，以渗水入西贾陂下，汇入雾泽陂备用。次年，再次动用大量卒夫对广济河深入清淤。熙宁九年（1076年），在汴水入广济河处修建一座坝闸，适时启闭，保证漕运。

从黄河溃决堵塞的仁宗天圣六年（1028年）算起，到熙宁九年（1076年）坝闸建成，近五十年在广济河上倾注心力，就是为了换神宗赐给广济河水门的那三个字："永顺门"。

金水河。

宋建国之初，太祖见五丈河水源不足，命左领军卫上将军陈承昭，把荥阳黄堆山麓的祝龙泉引入京城，补入五丈河。忠诚的陈承昭率忠诚的水工日夜凿渠，春天开工，百余里河渠秋天凿成。夕云凝紫，秋水长天，泉水入京，京、金谐音，太祖欣然地将这条新开河命名为"金水河"。

水出龙泉，烟霞天成，石竹清音，为皇家所钟情。乾德三年（965年）遂将金水河引入了皇城后苑，于后苑凿池蓄之，称"金水池"，再辅以亭榭楼阁，遂成皇家园池。

金水河水甘洌，市民汲取饮用，争相取之。朝廷遂民所愿，扩展渠道，畅流京城，成为京城官民共用的水道。大中祥符年间，沿河道筑方井，方便人们取用。金水河入城难免会碰上同在城内缠绕的汴河。最初，两水相遇时金水河从汴河上架槽通过。然而，那个时代，基建能力有限，水槽妨碍汴河上的漕船航行，妨碍交通，于是，神宗元丰年间再开新渠，绕道而流，神宗将这一段新渠命名为"天源"。

中国运河开筑始于春秋战国，漕运制度始于秦朝，经汉、隋、唐的不断探索，至北宋，独立的水政河事管理机构出现在朝廷管理国家的官僚体系中，并在国家治理实践中快速完善，不断提升机构的治理权力，成为王朝官僚体系的重要组成部分。

宋初，朝廷中设置专门管理水利事务的机构，仁宗皇祐三年（1051年）五月，在三司之中设置"专提举黄汴等河堤功料事"的河渠司，河渠司设都大提举河渠司一人，掌管司事，也就是"司长"，地方上设置都大巡河使臣。

实践使朝廷对运河管理运用的认识不断加深，认为"非专置职守则无以责其任，非遴择才能则无以成其效"，基于这样的认识，嘉祐三年（1058年）十一月，取消河渠司，设置职、权更高的都水监，掌管内外川泽、河渠、桥梁、堤堰、疏浚等水政河事。都水监设最高官员"都水使"一人，监丞二人，专职治理河渠事务。

都水监不断派遣监丞出使地方指导监督河渠治理，监丞至达地方，官职名称以差遣专项职责为准，比如，都提举汴河堤岸司、都大巡护惠民河、都大巡检汴河堤岸、提举汴口至泗州堤岸、蔡河拨发堤岸斗门事……

都水监会根据实际需要，向运河重要方向、重要地段设置派出机构，加强那里的运河管理。比如，向应天府派出南外都水丞司，向东京派出北外都水丞司，向澶州派出外监寺司，掌川泽河渠津梁堤堰疏浚等事。

当一项重大河渠工程立项上马时，都水监会专门成立"项目办公室"，加强领导，督导工程。神宗元丰二年（1079年）实施导洛入汴工程，都水监就专门成立了都大提举导洛通汴司。工程完成后，又换了一块单位牌子继续办公，称"汴河堤岸司"，由临时机构变成了都水监的常设机构。

元丰改制，运河管理机构再次升格，朝廷在工部设水部郎中、员外郎，专门掌管沟洫、河道、津梁、舟楫、漕运工程等重大事务，并规定职责，明确奖罚："凡水之政令，若江淮河渎，汴洛堤防决溢、疏导壅底之约束，以时检行而计度其岁用之物。应修固不如法者有罚，即因其规画措置能为民利则赏之。"

这是北宋王朝管理运河基本架构前所未有的设置。当然，仅有中央的高度认识、高度积极性是不够的，运河管理更大量、更经常、更具体的事务在地方、在日常，没有地方的高度认识、高度积极性，就不会有运河管理的成功。朝廷看到这一点，宋初，开始对此做出制度性安排。太祖乾德五年（967年）即诏开封、大名、郓、澶、滑、孟、濮、齐、沧、滨、德、博等州府主要领导兼任本州府辖区内河渠长。开宝五年（972年），令开封等十七个州府通判充任河堤判官。真宗大中祥符时，"令京畿民官，皆兼沟洫河道，以为常职"。仁宗天圣三年（1025年）诏开封、应天、陈、许、徐、宿、亳、曹、单、蔡等州府及属县亲民官，并带沟洫河道事务。嘉祐四年（1059年）四月，诏令诸路提点刑狱朝臣、使臣并带兼提举河渠公事。无论是"渠长"，还是兼任相关职务，都不能虚与委蛇，而是有管理规定和制度约束其行使职责，不能有半点马虎。沿黄河、汴河、御河诸知州、通判，每两月一次迭相巡视河津；县令、佐必须经常巡视河堤。沿运河各州县官吏即便任期届满，职务交接更替必须在汛期之后。

作为水政河事官僚体系的末梢，是在运河各主要河段、运河上各处闸堰设置的专门官，北宋时期主要运河、主要河段上有国家级大堰21处，这样的堰每堰各设监官一人，根据需要，监官招聘一定数量的办事人员；达不到国家级别的堰，则由辖区内州县管理。

这是水政河事官僚管理体系，主要职能就是维护运河、保证漕运畅通。在这之外，就是使用运河、负责漕运的官僚管理体系，也在北宋国家管理中具有重要位置。

"以天下土地形势，俾之分路而治矣。""路"，是宋代最高一级行政区域，而路级行政机构也是行政机构中的最高级别。北宋，路级行政机构主要有转运使司、提点刑狱司、安抚使司等，其中最重要的就是转运使司，主掌一路财赋、纲运，故又称为漕司。漕司在北宋的官僚体系中历经变化，每一次建制新设，以及它们的分与合，都是王朝对运河认识的一次深化，都是对运河理解的一次提升。

各路转运使司治所主要设置在交通枢纽、来往便利的沿运河各大中城市。比如，京畿路转运使司领开封府与曹、陈、许、郑、滑诸州，治所设在汴河上的重要城市陈留（今河南开封东南）。京东路转运使司，初治宋州（今河南商丘东南），后徙于广济河畔之广济郡（今山东定陶西北），再徙治于青州。虽然青州不在通济渠、永济渠运河线上，但"西起甸服，东渐淮海，南略洙泗，北际河濮，关防之要，控制之重，城闉之大，室居之盛，青复首焉"，京东路一分为京东东路、京东西路，京东东路仍治青州，京东西路治于郓州，居广济河与济水交汇之要冲，后又徙治于南京应天府……

转运使司内设置发运司、排岸司等机构，专司日常漕运。当然，遇到重大漕运任务，还会成立专班，派出朝廷重量级官员具体负责，比如，永济渠都大催遣辇运官，就是这类专职官员的职称。

从北宋王朝设置分管水政河事的都水监和管理转运使司可以看出，北宋王朝将运河置于朝廷政治重心的位置，通过最为根本的垂直官僚管理体制性安排，将"运河"这一王朝命脉牢牢地控制在朝廷手中。这一重要政治措施，强化了中央集权，在控制运河的同时，更加有力地控制了地方，达到国家稳定的目的。

畅通的大运河是重要的国际水道，在宋王朝实行鼓励海外远程贸易的背景下，承载着繁忙的对外交往、庞大的对外贸易。雍熙四年（987年），宋朝"遣内侍八人赍敕书金帛，分四路招致海南诸蕃"。四路之一京东路，由广济河、济水东去密州、登州、莱州港口，主要与高丽进行贸易；四路之二京东南路，由汴河、淮水、真楚运河、江南运河、浙东运河至泉州、明州、杭州、海盐的澉浦、秀州的华亭、青龙镇、江阴等江浙沿海各港，与日本、高丽进行贸易；四路之三京西路，由汴河入黄河，再入渭水，西接传统的丝绸之路，与中亚乃至欧洲进行贸易；四路之四京南路，由南方的贸易港口泉州、广州与东南亚各国进行贸易。京南路的商品贸易看起来远离开封，但运河运输是它的强力支撑。至于泉州港货物，多经浙东运河进入杭州，再沿运河北上开封。京都居中，畅通天下。

在辽朝坐大、西夏袭扰时期，北宋帝国被迫调整对外贸易路线。大食人经丝绸之路纳贡大宋，至秦亭（今甘肃张家川东）多被西夏劫掠。天圣元年（1023年）改由海路经广州运至江浙，再由杭州经运河运往京都。京东路离辽境太近，时常因被辽人掠抢干扰而致贸易中断。高丽遣使臣到开封与宋廷洽商经贸路线，建议选择远离辽境的港口进行。一番商量，宋王朝决定指定明州港与高丽贸易，改走京东南路，货物全由运河输送。

因对外贸易的需要，北宋王朝在广州设立市舶司，更好实现运河运输与海运的衔接。之后，又陆续在处于运河沿岸或有通航水道与运河连通的泉州、杭州、明州、温州、秀州、密州以及江阴增设市舶司，推动对外贸易。

日本藤原氏政权时期闭关锁国，禁绝国人私自出海贸易。日本与北宋的贸易倚仗宋船往来。北宋商人自开封装满在日本国很畅销的瓷器、茶叶、棉、绫等货物，沿汴水东进出海，长途贩运至日本列岛。售罄后换回日本产的硫黄、水银、砂金、屏风、刀剑之类，再沿运河抵达京都，在相国寺一带交易市场出售，带动了这里的繁荣。欧阳修无事到这个市场闲逛，看到浙江商人贩来的日本刀，写下"宝刀近出日本国，越贾得之沧海东"的诗句。

中国是个"内陆中心"国家，开垦、播种、浇灌、收获，周而复始，丰衣足食。战国烽烟，诸侯争霸，运河横空出世，输兵运粮，如战神的翅膀，载着诸侯的梦想飞翔。此后一千三四百年的历史时间里，缺了就开挖，淤了就疏浚，以通济渠、永济渠为主动脉的五千里大运河形成，用之漕运，用之军事。从某种意义上说，谁拥有了运河区域，谁就有了建立起稳固政治统治的基础和本钱，从而才可能控驭全国。这期间的王朝，对运河重开筑，重使用，却没有形成制度化、长期化、细致化的维护管理，没有让运河内在地进入王朝的体内，成为王朝机体的组成部分。自北宋，"天下利害，系于水为深"，运河管理官僚体系在这样的认识中形成。这看上去只是朝廷内部构成组织的添加，背后则是对大运河理解的深化，实质是将大运河提升到了关系皇权安危、朝政稳定的高度，提升到了社会治理、经济发展、国防巩固、民生保障的高度。在这个高度上，一种国家中心的转变，在人们毫不经意中自然而然地完成了，那就是"内陆中心"国家向"运河中心"国家的转变。

这种转变的重大意义会在此后的历史进程中不断呈现，或许只有封建主义向资本主义过渡的重要性可以与之相提并论。

中国瓷器发展至北宋，无论是釉色花纹，还是造型样式，都达到了新的高度，官窑生产的瓷器"青如天，明如镜，薄如纸，声如磬"，深受欧洲人、中东人、东南亚人的喜爱，竞相购买，成为北宋对外商品输出中的"压舱石"。官、哥、定、汝、钧五大名窑，炉火正红，昼夜不息，出炉的精品被迅速装入船舱，行销世界各地。"海舶大者数百人，小者百余人……舶船深阔各数十丈，商人分占贮货，人得数尺许，以下贮物，夜卧其上，货多陶器，大小相套，无少隙地。"

瓷器易碎，陆运远不如水运安全可靠，如果没有运河作为运输保障，大宗易碎的瓷器从中原产地外销国外，难以想象，运河的运输优势由此发挥到了极致。对这种优势的发挥，极大地促进了"运河中心"国家的形成。

"运河中心"国家的运河运输，由转般法到均输法再到直达法，直至直达法中纲运花石纲的出现，最终崩坏，北宋王朝从内部走向解体，清晰地显示出运河管理对一个王朝兴衰的意义。

"本朝定都于汴，漕运之法分为四路：江南、淮南、浙东西、荆湖南北六路之粟自淮入汴至京师；陕西之粟自三门、白波转黄河入汴至京师；陈、蔡之粟自闵河、蔡河入汴至京师；京东之粟自五丈河历陈济及郓至京师。"这清晰地描述了北宋漕运路径。

东南六路即江南、淮南、浙东、浙西、荆湖南、荆湖北，其上供朝廷的物资，先漕运到设置在真州、扬州、楚州、泗州的转般仓储存起来，然后再由纲船从转运仓分批漕运至京师，史称"转般法"。此法不是北宋首创，唐王朝裴耀卿迫于当时漕运形势，推出了这种漕运方式，北宋只是承袭唐制。

转般法是实事求是、一切从实际出发的漕运方式。江淮运河与汴河在运输期、运载量等方面有相当大的差异。汴河水源主要来自黄河，季节性很强，丰水期自每年的三四月起至十月，最佳漕运时间基本上就是半年左右，而江南、江淮运河水量常年丰沛，不受季节影响。所以设转般仓，江南、江淮物资随时漕运至转般仓，待汴水丰沛时再转运京师，是一种充分利用运河不同河段，发挥最大漕运效率的方法。转般法同时考虑到运河上多堰埭的实际。堰埭，是较低的挡水溢流的建筑物，横截河中，用以抬高水位，保障船只通航。漕船过堰埭时，一般需要卸下重货，借人力、畜力牵挽过堰。上京漕船"自真、扬入淮、汴，历堰者五"，"民力疲于牵挽，官司舰舟由此速坏"。转般法有效地克服了过堰之苦。转般法的实施，有利于朝廷平衡丰年歉年，有利于平衡不同地区，有利于更有效地应对自然灾害及重大事件，有利于调剂补缺、稳定漕运，"转般之法寓平籴之意，江、湖有米，可籴于真。两浙有米，可籴于扬。宿、亳有麦，可籴于泗"。

真、扬、楚、泗四州共建转般仓七处，三处建在真州和泗州，四处建在楚州和扬州。其中，泗州转般仓最大，建有南、北两仓，合计可贮漕粮105万石。

分段转般每年有运次要求，在此基础上实现江淮漕运的时限管理。天禧二年（1018年）六月，"汴河纲船除二百五十料至三百五十料者，已自楚州五运，泗州六运，更不增力胜斛斗"，可知运河纲船从楚州仓运往京城的每年五运，从泗州仓运往京城的每年六运。依据转般法，各地漕粮源源不断地运往京师，至天禧年间，江淮溯汴漕粮年入京已达600万石，真宗时期，更创下年入京800万石的纪录。

"岁漕江、淮、湖、浙米数百万，及至东南之产，百物众宝，不可胜计。"可见，汴河既可漕运，又可通商，而且商品种类多样，数量惊人，增加了汴河漕运的含金量。由于纲船可以附载商品入汴，既能让转运司、发运司、船主和社会利益均沾，又可提高漕运效率。转般法有力促进了汴梁经济的发展，这也是它能自开宝五年（972年）起一直实施到北宋末年方告结束的原因。

再好的政策也会有弊端。随着转般法的实施，其弊端不断累积，逐步严重到影响正常漕运，到了非改革不可的程度，熙宁二年（1069年），宰相王安石的新法"均输法"登台。

均输法的"输"，不是运输，而是输纳、供应的意思，着眼点是漕粮。均输法的核心就是八个字："徙贵就贱，用近易远"。"徙贵就贱"的意思是，不是固定不变地向各地征敛实物赋税，而主要是在灾荒歉收物价高涨的地区折征钱币，用钱币到丰收的地区购买上供物资；"用近易远"的意思是，如果有多个地区同时丰收物贱，就到距离较近、交通便利的地区购买。

"徙贵就贱，用近易远"，既是基本原则，又是具体办法。总的目的是协调供需关系，提高财政收支的效率，撙节购买、运输等开支，打击商人

"擅轻重敛散之权"操纵市场的行为，"便转输、省劳费、去重敛、宽农民"。

其实，均输法不是王安石的发明，它最早出现在汉武帝时期，由桑弘羊提出，是在汉武帝征讨匈奴，军费飞腾，国库见底时出台的国家紧急状态法令，帮汉武帝渡过了难关。

均输法运行之初，朝廷任命薛向为江、浙、荆、淮发运使，拨钱500万缗、米300万石作为"启动资金"，令他全权负责东南漕政。薛向吃透王安石均输法精神，充分自主合理地安排漕运事务，调剂余缺，最大限度地满足朝廷对各种物资的需求。打破漕运垄断，利用"启动资金"，雇募一部分民船、商船加入，与官舟分运，以相激励，"以相督察"。均输法的施行，各种改革措施的推出，使活力不足的漕运焕发出新的生机，熙宁三年（1070年），年漕运抵京漕粮达885万石，比真宗时期超出85万石。

不仅从理论上说，即使实际运行，这样的变革都是很好的。但具体到操作层面，要求执行官员有高度操守，要求物资相对丰富，要求有真正的"市场"。一项政策落实时要求的前提越多，政策"变形"的可能性就越大。如果那些前提要求不能满足，任何行动都可能是不良运作，随着时间的推移，"变形"就会成为"扭曲"。而且，任何一项改革，其实质就是利益的调整，是权力的转动。在转般法时，主导漕运的是转运使，发运使是漕运之配角；到均输法时，发运使总揽漕运，转运使在漕政中被边缘化，权力权利均衡被打破。所有这些叠加在一起，离下一次针对性改革就不远了。

转般物资经常被盗，也会在"转"来"转"去中不断损失。漕船将漕粮送至转般仓卸下后，回船可载盐贩卖求利。庆历八年（1048年），改行盐钞法，再不许各漕船转载官盐私卖，漕船回船无利可图，至"舟人逃散"，直接冲击漕运。且，各转般仓均设置在运河沿岸，水多潮湿，仓中漕粮输运不及时，便腐败、霉烂、变质，无法食用。随着神宗去世，王安石主导的变法宣告失败，与之相联系的均输法也被废弃。崇宁三年（1104年），蔡京执政的时候顺势推行"直达法"，令东南诸路上供物资由各转运司直接运至京师，不再于淮南对漕运实行转般、代发与调剂。

与直达法的施行相联系，发运使不再总揽漕运，从权力的神坛跌落，并令汴河运船除留少部分应付"非泛纲运"外，余下的部分遣散至诸路。两年后，直接将发运司撤销了，"其籴买总制等事，令户部侍郎专领"，转运使重回朝廷漕运中心舞台。

直达法最符合中央集权管理模式，一声令下，简单粗暴，但存在的弊端也最为明显。从漕粮装运点直奔京师，各路漕船漕卒必须常年航行于运河之上，无眠无休，且回船没有任何收益，致使许多漕卒毁船盗卖以充日食，盗卖完船米，便将漕船凿沉，一走了之，转为盗贼者也大有人在，"蔡京破东南转般漕运法为直达纲，应募者率游手亡赖，盗用乾没，漫不可核"，"先是蔡京废发运司转般仓为直达纲，舟人率侵盗沉舟而遁。户部受虚数。人畏京，莫敢言"。直达法不似转般法那样接力运输，而是一船到底，在运河上航行的时日自然加长，每年漕运往返的次数自然减少，自江淮抵京的漕粮因此锐减。直达法因取消东南漕运中的缓冲环节，无法调节供需关系，漕运来的物资并非京师所急需，而京师所急需的又漕运不来，中间的断裂难以缝合，且欺弊百端。所有这些，加剧着东南漕运的混乱局面，运河不能充分发挥它的最大作用了，中央政府也因此不能从江淮地区得到充分的物资接济，"大抵用官船逐处漕运时，便都无奸计。若用直达法，经涉岁月长远，故得为奸。所费甚多，东南入京之粟亦少"，只能等待漕运变革的再一次来临——如果还能等到的话。

直达法，也称"直达纲"。纲，纲运，北宋时漕运的基本组织形式。将装运上供物资的漕船进行编组，一组就是一纲，成组漕运称为"纲运"。因漕运的物资不同而有不同的称谓，运送的是米就称"米纲"，运送的是牛就称"牛纲"。

绍圣二年（1095年），是北宋漕船最多的时期。"置汴纲，通作二百纲。"每纲30只船，共6000只船穿行于汴水之上。按王襄的说法，"造船之法，六路之船供江外之纲，淮南之船以供入汴之纲，常六千只"。总数一致。若按照唐制，每只漕船上10人，则北宋有漕卒船夫6万人。这只是四河之一的汴河上的行船人数。

直达法漕运时期，上演过极度荒唐的花石纲，说它直接摧毁朝廷东南漕运秩序，导致民变，摇动大宋根基一点也不为过。

宋徽宗信奉道教，道教崇尚山石，徽宗也就更加相信怪石中有蟠龙神力，于是，对怪石的癖好到了变态的程度。投其所好的宰相蔡京，下令苏杭应奉局搜罗嶙峋怪石、奇花异草，漕运京师，以花石进媚皇帝。"花石纲之役"由此展开，靡费国资不计其数。

"徽庙继统，蔡京父子……又引吴人朱勔进花石媚上。上心既侈，岁加增焉。舳舻相衔于淮、汴，号花石纲，至截诸道粮饷纲，旁罗商船，揭所贡暴其上"，"连檣接橹，日夜不绝"。搜刮而来的花石甚多，应奉局原来准备的船只不能应付，便将几千只漕运粮米的漕船强行征用，还不够时，凡船皆征。花石纲横行运河之上，其他漕船唯恐避之不及，更遑论商船民船。

"勔既进花石，遂拨新装运船，充御前纲以载之，而以余旧者载粮运，直达京师。而转般仓遂废，粮运由此不继，禁卫至于乏食，朝廷亦不之问也。"

到了宣和七年（1125年），金人逼近，出于国防的迫切需要，政府下令废罢花石纲，以便漕运，"令逐路漕臣速拘舟船装发纲运备边"。然而，国运已逝，大敌当前，什么样的补救都为时已晚了！

"万岁山来穷九州，汴堤犹有万人愁。中原自古多亡国，亡宋谁知是石头？"

在宋之前，并无"运河"一词，以沟、渠、漕渠、漕河、官河、御河等指称人工水道。《隋书》多以"漕渠"指称人工水道，至《旧唐书》，"漕河""运渠"出现。至宋嘉祐年间，"运河"终于正式浮出水面："开成二年夏，旱，扬州运河竭。"一般认为宋人在《新唐书》里的这一记载，是"运河"一词的最早出处。当我们在历史典籍中爬梳时发现，"运河"一词还可再上推几十年至宋真宗年间。咸平三年（1000年）田锡上疏："其余明、杭、苏、秀等州积尸在外沙及运河两岸不少。"用"运河"指称人工水道自真宗年间开始已成共识，此后宋王朝的诏书、奏章、笔记、诗词中，"运河"遂成流行词。漕渠—漕河—运渠—运河，合历史的逻辑展开，体现着对人工水道功能的历史性拓展，是对《说文解字》中"漕，水转谷也"内涵外延的扩展，已然由单一的朝廷漕运拓展至商业贸易物流运输，被赋予了关系国计民生的更多功能，这对中国社会的发展举足轻重。

运河，第一功能在"运"，不能"运"无以称"运河"；但它同时又是"河"，那么它出现之后的功能，肯定不止于"运"，同时兼备灌溉、排洪、调节水资源功能，也就与农业的命脉——农田水利建设紧密地联系在一起，与农业时代的财赋收入、国家实力紧密联系在一起。有作为的朝代，当然会把运河的开筑、疏浚、治理与兴修水利结合在一起，促进水利河网化，扩大土地的灌溉面积。宋时诏令，结合汴河整治，大兴农田基本水利建设，筑沟排水，且在汴河南岸沿堤兴建斗门，水丰时引水入汴河；田地缺水时引汴河水分水以溉民田，致沃野千里，开封、陈留、咸平等诸县，都"取汴河清水入塘灌溉"。

真宗时期，派遣官员深入广济河流域导治积水，兴修水利。仁宗天圣二年（1024年），朝廷再派专门官员主持修凿曹州、单州等州沿广济渠河渠，整治积水久淹之地，沃为良田。

北方水源稀缺，通过运河水道治理，使各支流水渠得到保护性利用，获得最大效率，从而产生积极影响。沿汴河、黄河、广济河以及河北滹沱河诸水域兴修水利、治理水土，引浑淤灌，开辟了大片水利田用以种稻。河北地区即沿各运河"蓄为陂塘，大作稻田"；尤其自顺安郡以东濒海，"广袤数百里，悉为稻田"，喜看稻黍千重浪。

黄河决溢形成的梁山泊，水泽连天，芦苇浩荡，上接广济河，下达清河入海，并汇汶河诸水，处于广济河运道之冲。仁宗明道二年（1033年），朝廷疏导梁山泊积水，泺退地甚广，有万顷之数，再筑河渠自新得土地之间经东阿与御河等河道相通，利于浇灌，然后将这片土地划分给百姓耕种，获得新土地的农民欢天喜地，并把这种欢喜播洒到新土地上，连年丰收。这番治理，使环梁山泊地区成为广济河流域最富庶的区域。驻守河北的宋军征集军粮遇到困难，朝廷颁旨施行"就粮军制"，就是哪里粮食多军队就移驻到哪里，梁山泊这一地区，遂成为"就粮军"聚屯重地，宋军大营遍及兖、郓、濮、曹、济、齐诸州。

汴渠的水源大多来自黄河，河水重浊，巨量泥沙富含有机质，以此淤田可以有效地改良土地。利用运河水资源淤田，改良土壤，在北宋大规模推广开来。淤田，就是利用决水之法将含有大量淤泥的河水引灌那些瘠薄碱卤之地，使之成为适合耕种的沃土，提高种植产量。淤田法，秦已发明，汉始尝试，唐有实践，但规模都不大，没有产生什么社会影响、历史影响。至北宋，大兴水利之时，运河流域引水淤田，取得成效，各地竞相学习，遂成规模。真宗时期,应天府西一带,开汴河,置斗门,引运河水淤田数百顷。仁宗时期,绛州引黄河水淤田。

如果说真宗、仁宗时期引水淤田还局限在应天府一带小规模尝试,那么,到了熙宁、元丰年间,它推广扩展到了汴河流域、中原黄河流域、广济河以及永济渠流域直至河东汾河流域,大范围内有意识地利用水沙资源,改良土壤生产性能,推动了农业发展。这些地区除引河水自流灌溉之外,缺少河流无水可引的地区,主动开筑新河淤田。为了将引水淤田工作做得更好,朝廷设置专门机构,任命专职官员,以加强领导,负起责任。神宗命都水监丞侯叔献与杨汲共同提举沿汴淤田,设置都大提举淤田司具体负责,派遣专门官员实地督导,有力促进了淤田工作的广泛开展,熙宁七年(1074年)一年内就淤田5600余顷。据不完全统计,熙宁年间,在京畿、京东、京西、河北及其他流域,淤田总数超过20万顷。

"浊流经过,泥沙停积,其地最为肥美,旱涝无虞。"引水淤灌使运河两岸大量的盐碱地土质得到改善,提高了生产能力,一些盐碱地经过连年放淤,"尽成膏腴,为利极大"。得到这样报告的宋神宗将信将疑,特别派出内侍太监实际调查淤灌后对小麦长势的影响,得到的是肯定的回禀。神宗仍不放心,亲自深入察看。来到陈留汴渠,风吹麦苗,绿浪滚滚。神宗弯腰取了一点淤田泥土,尝了尝,欣慰地说道:"朕取淤土亲尝,极为润腻。"

永济渠流域,结合运河大兴水利,也成就显著,改变着这片土地的面貌。

永济渠在今河南、河北境内的卫河一段,在宋时被称为"御河",是北宋时期通往河北地区的最重要的水道。朝廷在河北沿边境屯聚重兵,向那里漕运的军饷物资数量太大,不能没有御河漕运,必须"通御河,漕粟实塞下"。

御河自卫州以北，船只载重可达三四百石，一年四季皆可通运。下游合漳水、滹沱等水，水量更大，运输能力也就更强。

因为北宋帝国北部边境严峻的形势，一方面，朝廷设置专职官员，把御河漕运管起来，不断征用民夫进行疏浚，使御河保持较大的通航能力；另一方面，开筑新渠，以御河为主干，将漕运向边境延伸拓展。太平兴国六年（981年）正月，"遣八作使郝守浚等分行河道，抵于敌境皆疏导之。又于清苑界开徐河、鸡距河五十里入白河，由是关南之漕悉通济焉"。咸平五年（1002年），开筑自静戎军东拥鲍河至顺安军新渠，再自顺安之西引入威虏军，颇便漕运。景德元年（1004年），开定州河通漕。

庆历八年（1048年）六月，黄河在商胡（今河南濮阳境内）决溢，冲荡而去，直奔大名。黄河由原来自濮阳向东流变为自濮阳向北流（宋人称"北流"），经聊城西至今河北青县境内席卷卫河，夺海河在天津入海。就是横穿御河，在下游又与御河合流，把御河包含在了黄河河道内，御河受浸注、淤淀、决溢等祸患，严重影响漕运。朝廷不断派兵夫进行疏浚整修。熙宁二年（1069年），诏河北征调镇、赵、邢、洺、磁、相州兵夫六万人，大规模疏浚御河。熙宁四年（1071年），又任命重臣程昉任都大提举黄、御等河，专门负责浚治"北流"。

"北流"冲击御河太过严重，扔进去多少人力物力都难见起色。熙宁八年（1075年），程昉等官员建议在卫河上开沙河故道，引黄河水为水源，下汇御河，一方面分黄河水势可防决溢，另一方面，漕船自汴河过沙河入御河，可免受黄河风涛之险。这一建议为朝廷所采纳。沙河筑成，然而，水大决溢、水小淤塞的问题并没有完全解决。于是，又在河道上建闸，以闸节制。可惜的是，闸刚建好，御河在卫州决溢，御河漕运被迫中断，漕舟转行于已经北流的黄河。

漕运转行黄河一转就转了二十年，在中央、地方官员的一再呼吁下，绍圣三年（1096年），朝廷决定复通御河。崇宁元年（1102年），御河水枯，朝廷决定掘开临清坝子口，增修御河西堤，开置斗门，再决恩州、冀州、沧州等多处积水入济水，通御河，畅通漕运。

不治黄河，在御河上费再大的劲也无济于事，黄河决溢，一泻千里，御河顿时全身瘫痪。整个北宋，治黄河乏力，倒是为御河操碎了心，可御河上的漕运还是那么艰难竭蹶。直到白山黑水上的金人杀来，夺去了御河，北宋最终失去了河北，失去了华北平原。

在对待御河上，金人比宋人的魄力大得多。为了扩大御河的通航能力，金人开潞水漕渠，自大兴西北引玉泉山诸泉水入东南高粱河，再引高粱河水入潞水，一并汇入御河，水势大涨，利漕运。

金人还在沧州境引逆河水入御河。远古时，古黄河至冀州分布为九河，即徒骇、太史、马颊、覆釜、胡苏、简、絜、钩盘、鬲津，下至沧州，合为一大河，名为逆河。逆水河流经沧州，在沧州境内入渤海。金人将水势浩大的逆河水导入御河，与北来的高粱河水、潞水合流，御河漕运大畅。

为了确保御河通运，金人下令沿河州县官员皆任"河长"，兼管御河事。

金人不懂"过犹不及"，御河在沧州境是大畅了，但水害也就潜在了。由于运河水大渠窄，更不开泻，每遇大雨，百川灌河，长天积水，千帆暮色，乘波凫鹭，激水中流，荡析田庐，危害尤甚。

金人在御河沿岸建仓存粮，战略意图昭然若揭：剑指开封，企图中原！

文人也因此更深地融入运河,他们的诗文,他们的文化创造,直接塑造了大宋时代的文化面貌,笼罩九州,镌刻山河。

唐宋文化与大运河有着怎样的精神连接,是一个谜一般的存在,长时间被我们忽略,等待解码和破译,相信其结果一定是双向陡增的无尽魅力,甚至是全方位的美学唤醒。

第八章 文化之光

李白杜甫的相遇偕游,永远与大运河一起,海枯石烂,天老地荒。

以洛阳为中心的大运河,映照着李杜的文化光焰,盛装奔流一个时代的豪情诗意,诗歌的大运河、文化的大运河,横亘大唐,辉耀千秋。

大运河作为文化的河流、创造文化的河流,对南北文化的交流与统一发挥着巨大作用,在隋帝杨广时期意义不彰,真正打破魏晋以来中国南北文化半封闭状态,使南北文化进一步融合,并在融合中生发出一种创造,自唐代始。唐宋王朝大量官员、学者、墨客、商人、僧侣、道士……行走往还于运河之上,或赴任、或游学、或赶考、或游历,或经商,或传教,借助大运河的流转,各色文化交流融合,生发出惊艳传奇。大运河,不仅是唐宋经济的生命线,也是中华文化的生命线。

名动大宋、名动中国文化史的宋代文化人,许多就生长在大运河边,且与唐王朝相比,大宋王朝的京都鼎立于中国运河更核心的位置,

扫码探寻
- 图解千年运河
- 镜头下的运河
- 运河文化珍藏
- 中华水系之美

唐天宝三载（744年），难以施展抱负的李白遭赐金放还。他一挥马鞭，抽碎长安日月，沿广通渠策马向东，越过潼关、风陵渡、三门峡，抵达洛阳。

此时，有一个人在洛阳运河水边等他。

等他的人是杜甫。

洛阳阳渠天津桥畔的一家小酒馆里，44岁的李白与33岁的杜甫历史性相遇。

杜甫告诉李白："二年客东都，所历厌机巧。野人对膻腥，蔬食常不饱。岂无青精饭，使我颜色好。苦乏大药资，山林迹如扫……"

李杜初见，杜甫告诉自己的偶像李白，这两年客居洛阳，亲身经历过很多趋炎附势、投机取巧甚至尔虞我诈的不堪。即便经常饥肠辘辘，连粗茶淡饭都吃不饱，也不愿面对达官贵人恶俗膻腥的气味。有病的时候，只能去采摘草药，现在山林里的草药就像被扫帚扫过一样。

此时的李白声震朝野，名动天下；而杜甫却鲜有诗名，不见经传。然而，李白没有因此对杜甫有丝毫的轻慢。李白可能认不清官场的各色人等，但对诗，有着从骨子里散发出来的敏感。几句话、几行诗、数杯酒，李白已经认定眼前的杜甫有着惊天动地的才华。相见恨晚，好在来日方长。

杜甫继续说道:"李侯金闺彦,脱身事幽讨。亦有梁宋游,方期拾瑶草。"您这么有才干,却要远离富贵浮名的生活,令人十分敬佩。我们对世俗感到失望,还不如一起相约,有机会到梁宋一游,共同去求仙访道、寻觅仙草吧。

李白欣然。他们从洛阳天津桥码头登船。经洛水至黄河,一路酣歌,途经巩义、荥阳,船过鸿沟出河口时,李白望着岸边起伏的广武山,诗兴大发,挥剑起舞,名动千古的《登广武古战场怀古》封印山河:"秦鹿奔野草,逐之若飞蓬。项王气盖世,紫电明双瞳。呼吸八千人,横行起江东。赤精斩白帝,叱咤入关中。两龙不并跃,五纬与天同。楚灭无英图,汉兴有成功。按剑清八极,归酣歌大风。伊昔临广武,连兵决雌雄。分我一杯羹,太皇乃汝翁。战争有古迹,壁垒颓层穹。猛虎啸洞壑,饥鹰鸣秋空。翔云列晓阵,杀气赫长虹。拨乱属豪圣,俗儒安可通。沉湎呼竖子,狂言非至公。抚掌黄河曲,嗤嗤阮嗣宗。"

他们乘舟继续向东,到达汴州。在这里,他们与唐代大诗人中唯一因军功封侯的高适相遇。"莫愁前路无知己,天下谁人不识君"的高适此时正辞官赋闲,便加入李杜"方期拾瑶草"的逍遥游。

酒酣之余,三人遍寻汴州夷门,寻访当年风云战国的侠士侯嬴看门处,古吹台上,文学史上最难一见的诗坛峰会激情上演,酣饮高歌,慷慨怀古,猎猎秋风中,李白高吟《侠客行》,圆了自己仗剑走天涯的侠客梦想,也由此奏响中国文学史上的华彩乐章:"赵客缦胡缨,吴钩霜雪明。银鞍照白马,飒沓如流星。十步杀一人,千里不留行。事了拂衣去,深藏身与名。闲过信陵饮,脱剑膝前横。将炙啖朱亥,持觞劝侯嬴。三杯吐然诺,五岳倒为轻。眼花耳热后,意气素霓生。救赵挥金槌,邯郸先震惊。千秋二壮士,烜赫大梁城。纵死侠骨香,不惭世上英。谁能书阁下,白首太玄经。"

杜甫后来在《遣怀》诗中有美好回忆："忆与高李辈，论交入酒垆。两公壮藻思，得我色敷腴。气酣登吹台，怀古视平芜。"

在开封禹王台公园的古吹台三贤聚会四合院内，还有一组着彩泥像，当地人说这是开封姑娘宗氏因倾慕李白而"千金买壁"终成姻缘的故事。热情的开封人，继把师旷变成开封女婿后，把李白也变成了开封女婿。据说当年李白正是在高适、杜甫怂恿下，在汴州娶了宗氏为妻，开始了"一朝去京国，十载客梁园"的生活。

离开汴州，李、杜、高舍舟驰马。东去运河隋堤上，柳絮飘飘，三匹骏马你追我赶，嘶鸣呼啸中，引起运河上的船工一阵骚动。这是大唐难得的一景啊！快马驰过陈留，越过杞县、宁陵，直抵宋州。

三百里梁园已成遗迹，对于李、杜、高而言，这就是他们登睢阳古城、凭吊古迹、忆念梁孝王的文题。

李白："梁王宫阙今安在，枚马先归不相待。舞影歌声散绿池，空余汴水东流海。沉吟此事泪满衣，黄金买醉未能归。"

高适："梁苑白日暮，梁山秋草时。君王不可见，修竹令人悲。"

杜甫："昔者与高李，晚登单父台。寒芜际碣石，万里风云来。桑柘叶如雨，飞藿去徘徊。清霜大泽冻，禽兽有余哀。"

大诗人们文思泉涌，纵情放怀，抒发自己生不逢时、知音难觅的感慨。虽怀才不遇，但"欲济苍生"的宏图大志永远留存在自己的心中。他们一起在宋城，在梁园，上演了属于唐诗、更属于中华文化的盛会。

接着，三人自宋城折向北，马踏三十里，在一片大泽湿地勒住马缰，在这里纵横打猎。旷野马嘶，箭啸镝鸣，何等磅礴快意！

这年深秋，高适离开宋州，沿运河一路东去，他在名动千古的《东征赋》中记叙了与李杜分别后，游历灵璧、彭城、泗水、盱眙、淮阴等运河沿线的故事，描绘山水胜境，点评历史人物，与他慷慨激昂的边塞诗风有异曲同工之妙，同样"读之令人感慨"。

高适走后，纵酒放歌的李白、神采飞扬的杜甫继续游历，登临怀古，把酒论文，交朋结友，迎来送往，在运河两岸度过了一段裘马轻狂的任性日子。

745年秋，李白与杜甫在鲁郡离别后，二人遂不复见，此后的李白更多地生活在运河城市，行走于运河。受好友元丹丘邀请，李白来到嵩山为客，另一位好友南阳人士岑勋也在，三人登上杜甫祖籍巩义境邙山，置酒高会，登临饮宴。邙山之巅，举目远眺，河水天纵，水天一色；清澈的伊水洛水汇入浑浊的黄河在天地之间冲激出巨幅八卦图，表里山河，伟岸气魄……浩荡天风直扑朗襟雄怀，李白激情难抑，借酒放歌，喜怒哀乐，奔涌喷发，江河流泻，不可遏制："君不见，黄河之水天上来，奔流到海不复回。君不见，高堂明镜悲白发，朝如青丝暮成雪。人生得意须尽欢，莫使金樽空对月。天生我材必有用，千金散尽还复来。烹羊宰牛且为乐，会须一饮三百杯。岑夫子，丹丘生，将进酒，杯莫停。与君歌一曲，请君为我倾耳听。钟鼓馔玉不足贵，但愿长醉不复醒。古来圣贤皆寂寞，唯有饮者留其名。陈王昔时宴平乐，斗酒十千恣欢谑。主人何为言少钱，径须沽取对君酌。五花马、千金裘，呼儿将出换美酒，与尔同销万古愁！"一曲《将进酒》，赞颂黄河，千年无超越；喟叹功名，千年无超越；人生感慨忧愤深广，千年无超越；豪纵的生活态度，千年无超越。以黄河起诗，首句写大河之来，势不可当；次句写大河之去，势不可挽。一涨一消，舒卷往复，咏叹阔达。站在邙山上看见黄河，那么，邙山间畅流天地化作了汴渠的鸿沟也就在李白的眼底，邙山间的运河就是李白咏黄河的回声。而诗中"古来圣贤皆寂寞"，一定是李白对魏惠王、汉光武帝、魏武帝、孝文帝、隋帝杨广……这些古来圣贤做出的一种历史抒发：眨眼间，千年逝去，英雄、霸业、权谋，过眼烟云，秋风又起，黍禾离离，只剩下荒凉的戏马台，残阳下回合的乱山，昔日王侯，空余陵阙，眼前，是此时此刻的斗酒十千，来吧，且举杯，一饮尽千钟，同销万古愁。

李杜的相遇偕游，永远与大运河一起，海枯石烂，天老地荒。以洛阳为中心的大运河，映照着李杜的文化光焰，盛装奔流一个时代的豪情诗意，诗歌的大运河、文化的大运河，横亘大唐，辉耀千秋。

李杜"运河会"，凸显出大运河之于唐王朝文化意义之一斑。

唐王朝是中国历史上一片连绵恢宏的文化高原，标志着中华文化的全新海拔。而这片文化高原的形成与大运河的冲积相关。大唐气象由八千里大运河的水汽凝结，激越浩荡，云蒸霞蔚。盛唐之盛，盛在运河；大唐之大，大在运河。站在盛唐中心的，不是帝王，不是贵妃，不是文武大臣，而是长安望春楼下自隋流来的大运河。

大运河上，有王勃的立言见志，有骆宾王的引吭高歌，有卢照邻的不吝身轻，有杨炯的悬河注水，有王维的诗韵画香，有孟浩然的清诗堪传，有李白的浪漫张狂，有杜甫的黯然神伤，有柳宗元的蘋花自由，有白居易的少年得志，有孟郊的春风得意，有杜牧的叶落归根，有韩愈的业无穷年，有卢纶的衰鬓秦关，有李贺的瑰丽奇峭，有贾岛的高步出群，有张继的夜半钟声，有韦应物的澄淡高洁……大运河作为文化的河流、创造文化的河流，对南北文化的交流与统一发挥着巨大作用，在隋帝杨广时期意义不彰，真正打破魏晋以来中国南北文化半封闭状态，使南北文化进一步融合，并在融合中生发出一种创造，自唐代始。唐王朝大量官员、学者、墨客、商人、僧侣、道士……行走往还于运河之上，或赴任，或游学，或赶考，或游历，或经商，或传教，这些人是文化的载体，运河将他们输送到南北各地,他们或将南方文化带到北方,或将北方文化散落南方;他们所到之处,吮吸当地的文化,他们本身就成了南北文化交融的统一体。他们在运河上留下了事迹精神,留下了传奇思想,留下了诗文篇章。大运河,不仅是唐宋经济的生命线,也是中华文化的生命线,由此累积的文化财富,于今怎样估价它的意义、作用,都不为过。

《全唐诗》收录了2800多位诗人创作的49000余首诗歌。这不是唐诗的全部,而是历时一千年后至清代康熙年间还被保存的部分。天才喷涌,诗风浩荡,大家不绝。不说李邕、骆宾王、孟郊、罗隐、陆龟蒙等名动大唐的诗人就生长在大运河边,就说余下的诗人,其中80%以上都在运河一线留下深深的足迹。他们写大运河的诗,题材广泛,篇目繁多,艺术精辟,组成了中国文化史上光芒万丈的银河,笼罩九州,镌刻山河。仅描写往返于大运河上商人的诗句就令我们目不暇接、叹为观止。"扬州桥边少妇,长安城里商人。三年不得消息,各自拜鬼求神。""金紫少年郎,绕街鞍马光。……划戴扬州帽,重熏异国香。""谁知嫁商贾,令人却愁苦。自从为夫妻,何曾在乡土。去年下扬州,相送黄鹤楼。眼看帆去远,心逐江水流。""五月南风兴,思君下巴陵。八月西风起,想君发扬子。""蜀麻久不来,吴盐拥荆门。"……

在唐人那里,大运河,它是一条造就繁荣的河流。"淮浪参差起,江帆次第来。""山映南徐暮,千帆入古津。""夜市桥边火,春风寺外船。""鱼盐聚为市,烟火起成村。""泛舟大河里,积水穷天涯。天波忽开拆,郡邑千万家。"

繁忙的运河带动了沿岸城市的兴起和商业的繁荣。"水门向晚茶商闹,桥市通宵酒客行。""九天阊阖开宫殿,万国衣冠拜冕旒。""长安回望绣成堆,山顶千门次第开。""兰陵美酒郁金香,玉碗盛来琥珀光。""忆昔开元全盛日，小邑犹藏万家室。""大唐造昌运，品物荷时成。""人歌小岁酒，花舞大唐春。"……

繁华过尽，便是落寞，便是萧瑟。河还是那条河，水还是河里的水，柳还是堤上的柳，铺陈到诗人笔下，已成怀古的对标物，抒发的是对兴亡的无限感慨喟叹。时光匆匆，历史无情，转折就在俯仰之间，因为急剧而显得愈发强烈。"曾傍龙舟拂翠华，至今凝恨倚天涯。但经春色还秋色，不觉杨家是李家。背日古阴从北朽，逐波疏影向南斜。年年只有晴风便，遥为雷塘送雪花。""春半烟深汴水东，黄金丝软不胜风。轻笼行殿迷天子，抛掷长安似梦中。""夹路依依千里遥，路人回首认隋朝。春风未借宣华意，犹费工夫长绿条。""夹岸垂杨三百里，只应图画最相宜。自嫌流落西归疾，不见东风二月时。"

在唐人那里，大运河，它是一条精神追求的河流。

行走在这条大河上，会有风高浪急的颠簸，但只要坚定信心，矢志不渝，必会抵达理想的码头。如果不知道自己要去哪个码头，那么，没有一种风是顺风，没有一张帆是利帆。"清晨自梁宋，挂席之楚荆。出浦风渐恶，傍滩舟欲横。大河喷东注，群动皆窅冥。白雾鱼龙气，黑云牛马形。苍茫迷所适，危安惧暂宁。信此天地内，孰为身命轻。丈夫苟未达，所向须存诚。前路舍舟去，东南仍晓晴。"大运河是唐人的生命之河，他们漂泊在这条河流上，为生活奔波，为理想奋斗，梦想和追求、奋发和坚定、惆怅和无奈，总会被流动不居的运河水引发出来，化作"诗言志"的篇章。

刘禹锡，籍贯河南洛阳，生于鸿沟之畔河南荥阳，自述"家本荥上，籍占洛阳"。早年与柳宗元为文章之友，称"刘柳"；晚年与白居易为诗友，号"刘白"。唐敬宗宝历二年（826年），刘禹锡罢和州刺史任返洛阳，同时白居易从苏州归洛阳，两位好友都走运河，在扬州码头欣然相逢，不亦乐乎。二人携手同登栖灵塔,畅谈官宦生涯、人生感慨。运河边的一场宴席间,白居易赋诗相赠,刘禹锡读来立即酬答:"巴山楚水凄凉地,二十三年弃置身。怀旧空吟闻笛赋,到乡翻似烂柯人。沉舟侧畔千帆过,病树前头万木春。今日听君歌一曲,暂凭杯酒长精神。"面对运河,刘禹锡信念坚定,精神乐观。

"城外园林初夏天,就中野趣在西偏。蔷薇乱发多临水,鹨鹕双游不避船。水底远山云似雪,桥边平岸草如烟。白家唯有杯觞兴,欲把头盘打少年。""曾向空门学坐禅,如今万事尽忘筌。眼前名利同春梦,醉里风情敌少年。野草芳菲红锦地,游丝撩乱碧罗天。心知洛下闲才子,不作诗魔即酒颠。"这些都可见刘禹锡这位历经世事的"运河才子"精神依然那么旷达与明丽。

李翱自洛阳沿大运河至杭州,转道广州。运河载着这位盛唐哲学家访友问僧、登山看寺,参悟哲理,终使他在哲学理论上提出了"复性"说。这种学说将传统儒家与佛学结合起来,一方面继承儒家的心性说,另一方面又吸收了禅宗"见性成佛"的观点。这与他沿河访僧问寺不无关系。大运河,一条精神的河流,它在交流、沟通、融合中生发智慧。

在唐人那里,大运河,它是一条心脉律动的河流。

以洛阳为中心的中原运河,和唐人的生活息息相关,他们仕宦、漫游,在大运河上经常往来。滔滔不息的运河水,让诗人慨叹岁月的转瞬即逝、宦海沉浮。"事去唯留水,人非但见山。""千里长河初冻时,玉珂瑶珮响参差。浮生恰似冰底水,日夜东流人不知。""年如流水催何急,道似危途动即穷。"

作为开封人的崔颢,很早就离开家乡到长安赶考,中进士后在各地漫游近二十年,《晚入汴水》正是他一次回乡真情的记录。离家乡愈近,心情愈愉悦,以这样心情看向沿岸,景色中折射一种难得的惬意,而且,那里有春风送去的运河上棹歌在回荡:"昨晚南行楚,今朝北溯河。客愁能几日?乡路渐无多。晴景摇津树,春风起棹歌。长淮亦已尽,宁复畏潮波。"

天宝三载(744年),浙东绍兴第一状元、官至太子宾客的贺知章告老还乡,皇帝亲自写了两首诗送他,并让太子带着满朝文武为他饯行,于是,就有了一个诗坛竞技的场合,李白作《送贺宾客归越》:"镜湖流水漾清波,狂客归舟逸兴多。山阴道士如相见,应写黄庭换白鹅。"

漫长的大运河将离开家乡五十年的贺知章送至家乡,他感慨万千,《回乡偶书二首》浑然天成:"少小离家老大回,乡音无改鬓毛衰。儿童相见不相识,笑问客从何处来。""离别家乡岁月多,近来人事半消磨。惟有门前镜湖水,春风不改旧时波。"

漫长的大运河,一头牵着"宾客归越",一头系着"回乡偶书",中间涨满心脉律动。

岑参送友人南下省亲:"汴水扬波澜,万里江海通……老亲在吴郡……复展膝下欢。"站在运河码头,各种情愫涌上心头,连到家后相见的场景都想象描绘了出来,心脉律动,溢于言表。

"长安南下几程途,得到邗沟吊绿芜。渚畔鲈鱼舟上钓,羡君归老向东吴。"崔颢感受着南下友人的心脉,心心念念,苍茫幽远。

在唐人那里,大运河,它是一条离情别绪的河流。

一舟、一篙、一帆,踏进运河,立刻有一种思绪袭上心头,这思绪叫"客愁",就是离开亲朋、离开熟悉环境时的异地之愁、漂泊之愁、孤独之愁,这样一种"愁"的涌起和表达,正是无数精细描绘离情别绪的唐诗最先给予我们的"文化暗示"。无数人踏进运河,这种愁绪一起涌来,把运河涌成一条借以抒发、借以慰藉的精神之河。

"商旅往还,船乘不绝",数不清的生离死别日复一日在沿岸无尽的码头渡口上演,成为人们离情别绪的生发地、起航点,王之涣写在运河码头的《送别》表达的就是这样的况味:"杨柳东风树,青青夹御河。近来攀折苦,应为别离多。"

唐人孟郊,早年丧父,协助母亲抚养弟弟妹妹们成家立业,然后专心参加科举。他沿大运河自湖州经苏州、常州、润州、扬州至洛阳再赴长安参加科举考试。一次、两次,孟郊均告失败。

才子多自负,才高八斗,两试不中,孟郊十分苦闷,几欲放弃,母亲殷殷鼓励:唯有去考,才有希望。在母亲的期待中,孟郊振作起来,背起行囊,第三次踏进漫漫运河。

临行前对着母亲,也是对着运河,他写下《游子吟》:"慈母手中线,游子身上衣。临行密密缝,意恐迟迟归。谁言寸草心,报得三春晖。"运河第三次用它漫长的流淌将愈挫愈勇的江南才子孟郊送达长安,送进科举试场。

这一回,年近五十的孟郊高中进士,与第一次参加考试结识的韩愈一起,活跃于文化中心的长安,以"韩孟诗派"享誉诗坛,终以寸草心,报得三春晖。

孟郊、韩愈,一对好友,既有欢聚,就有离别。运河送来聚情,运河留下别绪:"汴水饶曲流,野桑无直柯。但为君子心,叹息终靡他。"

元和四年(809年),孟郊、韩愈的好友李翱自洛阳去广州,其中洛阳至杭州乘船走大运河。运河码头,执手相看,韩愈怅然若失:"广州万里途,山重江逶迤。行行何时到,谁能定归期。揖我出门去,颜色异恒时。"

孟郊满是关切:"习之势翩翩,东南去遥遥……皋桥路逶迤,碧水清风飘。"孟郊家住运河之滨的湖州,李翱的南去,自然引发他的思念之情:

"小时屐齿痕,有处应未销。旧忆如雾星,恍见于梦消。言之烧人心,事去不可招。"

薛逢站在运河码头送别友人时,心空寂寥:"关河日暮望空极,杨柳渡头人独归。"

姚合站在同样的运河码头,对友人千叮咛万嘱咐:"隋堤傍杨柳,楚驿在波涛。别后书频寄,无辞费笔毫。"

许棠送别友人远去,恰在秋天,眼含运河,苍茫伤怀:"独立长堤上,西风满客衣。日临秋草广,山接远天微。岸叶随波尽,沙云与鸟飞。秦人宁有素,去意自知归。"

林逋正在汴河上漫游,听到友人远去的消息,轻声吟哦:"高鸿多北向,极目雨余天。春满吴山树,人登汴水船。吟生千里月,醉尽一囊钱。肯便怀乡邑,时清复少年。"

辛渐,王昌龄的好友,自润州渡江,取道扬州,沿运河西去洛阳,王昌龄陪辛渐从江宁至润州,写下《芙蓉楼送辛渐》二首。第一首写江边送别友人;第二首写头天晚上在芙蓉楼为友人饯行。其一:"寒雨连江夜入吴,平明送客楚山孤。洛阳亲友如相问,一片冰心在玉壶。"其二:"丹阳城南秋海阴,丹阳城北楚云深。高楼送客不能醉,寂寂寒江明月心。"依依惜别,无限酸楚。王昌龄不惟有雄伟豪迈的边塞诗,面对运河,惜别友人,一样可以寒江明月,寂寂苍茫。

唐玄宗天宝六载(747年)春天,给事中房琯被贬出朝,门客、著名琴师董庭兰也离开长安。是年冬,董庭兰与高适会于睢阳,高适写下《别董大二首》:"千里黄云白日曛,北风吹雁雪纷纷。莫愁前路无知己,天下谁人不识君?""六翮飘飖私自怜,一离京洛十余年。丈夫贫贱应未足,今日相逢无酒钱。"与凄清缠绵、低回流连的诗句比起来,高适运河边的送别诗，出自肺腑，慷慨悲歌，为唐诗抹上了豪放刚健的亮色。

传奇是大运河水浇灌出的一朵奇葩。当千艘万艘漕船驶过家门前的时候，史官沈既济正蘸着大运河湖州段多情的水，写作他的《枕中记》《任氏传》，使原来只是粗陈梗概的小说变得体制阔大、情节曲折、人物性格鲜明复杂。《霍小玉传》从女性角度写人间爱情悲剧，情节一波三折，作者蒋防分明是从运河的浪花里吸取了艺术灵感，你看主人公的命运多像运河的命运，受尽压迫凌辱而决不屈服。白行简虽不是运河岸边人，然而《李娃传》写的却是运河名城常州的刺史郑某的公子与长安妓女相恋的故事，一派水的气息。

不惟传奇文学一路得益于运河水的滋养，各领风骚的唐代书法大家几乎全是喝着运河水长大的。运河水给了虞世南气秀色润、修眉自喜的意趣，给了褚遂良美人婵娟、不胜罗绮的气韵，给了徐浩怒猊抉石、渴骥奔泉的精神，给了张旭点画净媚、德齐古人的风格，给了贺知章酌而不竭、清秀峻拔的风采……

大运河，载着大唐文化流进了宋词、诗、话本、书法、绘画、音乐等大宋文化的方方面面、角角落落。北宋大中祥符元年（1008年），柳永自崇安（今福建武夷山市）抵达汴京开封。此时京城，承平日久，繁华极盛，柳永凌云辞赋，形容曲尽，将运河边的帝都夸耀成天上人间："帝里风光好，当年少日，暮宴朝欢。况有狂朋怪侣，遇当歌对酒竟留连。""嶰管变青律，帝里阳和新布。晴景回轻煦。庆嘉节、当三五。列华灯、千门万户。遍九陌、罗绮香风微度。十里然绛树。鳌山耸、喧天箫鼓。　渐天如水，素月当午。香径里、绝缨掷果无数。更阑烛影花阴下，少年人、往往奇遇。太平时、朝野多欢民康阜。随分良聚。堪对此景，争忍独醒归去。"大都汴京的巷陌繁华，也令年少才子耽溺，柳永坠入秦楼楚馆。

大中祥符二年（1009年），春闱在即，柳永踌躇满志，自信"定然魁甲登高第"，他哪里知道，宋真宗已经将他的试答定性为"属辞浮糜"，初试落第。愤慨之下，柳永填词发泄不满："黄金榜上，偶失龙头望。明代暂遗贤，如何向……风流事，平生畅。青春都一饷。忍把浮名，换了浅斟低唱。"一个"忍"字，将渴望功名又不屑功名的内心挣扎显露无余。

一个深秋的傍晚，京都汴梁郊外，临时搭起的帐篷内，一对男女饮酒话别。帐外，寒蝉凄惨哀鸣，好像在为他俩的分别而哭泣。隐隐约约，一场大雨刚刚停歇。天将晚，雨已停，运河上不时传来艄公的喊声"上船咯，要开船咯！"两人不得已徐徐站起，移步帐外，万般依恋之际，此刻可真的要分手了。他们双手相执，泪眼相看，竟然说不出一句话来……船开了，人走了，渐行渐远。情人岸边伫立，含着泪，举着手，一直目送那兰舟消失在无边无际的暮霭里。一阕《雨霖铃》，写尽离情别绪："寒蝉凄切，对长亭晚，骤雨初歇。都门帐饮无绪，留恋处、兰舟催发。执手相看泪眼，竟无语凝噎。念去去、千里烟波，暮霭沉沉楚天阔。　　多情自古伤离别。更那堪、冷落清秋节。今宵酒醒何处，杨柳岸、晓风残月。此去经年、应是良辰好景虚设。便纵有、千种风情，更与何人说。"

科举失意，生命短暂，柳永开始了沿大运河的漫游，由汴河南下江淮，在泗州、扬州、润州、苏州、杭州、会稽等运河城市驻足流连。

在扬州，他写下《临江仙·鸣珂碎撼都门晓》："鸣珂碎撼都门晓，旌幢拥下天人。马摇金辔破香尘。壶浆盈路，欢动一城春。　　扬州曾是追游地，酒台花径仍存。凤箫依旧月中闻。荆王魂梦，应认岭头云。"

在苏州，他写下"吴会风流。人烟好，高下水际山头。瑶台绛阙，依约蓬丘。万井千闾富庶，雄压十三州。触处青蛾画舸，红粉朱楼。　　方面委元侯。致讼简时丰,继日欢游。襦温裤暖,已扇民讴。旦暮锋车命驾,重整济川舟。当恁时,沙堤路稳,归去难留";他写下"古繁华茂苑,是当日、帝王州。咏人物鲜明,土风细腻,曾美诗流。寻幽。近香径处,聚莲娃钓叟簇汀洲。晴景吴波练静,万家绿水朱楼。 凝旒。乃眷东南,思共理、命贤侯。继梦得文章,乐天惠爱,布政优优。鳌头。况虚位久,遇名都胜景阻淹留。赢得兰堂酝酒,画船携妓欢游";他写下"天阁英游,内朝密侍,当世荣遇。汉守分麾,尧庭请瑞,方面凭心膂。风驰千骑,云拥双旌,向晓洞开严署。拥朱轓,喜色欢声,处处竞歌来暮。 吴王旧国,今古江山秀异,人烟繁富。甘雨车行,仁风扇动,雅称安黎庶。棠郊成政,槐府登贤,非久定须归去。且乘闲、孙阁长开,融尊盛举"。

天圣七年(1029年),柳永返回京都。汴梁繁华依旧,只是知交半零落,物是人非,触景伤情。柳永再次落寞离开,这一回,他从汴京向西至洛阳、渭南、长安,直至蜀中成都。沿运河向西、向西南走出这么远,在宋朝文人中,相当罕见。

柳永来到长安,从本朝首都来到前朝京畿,他感慨无限:"长安古道马迟迟。高柳乱蝉嘶。夕阳岛外,秋风原上,目断四天垂。 归云一去无踪迹,何处是前期。狎兴生疏,酒徒萧索,不似去年时。"

柳永一生大部分时间在汴京、在运河边的城市中度过,写下了一曲曲咏运河、咏运河城市绮丽艳美、深情婉约的绝唱,凡有运河处,即能歌柳词。柳永的词展现了一幅大运河畔的都市风情画,柳永也将自己与运河的关系提升为一种精神关系,运河在他的精神里流淌,他的精神流淌在运河里。若没有柳永,大运河文化或许远没有现在这么明丽、这么多彩、这么浪漫多情。像柳永这样,几乎为每一座运河城市都留下词作的词人,绝无仅有。

中原文化充满现实的责任感、使命感，可以支撑中华民族的现实实践；江南文化本质上是一种诗性文化，饱含超越现实利害的生命愉悦，大运河以自身的流动将两者贯通融合起来，穿行其间的柳永，则是天才般地将它们做出精彩的艺术表达。柳永，大运河孕育出的杰出"运河歌手"。

熙宁元年（1068年）春，退隐江宁多年的王安石接到朝廷征召，到中央任翰林学士。接到这样的任命，王安石一定心潮澎湃。他一直鼓动皇帝变法，终于等到宋神宗上台，回京后任为皇帝起草圣旨的翰林学士，来到皇帝身边，推行变法变得十分可能。他立即启程，自京口瓜洲间转入运河赴京都汴梁上任。夜宿瓜洲，回望长江南岸京口西津渡，他饱蘸深情，放怀吟唱："京口瓜洲一水间，钟山只隔数重山。春风又绿江南岸，明月何时照我还。"次年，王安石走上宰相之位，便开启大宋历史上著名的"王安石变法"。变法中的王安石喊出"天命不足畏，祖宗不足法，人言不足恤"，何等决绝！

王安石将大运河带进另一种文化长流之中。

岁月荏苒，宦海沉浮，四十九岁的欧阳修自东京汴梁出发，沿永济渠大堤向北，再一次踏上曾朝朝暮暮为之操劳的河北大地，以右谏议大夫之职出使契丹，贺契丹国母生辰。

金秋八月，老树寒鸦。欧阳修忽然意识到自己人生中的三个八月之秋都与运河有关：庆历四年（1044年）八月，来御河边的河北任职；庆历五年（1045年）八月，调离河北赴通济渠边的安徽滁州；十年后的这个八月，再经御河出使契丹。人生一世，草木一秋，"奈何以非金石之质，欲与草木而争荣？念谁为之戕贼，亦何恨乎秋声？"也许，几年后先生那篇非同凡响的《秋声赋》就是在永济渠八月的大堤上攥的第一片声影。

经过瀛洲、莫州，欧阳修到达雄州。千里途中，举目萧然，瓦砾蔽野，荒基坏堞，莫可得究。白沟河粼粼波光，在眼前无声流淌。欧阳修老泪纵横，滴落在草书《奉使契丹初至雄州》的纸上："古关衰柳聚寒鸦，驻马城头日欲斜。犹去西楼二千里，行人到此莫思家。"

次年二月，完成此次外交之行，欧阳修柔肠万断、百感交集，写成《北使语录》。可惜，这部文稿湮灭于岁月烟云，我们只能从《秋声赋》《奉使契丹初至雄州》中怀想永济渠在河北大地的情状，怀想欧阳修在原本自己的国土上给异国国母庆生的悲怆。

欧阳修将大运河带进另一种文化长流之中。

苏轼一生南来北往，与运河有很深的渊源。他数次到扬州，十四次到常州，来来往往，据考证他曾经十九次经过大运河，是北宋穿行运河最多、最密集的"运河人"。

苏东坡在徐州知州任上，带领百姓抗洪救灾取得胜利，在东门上建造黄楼，请秦少游作赋纪念，秦少游遵嘱写成《黄楼赋》，顺便带上家乡高邮土特产，并赋诗一首送到徐州："鲜鲫经年渍醽醁，团脐紫蟹脂填腹。后春莼苗滑于酥，先社姜芽肥胜肉。凫卵累累何足道，饤饾盘餐亦时欲。淮南风俗事瓶罂，方法相传为旨蓄。鱼鱐蜃醢荐笾豆，山蔌溪毛例蒙录。辄送行庖当击鲜，泽居备礼无麋鹿。"读一读这首《以莼姜法鱼糟蟹寄子瞻》就知道运河物产何等丰富！

扬州有平山堂，是恩师欧阳修所建，苏轼来了，物是人非，园林虽在，恩师已去，感慨万千："三过平山堂下，半生弹指声中。十年不见老仙翁。壁上龙蛇飞动。欲吊文章太守，仍歌杨柳春风。休言万事转头空，未转头时皆梦。"

扬州邵伯有斗野亭，濒临湖边，雄踞高丘，始建于北宋熙宁二年（1069年）。古人将天上星宿分于四象二十八宿，对应地上九州，扬州邵伯为斗、牛星宿分野之地，经天纬地，非同等闲，当时文人元居中取亭名"斗野"。元丰二年（1079年），高邮籍诗人孙觉赴苏州经邵伯，首题五言古诗《题邵伯斗野亭》："淮海无林丘，旷泽千里平。一渠闲防潴，物色故不清……平生有微尚，一舟聊寄行……"第二首就是苏轼的《次韵孙莘老斗野亭寄子由》："落帆谢公渚，日脚东西平。孤亭得小憩，暮景含余清……新诗出故人，旧事疑前生。吾生七往来，送老海上城……"此后，苏辙、秦少游、黄庭坚、张耒、张舜民等先后来此，纷纷唱和。运河斗野亭遂声名鹊起，游者云集，成为文坛圣地。

苏轼、苏辙、秦少游、黄庭坚、孙觉、张耒、张舜民……将大运河带进另一种文化长流之中。

"生当作人杰，死亦为鬼雄。至今思项羽，不肯过江东。"沿运河南逃的李清照，万丈豪情，更有"木兰横戈好女子，老矣不复志千里。但愿相将过淮水"的复国心愿，壮怀激越。

"位卑未敢忘忧国"的陆游，曾向朝廷献计北伐，收复中原的信念始终不渝。"当年万里觅封侯，匹马戍梁州。关河梦断何处？尘暗旧貂裘。""早岁那知世事艰，中原北望气如山。楼船夜雪瓜洲渡，铁马秋风大散关。塞上长城空自许，镜中衰鬓已先斑。出师一表真名世，千载谁堪伯仲间！"

乾道六年（1170年），陆游自山阴赴任夔州通判，由运河入长江，历时一百六十多天，一路写下长篇游记散文《入蜀记》。由《入蜀记》可知，陆游怀着"残年走巴峡，辛苦为斗米"的满腹牢骚登舟赴任，在运河上的行程是四十多天，经历过"铁马秋风"，经历过"热血柔肠"，然而，走上船舷，望一眼水流漫漫的千年古运河，牢骚尽去，烦愁顿消，燥热全无，只觉得"凉爽如秋"，"月如昼，极凉"，返回船舱，诗人的情趣、诗人的眼光，化作篇篇隽永文字、锦绣文章。《入蜀记》，中国文学史上第一部运河上写、写运河的大家巨构、美文经典。这是船写在河上的诗篇，这是河唱在船上的骊歌。

在南宋王朝，有多少陆游这样的游子，在漫长的行程中，历经多少次运河的过坝过闸，完成多少次人生的过关过隘，达到多少次精神的蜕变和升华呢？

任何时候翻开《入蜀记》，宋王朝大运河里的一脉精魂都会扑面而来。

辛弃疾一生与运河联结，行吟运河之畔，壮怀激烈。

二十岁铁血少年，浑身是胆，面对"怨已深、痛已巨而怒已盈"的时代，为了金瓯的那块"缺"，他在中原大运河边"鸠众二千"，参加由耿京领导的一支声势浩大的义军，反抗金人。不想，耿京被奸细所害，运河边的根据地失陷。辛弃疾闻讯，率五十人马深入虎穴，凭万夫不当之勇，活捉躲在金营内的叛徒，面对五万金兵，从容不迫，毅然押着叛徒摆脱追敌，疾驰而归："壮岁旌旗拥万夫，锦襜突骑渡江初。燕兵夜娖银胡䩮，汉箭朝飞金仆姑。"这是何等的胆略气魄！

南归后，辛弃疾寓居运河边的京口，新婚宴尔，面对长江，面对与长江交汇的运河，他写下"无端风雨，未肯收尽余寒。年时燕子，料今宵梦到西园"。

跟随辛弃疾的数万兵马被无心抗战的朝廷解散，当作流民散置在淮南州县中。迈入四十岁大关的辛弃疾沿运河过扬州，遥想"汉家组练十万，列舰耸层楼",留恋着"季子正年少,匹马黑貂裘",而"今老矣,搔白首","叹人间、哀乐转相寻,今犹昔",英雄落寞,笑尘劳,长为客。

漫长的蛰伏之后,花甲之年,辛弃疾再次获朝廷召唤,受命镇江知府。他二话没说,置备盔甲、制定战术、打探敌情,奋勇前趋。他感觉到,梦想此时前所未有地接近。镇江北固山上,抚今日之残局,辛弃疾对酒当歌,满腔豪情:"千古江山,英雄无觅孙仲谋处。舞榭歌台,风流总被雨打风吹去。斜阳草树,寻常巷陌,人道寄奴曾住。想当年,金戈铁马,气吞万里如虎。元嘉草草,封狼居胥,赢得仓皇北顾。四十三年,望中犹记,烽火扬州路。可堪回首,佛狸祠下,一片神鸦社鼓。凭谁问,廉颇老矣,尚能饭否?"

近在咫尺的梦想在再次遭弹劾、"奸赃狼藉"之罪名面前,彻底幻灭,壮志难酬。等到朝廷又一次想起他时,他已经躺倒在运河之侧,奄奄一息,大喊"杀敌、杀敌、杀敌"!茹恨气绝。

二十岁的铁血,四十岁的悲歌,六十岁的慷慨,付之悠悠运河,把栏杆拍遍,方才会,登临意。

陆游、辛弃疾、李清照……将大运河带进另一种文化长流之中。

李白走了,杜甫走了,运河仍在,宋城仍在,梁园仍在。李杜的驻足壮游,激荡着这片土地的文化基因,赓续文脉灵气的应天府书院,在运河的激荡中,于睢阳古城的运河码头巍然重启。

应天府书院的历史可以追溯到五代后晋。当时有个名叫杨悫的人开办了一间学舍教授学生,其中就有北宋初年的教育家戚同文。杨悫去世之后,戚同文秉承恩师遗志,将学舍逐渐发展成了一个文化培训基地。

赵匡胤立国,定都开封,结束天下纷争的混乱更迭。赵宋王朝以文治国的策略，开启了一个中国历史上难得的政治清明、文化繁荣的时代。

作为大宋龙兴之地，宋州濒临汴水，紧邻都城开封，交通发达，商旅辐辏，经历超越千年的文化积淀，演化成了宋代文化繁盛之地。1005年，宋真宗为了追念太祖赵匡胤的伟业，将宋州改为应天府，取意应天顺时，盛极赵宋。

应天府有位叫曹诚的富商，花了三百万重金，在戚同文讲学旧居重新盖起了一座书院，共有一百五十间房舍，还捐赠了千百卷的书。宋真宗改应天府书院为府学，亲笔题写"应天府书院"匾额，"天下州府有学自此始"。宋仁宗庆历三年（1043年），应天府书院升格为南京国子监，成为北宋最高学府。这也是中国古代唯一升格为国子监的书院。

应天府书院与孔庙在当时被视为学问最高殿堂，天下学子蜂拥而至。范仲淹就是其中一位。

范仲淹幼年丧父，母亲改嫁，生活穷困，好在他是个天生好读书的人，在应天府书院的日子，名师教授、藏书浩瀚，令范仲淹忘却了暂时的经济困境，"昼夜不息，冬月惫甚，以水沃面；食不给，至以糜粥继之"。这样的生活，对范仲淹来说，乐在其中。

大中祥符七年（1014年）正月，宋真宗到应天府朝拜圣祖殿。浩荡仪驾路过应天府书院时，满院学子倾巢而出，希望一睹天子容颜，唯有范仲淹岿然不动。

后来有人就问范仲淹为什么不去看皇帝，范仲淹说，皇帝总是要见到的，将来见也不晚。

皇帝的阵仗没能吸引苦读圣贤书的范仲淹，爱才的宋真宗也错失了与他提前见面的机会。巧合的是，那个时候，侍驾当朝皇帝的则是小他两岁

范仲淹

的晏殊，彼时一明一暗站在两个位置的人，在那一刻有了时空交集。

范仲淹没有食言。第二年，他如愿进士及第，在崇政殿见到了真宗皇帝，成为天子门生。而后任广德军司理参军，负责刑事案件的勘查与审理。任职期间，范仲淹还重视人才培养，专门聘请名士作为老师，兴办当地的官学，一改过去广德人不爱学习的风气。在广德任上，范仲淹将母亲接到身边，边工作边奉养母亲。而那一年的晏殊，已是记录皇帝政事的政治秘书。

此后四十年，范仲淹的名字响彻中原王朝的天空。

天圣年间，范仲淹调任西溪盐官，他发现唐代大历年间修筑的捍海堰残破失修，海水倒灌，危及百姓安全，于是就上书请求重修。修复工程进展极其不顺，先遭遇雨雪天气，然后遇到海潮，死了很多人，民工四处逃逸。于是有人提出暂停工程，仁宗诏令转运使胡令仪与范仲淹商议，范仲淹主张继续修筑捍海堰。

工程还未完工,范仲淹收到母亲病逝的噩耗,于是奉旨回乡丁忧居丧,剩余工程由他人负责完成。这就是后来的范公堤。

后来,晏殊离开开封,任应天府知州。他邀请范仲淹来应天府书院讲学。

晏殊小范仲淹两岁,但是入仕却早了十多年,知应天府时,晏殊已官至礼部侍郎、枢密副使,是朝廷的重臣,政治地位远高于范仲淹。这次晏殊聘请范仲淹担任应天府学主管,二人从此结下了终生的友谊。

应天府书院,是范仲淹出发的地方,因而他对这里的一切都非常熟悉,重回故地,已经由学生变为了先生。他继承了戚同文"天下同文"的志向,将校训改为"以天下为己任",提出"得天下英才而教育之"的教育理念,以非凡的热情投入教书育人工作中去。

"公常宿学中,训督有法度,勤劳恭谨,以身先之。夜课诸生读书,寝食皆立时刻。"

他鼓励学生要身负理想,处处表现"先忧后乐"的品操,告诉学生"有忧天下之心"可为官,"乐古人之道"可为"乡先生者",各有千秋。范仲淹强调德才兼备,学以致用,促成了书院学风从追逐功名到经世致用的转变。

可以说范仲淹承袭了孔子的教育理念,并且有他自己当下的思考。作为老师以身作则,言传身教,面对学生有教无类,对待教育又脚踏实地。这样的教育思想,不仅对应天府书院的发展起到了极大的推动作用,也使得宋朝的文化教育风气有了极大的转变。他以应天府书院为平台,以独树一帜的睢阳学案,奠定了宋代学术的基础。

经过晏殊、范仲淹等人的努力,应天府书院"二十年间,相继登科,而魁甲英雄，仪羽台阁，盖翩翩焉，未见其止"，其中就包括"天下奇才"张方平。

张方平少时聪慧但家庭贫寒，买不起书。十三岁时张方平随在应天府书院教书的舅父稽颖受教于范仲淹。

1033年，宋绶、蔡齐和范仲淹等人联名举荐张方平，从此开始了他的仕途生涯。张方平执政为民，锐意进取，关注民生，与范仲淹诸多见解相同。更重要的是，张方平在四川成都任职期间，成为"三苏"的伯乐。

至和元年（1054年），张方平以礼部侍郎任职益州知州，结识了"三苏"，张方平与苏洵年龄相仿，他盛赞苏轼兄弟"皆天才，长者明敏尤可爱，然少者谨重，成就或过之"，并为其作书向欧阳修引荐，欧阳修见三苏文章后大加赞赏。第二年，欧阳修知贡举，负责科举考试，使苏氏父子从此有了施展才华的机会。苏轼一生极为敬重张方平，更为未见过范仲淹而感到遗憾。

张方平、文彦博、富弼、孙复、石介等一大批股肱之臣，从范仲淹执掌的应天府书院走向朝廷；一批经天纬地之英才，从运河边走向大宋政坛，在政治清明的宋朝淬为影响历史走向的重要角色。

北宋兴学，始于商丘，兴于商丘。作为宋朝人才培养的重要平台，应天府书院为中原王朝提供了最大的智力支持。范仲淹上承儒道墨法，下启程朱理学，将书院的教化功能发挥到了极致，以文化自由、思想独立的包容感成为文传千年的灵魂所在。谁能说他"先忧后乐"思想不是从应天府书院萌芽？谁能说他融合、畅流的办学精神没有自书院院墙边流经日月的大运河给予的启示？

从悠悠春秋战国孔、墨、法的百家争鸣，到"三百里梁园"悠扬文风传世；从煌煌大唐文坛，李杜诗篇的千古绝唱，到"天下庠序，视此而兴"

的宋诗巅峰,因运河而生的商丘,流淌的是悠悠千古圣人遗风,是洋洋洒洒万古诗篇文脉,是悲欢离合家国情怀。

商丘河道

仁爱、壮阔、潇洒、壮志、兴叹、悲欢在岁月的长河中汇聚,与奔涌的运河一起流成历史的不朽篇章,滋养着商丘,见证着商丘,传颂着商丘。

像中原运河从大唐流入大宋也就流进了它最为辉煌的时期一样,宋代文学艺术继唐代之后,迎来了光焰万丈,古文、诗歌、宋词,人才辈出,星汉灿烂。得益于宋太祖要求其子孙永远不得杀害文人的告诫,大宋成为中国历史上文人地位最高的朝代,"满朝朱紫贵,尽是读书人",这些读书人回报给这个时代的是璀璨的文化长空。唐宋八大家,宋朝占六位。宽松的文化氛围,使继唐之后,在宋朝出现了又一个诗歌的高潮,苏轼写下两千七百多首诗,杨万里写了四千多首,陆游近万首。创造性形成的宋词,与唐诗一起,成为中国文学史上的"双绝"。

中国古代书画艺术在宋朝达到了巅峰。苏东坡、黄庭坚、米芾、蔡襄书法四大家，范宽、郭熙、李唐、马远、夏圭、张择端等画家，渲染出一个伟大的艺术时代。

明人宋濂渭感叹："自秦以下，文莫盛于宋。"

至宋，瓷文化进入了各竞风流的发展时期。现已发现的古代陶瓷遗址分布在全国170个县，其中130个县有宋代窑址。宋代北方地区的定窑、耀州窑、钧窑等，无一例外地都在运河沿线。宋瓷古朴深沉，素雅简洁，以其千姿百态、精美绝伦、蔚为大观，在人类工艺发展史上树起了一座令世界惊叹、敬仰的中国丰碑。

名动大宋、名动中国文化史的宋代文化人，许多就生长在大运河边，且与唐王朝相比，大宋王朝的京都鼎立于中国运河更核心的位置，文人也因此更深地融入运河，他们的诗文，他们的文化创造，直接塑造了大宋时代的文化面貌，笼罩九州，镌刻山河。

唐宋文化与大运河有着怎样的精神连接，是一个谜一般的存在，长时间被我们忽略，等待解码和破译，相信其结果一定是双向陡增的无尽魅力，甚至是全方位的美学唤醒：唤醒浩荡，唤醒山河，唤醒清醇高迈，唤醒壮怀激越，唤醒内心的遥远……

大运河，不仅是物资便捷的流通渠道、古代中国内循环大通道、与世界联系的重要桥梁，而且在深层上，又是一条文化的河流，参与、推动着中国文化的发生、发展、传播和升华。由于它间接联系起来的空间广阔，也因此对中国文化格局的形成，推动巨大、影响巨大。

在世界文化遗产的申请与保护中，有"文化线路"概念。这个概念指带有起点和终点、具有一定长度和宽度的线性景观或网络系统，能够连接时间、空间，跨越陆地和水域，或者除了促进商品和思想交流外，还推动文化区域内或各文化地区间的共同发展。联合国教科文组织专家对"文化线路"所作定义及基本界定，几乎是为中原大运河量身定制，中原大运河就是这样的一条"文化线路"，而李白、杜甫、白居易、柳永、欧阳修、王安石、苏轼、范仲淹……正是"文化线路"上不朽的精魂。大运河、由大运河拓展的，既是自然的也是历史的巨大空间，给了他们文化精神灵感，他们每一次风行河上，都是一次文化苦旅，由之创造出与大运河密不可分的璀璨文化，丰富着大运河的文化内涵、中华文化的精神内涵。

"草如茵,骏骑骄嘶,杏花如绣"的汴梁京都宠得忘乎所以。

"华夏民族之文化,历数千载之演进,造极于赵宋之世。"

"在社会生活、艺术、娱乐、制度、工艺技术诸领域,中国的宋代无疑是当时最先进的国家。"

"如果让我选择,我会生活在中国的宋代。"

让我们屏住呼吸,小心翼翼地展开翰林图画院张择端的《清明上河图》,看一看汤因比想选择生活的宋代、北宋的都城汴梁……

第九章 流光溢彩

大运河流至北宋，流进了中国社会生活的深处，塑造着社会面貌。

它促进着运河流域及其辐射区域工商经济的发展，沿河地区尤其是运河两岸的城市中，百业俱兴，商业气息浓厚，商品经济生长起来、繁荣起来、发达起来。从城镇到农村，纺织业、编织业、印刷业、造纸业、金属品制造业、生活用品制造业、瓷器业、酿造业……一大批官私工商业、手工业，蓬勃兴起，生机盎然。

在运河城镇中，各类商业店铺鳞次栉比，更多的人从事商品流通，商业人口大增，东、西、南、北物资因他们的介入而沿运河大交流，规模前所未见，呈现出从业而聚、活动频繁、规模渐大的特色，冲破并改善着地域商业的封闭状态，形成以运河为纽带的商品销售形式，客观上为全国统一市场的萌芽、生长提供了可能，也给封闭沉闷的社会生活注入了新鲜活力。

大运河，像一条高速运转的印钞机的输送带，把『香轮暖辗，芳

扫码探寻
· 图解千年运河
· 镜头下的运河
· 运河文化珍藏
· 中华水系之美

大梁，开封，汴京，在魏惠王自安邑迁都至此之前，甚至，在魏惠王虽定都大梁但未自圃田泽引水至国都城北，绕城趋南之前，这里就是中原黄河南岸的一个小村。是连接黄河、淮河的鸿沟的开通，使它在春秋战国的烽火中实现国家都城发展的弯道超车，迅速崛起。

秦灭魏，大梁在铁蹄的践踏之下归于沉寂。隋帝杨广定都洛阳，开筑通济渠，又一次历史性地激活了鸿沟，激活了汴河，也激活了汴京，后梁、后晋、后汉、后周在此经营，宫城巍然，北宋定都这里，都城规模由五代时周围二十里，瞬间扩张到周围近五十里，宫城、里城和外城三个部分组成世界上最辉煌的城市，将大梁汴京推向高光时刻。

宫城，是皇帝及后妃居住的地方，也是中央官府机构所在地，因此也称皇城，宋人喜欢称之为"大内"。在五代宫城基础上，建隆三年（962年）至开宝元年（968年），宋王朝用了六年时间对其进行扩建，达到周围五里的规模，内部的殿宇尤为壮观。大中祥符五年（1012年）又将版筑的宫城土墙改为砖墙，中国历史上第一座砖筑宫殿由是产生。

里城，即旧城，周围二十里。

外城，又称新城，北宋不断扩建新城，增加了城墙的长度、高度和墙基宽度，完善更新城墙上的战守设施，修建起楼橹、战棚、马面，是都城，也是堡垒。

建筑皇城的同时，北宋王朝自立国之始，就不遗余力地开筑、疏浚、整治穿过东京城、逶迤远流的惠民、金水、五丈、汴水四渠，公家运漕，私人商旅，舳舻相继，东京不仅是国家政治中心，更是"百货通焉，利尽四海"的大都会。

对四渠的疏浚，不仅开拓了航运，畅通了物流，更重要的是悄然创建了新的自然环境、生态环境和生产环境，极大地促进着四渠流经地区整体社会环境的改善和优化，使整个流域包括辐射区域，都成为国家繁荣昌盛新的经济生长带。皇朝"宝带"，名副其实。

那时，拥有一百五十万人口的大都会汴京每日消费的粮食、蔬菜、燃料、木材等物品，多数是从相当远的地方运来的。惠民河、五丈河每年运往东京的粮食各六十万石；汴水每年运到东京的粮食达五六百万石，最高时达到七八百万石之多。往返于中原大运河上的漕船有三千余艘，每年往返三次，宋神宗时往返四次。宋都东京东南城沿汴河一带建有元丰仓、顺城仓，东水门里广济、里河折中、外河折中、富国、广盈、万盈、永丰、济远等国家粮食储备仓库，江、淮、湖、浙漕粮入京，就卸在这些仓库里。漕船、货船、客船，船船以京都为目的地；东、西、中、外粮食货物，物物以京都为集散地。大运河，像一条高速运转的印钞机的输送带，把"香轮暖辗，芳草如茵；骏骑骄嘶，杏花如绣"的京都宠得忘乎所以。

它证明着，大运河，至北宋时期，进入中国社会生活的深处，塑造着社会面貌。它促进着运河流域及其辐射区域工商经济的发展，沿河地区尤其是运河两岸的城市中，百业俱兴，商业气息浓厚，商品经济生长起来、繁荣起来、发达起来。从城镇到农村，纺织业、编织业、印刷业、造纸业、金属品制造业、生活用品制造业、瓷器业、酿造业……一大批官私工商业、手工业，蓬勃兴起，生机盎然。在运河城镇中，各类商业店铺鳞次栉比，更多的人从事商品流通，商业人口大增，东、西、南、北物资因他们的介入而沿运河大交流，规模前所未见，呈现出从业而聚、活动频繁、规模渐大的特色，冲破并改善着地域商业的封闭状态，形成以运河为纽带的商品销售形式，独具特色的运河工商文化因此悄然形成，客观上为全国统一市场的萌芽、生长提供了可能，也给封闭沉闷的社会生活注入了新鲜活力。富裕人口因此增加，并且在运河流域扩大，扩大出富人阶层，"小市藏百贾"。在运河城镇居民结构中，官商、豪贾、富民、行首等城市中的兼并之家，多资产巨万，实力雄厚。官吏经商趋于普遍化，即所谓"吏商"，上自亲王使相，下至幕僚仆吏，皆被卷入日趋发达的商潮之中，"专以商贩为急务"，"动以舟车，懋迁往来"，开封巨贾"资产百万者至多，十万而上比比皆是"。

陈寅恪说："华夏民族之文化，历数千载之演进，造极于赵宋之世。"此言不虚。

法国汉学家谢和耐断言："在社会生活、艺术、娱乐、制度、工艺技术诸领域，中国的宋代无疑是当时最先进的国家。"

世界公认的中国经济史研究权威、日本加藤繁博士，在他20世纪30年代初所作的《宋代都市的发展》中指出，宋代城市中的酒楼，"都是朝着大街，建筑着堂堂的重叠的高楼"，"这些情形都是在宋代才开始出现的"。

加藤繁博士的描述是他研究的结论，远不及他的同乡、日本著名和尚成寻在《参天台五台山记》中的记录。宋神宗熙宁五年（1072年），成寻和尚自东瀛入宋，沿江南运河北上，经邗沟、汴河，抵达东京开封，在大相国寺交流佛事。运河两岸的风光，羡得和尚眼都看直了，而汴京的繁华程度更令这位僧人"惊诧莫名"："汴河两岸着船不可胜计，一万斛、七八千斛，多多庄严。大船不知其数，两日见过三四重著船千万也。"

坊巷御街，自宣德楼一直南去，阔二百余步，两边乃御廊，各安立黑漆杈子，路心又安立朱漆杈子两行，中心御道，专供皇亲官宦通行，行人皆在廊下朱漆杈子之外。杈子里面有砖石甃砌御水沟两道，宣和间尽植莲荷，近岸植桃、李、梨、杏，杂花相间，春夏之间，繁锦如绣。

商人可以在御街两旁的走廊上买卖交易，御街周围的店铺屋宇雄壮，门面宽阔，望之森严。每一交易，动辄千万，骇人闻见。

宋之前朝唐都长安，"坊"与"市"是分开的。坊是居住区，是大城中的小城，有四个正向的门，类似封闭的城堡。市是买卖交易的场所，长安有东、西二市，一市相当于二坊，长安的市场活动区域很有限。宋都汴梁则不同，坊与市的藩篱被打破，居民区也是工商业活动区域，都城居民居住与经商不受限制，手工业作坊和商店均可面向大街而设，作坊主、工匠、商人同其他居民不分彼此，可以面街而居，商店和作坊因此遍及东京城的大街小巷，东京成为中国坊、市合一直通人间烟火的天下第一城，因此呈现出的繁华令人惊叹。

这样的城市格局奠基于后周。周太祖郭威于广顺二年（952年）正月，下诏调丁夫五万余人修固东京城墙。周世宗显德二年（955年）四月再下诏整修京城。市民面街而居，开店营业，打破了旧的坊、市分离制度，向新的开放型工商业城市过渡。允许官民人户沿街兴建楼阁。大将军周景首先响应，以汴河浚治，"舟楫无壅，将有淮、浙巨商贸粮斛贾，万货临汴无委泊之地，讽世宗，乞令许京城民环汴栽榆柳、起台榭，以为都会之壮。世宗许之。景率先应诏，距汴流中要起巨楼十二间"。被京人称为"十二间楼子"的周大将军府，成为京都建筑的标杆，人们竞相效仿。临街店楼，市容壮观，是后周建筑遗产奠定了北宋都城的基本布局和风格。

最热闹处莫过于御街与汴河交叉处的州桥。

州桥，唐宣宗建中年间由汴州节度使李勉所建，以在汴州之南门故名。中唐时开封称汴州，这座桥也就有了"汴州桥"这个名字，五代时称"汴桥"，宋代改称"天汉桥"，意思是"银河之上的桥梁"，因正对大内御街，又名"御桥"。《避暑录话》记载，州桥在宋哲宗年间，有过一次大的改建，"绍圣初，修天津桥，以右司员外郎贾仲民董役"。张知甫的《可书》对此的描述更加详实："章惇方柄任，用都司贾仲民议，起州桥二楼，又改桥作石岸，以锡铁灌其缝。宋用臣过之，大笑而去。仲民疑其有所未至，深虑之，遂谒用臣，访以致笑之端。用臣曰：'石岸固奇绝，但上阔下狭，若瓮尔。'仲民始悟，恳以更制。用臣曰：'请作海马云气，以阔其下。'卒如之而成。"

中国自古有"龙马负图"传说，到了《宋书·符瑞中》里："龙马者，仁马也。河水之精，高八尺五寸，长颈有翼，傍有垂毛，鸣声九哀。"龙马神兽已能通天入海、畅达四方，能骑者还可长寿。"水马生水中，善行如马，亦谓之海马"，最终成为象征帝王仁德的瑞兽。作为神宗朝御用建筑大师，宋用臣怎能不知道州桥地处都城中轴线，和地支中的午马位次相符相合，加上海马是水之精灵，无惧水火，且健足善走，将其形象镌刻于州桥石壁之上，护佑大宋运河漕运顺风顺水，国泰民安，凝结着宋人深邃的文化精神。

2022年12月24日，"河南开封州桥及汴河遗址重现古城千年繁华盛景"入选2022年度国内十大考古新闻。新闻中称"考古发现不同时期各类遗存遗迹117处，清理出的明代州桥结构基本完整，发现了北宋体量最大的石刻壁画，对于探讨北宋东京城的布局结构、展现中国古代文明高度有重大价值"。

第九章 流光溢彩

州桥遗址位于今开封市中山路与自由路十字路口南约50米，是北宋东京城中轴线御街与大运河汴河段交叉点上的标志性建筑。发掘出的州桥石壁是目前国内发现的北宋时期体量最大的石刻壁画，在规模、题材、风格方面均代表了北宋时期石作制度的最高规格和雕刻技术的最高水平，是石刻版《清明上河图》。由于壁画规模庞大，难以整块安装，工匠通常先雕刻再组装，并采用了一套特殊的编号系统，编号自下而上共16层的石块依次刻有《千字文》"天地玄黄、宇宙洪荒、日月盈昃、辰宿列张"，自西向东则以数字排列。考古发掘首次完整展现了唐宋至清代开封城内的汴河形态，展示了自唐宋至清代汴河开封段的修筑、使用、兴废等发展演变过程。已经发现的汴河河道、明代州桥、宋代石壁等遗存，都让开封"城摞城"的形象更为完整立体，也揭开了开封城下6座古城的神秘面纱。

州桥遗址

所以，我们应该感谢贾仲民这个干事能臣能够听取别人的建议，更应该感谢宋用臣，让我们有机会从另外一个视角看到了大宋曾经的盛世繁华。

在这里，我们不能不提一提宋用臣这个人。《宋史》这样介绍他："为人有精思强力……神宗建东、西府，筑京城，建尚书省，起太学，立原庙，导洛通汴，凡大工役，悉董其事。"可见，宋用臣承担了神宗朝最重要的工程建设，说他为当时的伟大建筑专家和水利专家，一点也不为过。

熙宁初，"京城东水门，下至雍丘、襄邑，河底皆高出堤外平地一丈二尺余，自汴堤下瞰，民居如在深谷"。汴河因为引入黄河水导致泥沙淤积，河床逐年抬高，给京城百姓安危造成了极大威胁。为了保证京都安全，朝廷决定引洛水入汴。元丰元年（1078 年），神宗数次派人往汴口考察，有人回禀黄河河道北滚，"退滩高阔，可凿为渠，引洛入汴"；有人觉得"工费浩大，不可为"。元丰二年（1079 年）正月，神宗指派宋用臣再去查勘，宋用臣回京后，认为引洛入汴可行，并提出了自己的补充意见："自任村沙谷口至汴口开河五十里，引伊、洛水入汴河，每二十里置束水一，以刍楗为之，以节湍急之势，取水深一丈，以通漕运。引古索河为源，注房家、黄家、孟家三陂及三十六陂，高仰处潴水为塘，以备洛水不足，则决以入河。又自汜水关北开河五百五十步，属于黄河，上下置闸启闭，以通黄、汴二河船筏。即洛河旧口置水匱，通黄河，以泄伊、洛暴涨。古索河等暴涨，即以魏楼、荥泽、孔固三斗门泄之。计工九十万七千有余。仍乞修护黄河南堤埽，以防侵夺新河。"宋神宗当即批准了工程方案，"三月庚寅，以用臣都大提举导洛通汴。四月甲子兴工……六月戊申，清汴成，凡用工四十五日。自任村沙口至河阴县瓦亭子；并汜水关北通黄河，接运河，长五十一里。两岸为堤，总长一百三里，引洛水入汴。七月甲子，闭汴口，徙官吏、河清卒于新洛口"。至此，引洛济汴工程全部竣工。

到了明代，汴河淤塞，州桥尚存，桥西还有敕建石碑及碑楼。桥已经由平桥改成券洞。明朝医学家李濂《施药亭记》说："飞虹百尺，雄跨汴河之上，实为一方胜概。"嘉靖年间，桥西建有施药亭，桥东有金龙四大王庙。至明末，黄河灌城，州桥亭、庙均都被湮没于泥沙之中。到了清代，州桥已不可见，只有一座坐东朝西的关帝庙，寺庙的僧人还能讲述古州桥的辉煌，人们也称这座庙为"州桥关帝庙"。

今天，我们有机会再次站在这遗址之上，触摸千年以前大宋汴河的水温，抚摸灵动飞舞、踏浪而来的海马，驾云而去的仙鹤，尽可想象它当年的矫健飞架，凌空卧波。

与汴河上"巨木虚架，饰以丹艧，宛如飞虹"的虹桥不同，州桥是石砌平桥，唯平船可过。北宋漕运分段管理，"江船不入汴，汴船不入河，河船不入渭"。江船至京都得换小船（平船）才能穿过州桥，这造就了州桥一带如今天闹市步行街般的繁华，天上明月、桥上行人、河上平船，两岸皆石壁、雕镌海马水兽飞云之状的州桥，蔚为大观。

隋朝开凿通济渠时，两岸植柳。至唐代，汴河两岸，杨柳巨荫护堤。至宋代，汴口已成地上河，植树固堤更加重要。可三百年间的战火以及人为的忽视，隋柳寥落，河岸崩坏。宋太祖建隆三年（962年）诏令"缘汴河州县长吏，常以春首课民夹岸植榆柳，以固堤防"。仁宗天圣年间，宋王朝更把在运河河堤上植树多少列入对沿汴河州县官吏的考绩。作为大宋都城，运河堤岸植树当然是全国的样板。都城御廊外是宽一百二十多米的运河，两岸是各约一丈五尺的堤岸，堤岸不许侵占，堤上植树，且修有短墙，以保护过往行人的安全，也保护堤岸。短墙每数丈开一豁口，方便运河上的船人固定缆绳，梅尧臣《汴堤莺》："古堤多长榆，落荚鹅眼小。其下迅黄流，其上鸣黄鸟。"

梁漱溟对中国文化有一个出人意料的评价：早熟。他进一步解释说，在物质文明还没有达到相当高度时过早进入中央集权，就是早熟。过犹不及。这样的早熟，对中国社会文明发展不是好事，应该身先心后，首先发展科技，然后才是人文。历史学家黄仁宇以"大历史"的眼光看中国大历史，不止一次地阐释中国政治体制早熟，指出我们在没有足够的物质财富支撑下，过早地进入大一统状态，只能是一种贫瘠土壤上的集权。这种集权让我们看到，本来贫瘠，无数人挣扎在生存线上，还要从贫瘠中挣扎着支付财富维护皇权。显然，大运河，也是早熟的产儿。

显然，梁、黄二人都是站在西方文化中心论的角度做出的判断。或许，在中华文明起源之初就知道在我们之外还有一个"西方"存在，可以发展得慢一点等等他们。然而，亦如历史不可以假设一样，文明的自然进程并不能调节快慢。中国大一统的集权体制在它该出现时出现了，西方出不出现、何时出现并不是判断我们早与晚的标准。至少，大运河的出现恰逢其时，在大宋王朝，它支撑的不仅是皇权宫廷，更是整个社会的富裕，咸平三年（1000 年），中国 GDP 总量为 265.5 亿美元，占世界经济总量的 22.7%，人均 GDP 为 450 美元，而西欧同一时期的这一数字是 400 美元左右。

英国史学家汤因比说："如果让我选择，我会生活在中国的宋代。"

让我们屏住呼吸，小心翼翼地展开翰林图画院张择端的《清明上河图》，看一看汤因比想生活的宋代、北宋的都城汴梁——

小溪边的大路上，五匹毛驴负重累累，自东北方向向京都汴梁远远走来。走在前面的马夫把领头的牲畜往拐弯处的桥上赶，后面的人挥动马鞭，驱赶驮队跟上前面的速度。看他们那副熟门熟路极老练的样子，就知道一定是常沿这条路进城的贩客。

第九章　流光溢彩

小桥，流水。几户农家小院错落在一旁的树丛里。树丛里高出的树枝托举起四个鸟巢，大麦场上有几个石碾静卧在那里，养精蓄锐，等待麦收季节来临。羊圈、鸡鸭圈在院落一角……汴水清波所及之处，总有无数生灵在这些水岸旁获得现世的快乐，它们有滋有味地品尝着这种快乐，让人动容。千年前的宋代运河边的乡村就有如此发达的农业、养殖业，令人惊诧，那里的恬静安适超越时空，流淌至今。

目光离开农家院落，迎亲的喜庆队伍进入我们的眼帘。骑在马上的是新郎，马前一人抱着新娘的梳妆饰品盒，马后跟着挑着新娘嫁妆的脚夫。接着是用各种花卉装饰起来的一顶花轿，里面坐着的一定是美美的新娘。花轿后面跟着一位挑夫，他肩负着一串鱼肉，是将富贵有鱼（余）的祝福，洒满一路。

从迎亲队伍走过的田埂望向田野，禾苗茁壮，农夫正在田地里忙着浇水施肥。

转眼就是运河边的一座码头。货主在清点一批即将发往外地的货物；一群码头工人正在把刚刚卸下的货物堆码起来。另一条船正在卸货，粗大的桅杆及船绳从应该有一二百年树龄的大树枝叶间隙露出来，由此推算，这应该是一艘畅行运河上排水量可达七十吨的大船。

继续往城市的方向走，进入敞开的城门之后，便是繁华如梦的东京城了。

码头边上有酒店和茶馆。二者之间，一人正在那里喊挑着打卦算命旗幡的先生，应该是有要紧的事需要算一下。从这临时起意的叫唤推测，不应该是测算家庭婚姻这般大事，可能是让给刚刚遇到的一桩生意拿个主意。算卦先生见有生意，脚步轻盈，这步态中透出分明的喜悦。

眼光越过算卦现场，一家包子店的人与一位挑担买卖人在对谈，几乎能听到他们在说什么,不外是明天再送些新鲜菜蔬来,顺便把这几日的账结一结。

再过去又是几家店铺字号,一条新的大街出现了,行人、骡马熙攘,一直通向主干道汴梁大道。

画面上车水马龙,熙熙攘攘,男女老幼,士农工商,三教九流,无所不备,摩肩接踵;轿子、牛马车、人力车,太平车、平头车……一起上路;运河上下,船来船往,首尾相接,一片繁忙。市廛之声,炫人眼目。

东京城,天下运河中心,城内运河缠绕,运河上桥梁飞跨,在这众多的河桥中尤以虹桥最为著名。这座都城运河上的"蝴蝶结",木质,桥形如拱,用两组拱骨交错而成,规模宏大,以25米的跨径横卧汴河,中间没有桥墩桥柱,水面上高近6米,结构精巧,形式优美,桥桨以红漆,远远望去,宛若飞虹,故名虹桥。桥面宽敞,两侧设有护栏,两端立四根风信竿,为航行者指示风向。桥下两岸用石砌成,巨石之间连以铁细腰,并有专为纤夫而设计的人行道和上下台阶及护栏。《清明上河图》就以这座虹桥和桥头的大街街面为中心,沿汴河向两侧延展,延展成纵24.8厘米、横528厘米的国之大宝。

运河上,船来船往,穿梭不息。或纤夫牵拉,或船夫摇橹,有的满载货物,逆流而行;有的停泊在码头,紧张地卸货,一片繁忙。桥如飞虹,横跨运河。一艘大船正在过桥,船夫们敏捷地放下桅杆,让船能顺利通过桥拱;有的拿着竹篙撑船,有的用长杆钩住桥头,加快船的穿行速度;邻船有人伸出手指指点点,应该是提醒大船船夫没有注意到的某个细节,防止船舷与桥体发生刮蹭。好奇的路人扶着桥栏伸长脖子,像电线上歇成的一线鸟雀,紧张地看向相互配合、咋咋呼呼的船过桥。

运河的主航道上,一艘货船逆流而上,只见头纤(拉纤队伍中的第一位纤手)已经转过身来,招呼伙伴们收纤,这是船要泊岸的准备动作。船头前面码头停泊着一艘船,这艘船的左舷站着一位水手,密切注视着来船的每一个细节,随时准备排除靠过来的船只可能与之发生的碰撞风险。迎面有货船顺流而下,八位橹工摇着橹,可以想象船行的速度。顺流而下的船船头已经偏右,它为准备靠岸停泊的逆行船让出了河道。当两艘船擦身而过时,橹工的运河号子与纤手的纤夫号子当会交相辉映,回荡在运河上空。

一艘客船正忙着靠向客运码头,船上二十多位船工齐心协力、有条不紊地忙碌着:船头两位船工一面用竹篙把船向右撑,一面扭头注视码头,这扭头一看应该是目测船与码头的距离,不要撑过了劲使船和码头发生碰撞;另一位船工手拿竹篙右手向前挥动,应该是指挥码头上的船工注意接应靠过来的客船;客船左舷船工也在用竹篙撑船,防备船头船工用力过猛时进行对冲,确保客船靠向码头更平稳;船顶的船工合力收帆放桅;还有一名船工正在接从桥上抛下的缆绳,要用缆绳把客船稳稳地牵引到码头,再将它牢牢地拴在码头的石柱上,减缓水面的摇晃,稳定客船,方便旅客下船。所有船工配合非常默契,动作非常协调,非常熟练,一气呵成,毫无疑义,一看就是一支因常年奔波在运河之上而造就的高素质客运团队。

客运码头上人头攒动,他们是来接船的人,客船上有他们的家人,有他们的亲朋好友,有他们的生意伙伴。船还在靠岸,就有不少接船人急不可耐地向客船挥手呼喊;有的接船人爬上虹桥,借桥的高度向客船挥手叫喊,希望船上的人早一点看见自己。客船外舷的河面上,一只小客船上也有人挥手呼唤,那是在招揽生意,招呼需要继续航行的人上他们的船,他们负责把有需要的客人送到指定的运河支线码头,继续航行。由此可以想象,京都汴梁的运河航运何等繁荣发达。

从运河航道转向街市，更让我们惊艳，移动在运河之上的财富，一旦登岸，落地，居然可以酿造出这般的繁华！

虹桥桥面上人头攒动。人气汇聚之地，商贩们自然不会放过寸地寸金的商机，纷纷摆地摊，占道经营。这样的场面，不仅铺满桥面，还向桥两头延伸，形成了一个自成特色的商贸区，引得围观者水泄不通。

以堪称巍峨的城楼为中心，两侧的屋宇鳞次栉比，相互错列，有酒肆、茶楼、脚店、肉铺、庙宇、公廨……目不暇接。肉行、鱼行、果子行、牛行、马行、纸行、茶行、米行、麦行、纱行、金行、彩帛行、竹木行、大

第九章　流光溢彩

《清明上河图》（局部）

货行、小货行……遍布街市，热闹非凡。医药门诊、大车修理、看相算命、修面整容……应有尽有。饮食摊和各种杂货摊前川流不息。两家摊前的摊主竞相招呼一位过客来看自己的货物，似乎一个在说"我的便宜"，一个在说"我的货好"。大的商店门首扎有彩楼欢门，悬挂旗帜布幌，招揽逛客。街市行人摩肩接踵，熙熙攘攘。

张择端就是要通过对汴河及两岸自然风光、都城建筑和市井民生精致的描绘，让人们领略、体悟汴河与东京繁荣的内在关系。河兴市兴，眼前所有的一切都与一脉汴河息息相关。

宋代之前的城市里，高楼并非没有，但都是皇宫内府。就是在大运河缠绕长安的盛唐，朝廷对于城市居民建筑规定严格，不准建楼，出现供市民饮酒作乐、专事营利、又高又大的楼房，是不可想象的。大运河造就京都繁荣，人口迅速增多，作为都城的开封，城区土地十分有限，为了能够容纳更多人口，允许民居往高处建筑，于是楼房出现。正是在这样的时代氛围下，酒楼发展在宋都迎来了它高、大、上的历史机遇。

作为在城市各行业中总是以数量最多、规模最大、利润最高拔得头筹的酒楼，《东京梦华录》记载东京有72家正店，脚店不计其数。造酒兼卖酒称为正店，其余小酒店称脚店，脚店以从正店沽酒贩卖为主。宋神宗熙宁年间汴京一地酒税收入高达40万贯。

酒文化，是中国文明史的组成部分，上下五千年的史册上，留存着浓郁的酒味。

"酒者，天之美禄。"先民们首先把酒用于祭祀，表达对天地山川日月星辰等自然神和祖先神、农神、谷神等人神的崇拜，是以特定的仪式达成人神沟通。酒，成为人奉献给神的第一祭品。酒，从它诞生的第一天起，就具有丰富的文化精神意蕴。祭祀，贯穿中华文明上下五千年；酒，贯穿祭祀上下五千年。

进入帝国时代，酒文化如水，汪洋恣肆，漫过社会生活的所有领域，漫过所有人的精神领域，谱写出历史新篇。

秦始皇手捧大碗，举酒过顶，对天祷告，然后将酒洒到脚下的地上。封禅祭祀，成为世界上独一无二的精神文化现象。秦之饮，尚阳刚，尚力量。

汉之饮，尚气度。人们席地而坐，酒樽置于中间，里面放把挹酒的勺，饮酒器具也置于地上，"酒为欢伯，除忧来乐"，"坐上客常满，樽中酒不空，吾无忧矣"。

魏晋之饮，尚放纵，尚狂放。此时，酒禁大开，允许民间自由酿酒，自酿自饮蔚然成风，沿运河的酒业市场兴旺，临水宴饮，曲水流觞。

五代乱世之后，颠沛流离的人们，在"异族"长时间的统治之下改变了传统饮食习惯，他们不再分餐而食，而是珍惜同桌共饮，从欢坐一堂中汲取聚合的力量。

眼前的大宋，文化昌明，此时的雅士，更多的不是想分散坐到山泉溪流边，而是想把山泉溪流从山间搬进院落，搬上桌面。因此，曲水流觞走下神坛，融入百姓生活，成为酒品菜品丰富的大众化流水席。东京的樊楼就是这样，将千年的酒文化浓缩在一座楼里，五彩缤纷，光怪陆离。

让我们回到《清明上河图》，回到图上的酒楼。

酒楼，决定着城市的饮食命脉，总是以华丽宏伟的装饰建筑，雄踞一城。

过了虹桥，便可见一处门前高搭彩楼的建筑，楼前两侧的灯箱上写着"十千脚店"。这是一家酒楼，用"十千"冠名，是在夸耀自己的酒美，李白的《行路难》中有"金樽清酒斗十千，玉盘珍馐直万钱"的句子，王维的《少年行》也说"新丰美酒斗十千，咸阳游侠多少年"。

在这家酒店门外，一个店小二单手托着两只食盒，另一手拿着餐具。从形态和动作来判断，他是从店中走出来，正在为客户送餐。由这个店小二推断，宋代的酒家已经有"外卖"服务，那时就有"逐时施行索唤""咄嗟可办"的快餐、叫餐服务。

不远处，有头上、肩膀上顶着食物盒子行走的小商贩，一只手扶着食盒，另一只手拿着可以开合的支架，有顾客招呼，便立即将手中的支架在街边安放好，再将食盒或食盘放到支架上，街边一个小小的食摊就成就了。

这叫"盘卖"。汴京街头,盘卖小贩比比皆是,随口叫唤,想吃的美食即呈现到你的面前,灵活方便,应者甚众。《东京梦华录》中收录了一份盘卖小吃食单,会令你垂涎欲滴:旋炒银杏、栗子、河北鹅梨、梨条、梨干、梨肉、胶枣、枣圈、梨圈、桃圈、核桃肉、牙枣、海红、嘉庆子、林檎旋、乌李、李子旋、樱桃煎、西京雨梨、水梨、甘棠梨、凤栖梨、镇府浊梨、河阴石榴、河阳查子、查条、沙苑榅桲、回马孛萄、西川乳糖、狮子糖、霜蜂儿、橄榄、温柑、金橘、龙眼、荔枝、召白藕、甘蔗、漉梨、林檎干、枝头干、芭蕉干、人面子、巴览子、榛子、榧子、虾具等。盘卖小吃商贩必须讲究卫生,否则盘卖就不可能存活,"凡百所卖饮食之人,装鲜净盘合器皿,车檐动使,奇巧可爱,食味和羹,不敢草略"。

孙羊正店,尽显宋都酒楼的气派。门前高大的彩欢楼悬挂彩帷,缀满绣球、花枝。四面栏杆,重彩画檐,落地灯上写"香醪""正店"字样,是大幅的宣传广告,一根长长的木杆斜向挑出,上面悬挂酒旗,酒旗用清白布制成,上写"孙羊店"三个大字,在十字街口十分显眼。酒楼门口顾客盈门,可见生意火爆。而透过酒楼窗户可以看见里面已经坐满了客人,桌上菜肴丰富。店后码放着五层覆扣的大瓦缸,该为酿酒、储酒之用。二楼有两人对饮,桌上有注子(酒壶)。

《清明上河图》时代,理学开始冒头,对女人的限制越来越严苛,抛头露面越来越不被允许。受此影响,张择端在《清明上河图》上画女人很少,但凡出现,一般场景都非常精彩。在孙羊正店大门前,有一对小夫妇正在买花,小娇妻的双手亲昵地搭在丈夫肩头,可见伴侣间的勾肩搭背自古皆然。此时,有一顶轿子打这路过,轿夫只顾着看这对亲昵的买花男女,结果路明显跑偏了。——这是酒楼前的一帧民情小品,男人的快乐就是这么简单。

第九章　流光溢彩

"凡京师酒店……南北天井两廊皆小阁子,向晚灯烛荧煌,上下相照,浓妆妓女数百,聚于主廊槏面上,以待酒客呼唤,望之宛若神仙。"《东京梦华录》记载,宋都酒楼中的佼佼者是樊楼,坐落在店铺民宅稠密区东京宫城东华门外景明坊,这里原是商贾贩卖白矾的集散地,因此而得名"白矾楼",讹传为"樊楼",后改为"丰乐楼"。它是孙羊正店的现实依据。

樊楼,三楼相高,五楼相向,各有飞桥栏槛,明暗相通,珠帘绣额,灯烛晃耀。樊楼因为高大,在西楼楼顶,竟然可以"下视禁中",宋皇宫以高大闻名于世,樊楼看皇宫竟然是"下视",这种高度真是骇人,在宋朝之前的任何朝代都是不可想象的。也因此,西楼一般不许宾客登高。有诗为证:"日边高拥瑞云深,万井喧阗正下临。金碧楼台虽禁御,烟霞岩洞却山林。巍然适构千龄运,仰止常倾四海心。此地去天真尺五,九霄歧路不容寻。"

樊楼初开数日,每先到者赏金旗,过一两夜,则已元夜,则每一瓦垄中皆置莲灯一盏。"白矾楼乃京师酒肆之甲,饮徒常千余人",有在京脚店、酒户三千余,每日到此店饮酒售卖,仅陪酒妓女就有数百人,酒客有多少可以推想。樊楼成为天下富商大贾所聚之地。

樊楼招贵客,引高贤,百般美物珍馐味,楼上笙歌列管弦。当然,招来最"贵"的客要数当朝皇帝了。《新刊大宋宣和遗事》载,樊楼上有御座,徽宗时与李师师宴饮于此。

宴饮樊楼的不只有徽宗。自打有了樊楼,北宋历代皇帝无一例外都光顾过。开宝七年(974年)正月十四日,宋太祖到大相国寺上香,车驾从左掖门出宫门到明德门外,华灯绽放,人潮涌动,太祖驻辇观看街头艺人表演的杂耍,在樊楼招待随行侍从。返程时,在孙氏酒楼稍作停留,再次到樊楼欣赏歌舞表演,最后回到了东华门。

从这一天起，樊楼跳跃的灯火照亮了运河，也照亮了高耸的宫墙，灯火阑珊下，汴河的河面波光粼粼，来来往往的漕船，载着帝国梦想流向远方。

北宋时商业税收为千分之三十，太宗朝一年的商业税收就是四百万贯，仁宗朝财政每年有两万两千万贯的酒税。其中樊楼每天上缴官府的酒税就达两千钱，每年销售官酒量超过五万斤。酒楼服务业的兴起和繁盛成为北宋重要的经济增长点。

到了仁宗年间，樊楼更换了东家，酒楼新主大亏本钱，继日积欠，以致荡破家产。尽管樊楼不是"国有企业"，国家尽可以不闻不问，但国库缺了一大笔酒税，宋仁宗还是十分在意的。天圣五年（1027年），负责中央财政的三司衙门收到一道诏令，大意是说，谁愿意承包樊楼年销五万斤的酒税额，就可以给他划拨三千家京城的小酒店，作为酒类专卖的连锁销售店。从皇帝的亲自过问，也可见樊楼在东京酒楼业中龙头老大的地位。

樊楼犹如落于京都宣纸上的一滴墨汁，不断向外洇漫，洇漫出街衢的一片热闹。没有运河，就不会有樊楼。樊楼应运河而生。樊楼酒杯里的琼浆玉液与大运河的波光一起，倒映着大宋王朝的繁华。

当然，樊楼不仅作为运河中原饮食文化第一品牌而名声大噪，而且汇入了跌宕起伏的历史进程，樊楼的酒桌茶台边，聚拢起北宋、金、辽、南宋、元的时光。

茶楼、茶肆林立。

茶馆，最早始于东晋，当时以茶摊的形式出现。南北朝时，出现了供喝茶兼住宿的茶寮。唐代经济繁荣，商业发达，推动了茶馆的发展，长安、洛阳等大中城市都出现了茶肆。至陆羽《茶经》问世，使得"天下益知饮茶矣"，因而茶馆不仅在产茶的江南地区迅速普及，而且沿大运河流传到了北方城市。《清明上河图》中的茶肆有供士大夫、读书人聚会的车儿茶肆，也有供商人谈生意的茶馆，称为"市头"，还有兼营旅馆的茶肆等。汴河边的一处茶馆里，几个人一边喝茶一边交谈，话题肯定很精彩，连后面打瞌睡的那位都抖起了精神。茶肆成为一个雏形的社会，是反映世俗的一面镜子。

茶馆外有更小规模的茶摊、茶担及流动提瓶卖茶人，为随时随地的茶聚提供茶饮。

在一处位于郊区的地方，有很简陋的小茶铺，门前拴着一头驴，驴旁边的一位大胡子汉子明显是端着大碗在喝茶或喝水。喝茶在宋代已经相当普及，在都市以外的乡村集镇上，茶馆同样十分兴盛。

宋代流行点茶法，就是事先将碾好的茶末置于碗中，以沸水冲入后用茶筅搅打，使茶产生丰富的沫浡，然后饮用。

宋代茶馆的名字很有个性，郭四郎茶坊、俞七郎茶坊、张七相干茶坊，显然，这是用经营者自己的名字命名的；黄尖嘴蹴球茶坊，是边喝茶边看足球比赛的地方？还有一窟鬼茶坊，这个神奇的茶坊名字是因为这家茶坊里演出说唱《西山一窟鬼》；还有清乐茶坊、八仙茶坊等。

"集贤堂"书坊，一间门店，里侧靠墙的书架上堆满书籍，三雅士选好的书籍码放在柜台上，或许是在等店员结算，或许在询问有没有某某人的新书，门前一条竖着的牌匾上写着本书坊的经营范围"古今名人文集诗□"，"诗"后面应该还有一字，可惜被一位路经书坊的行人遮挡了。

北宋庆历年间，毕昇发明胶泥活字版印刷术，带来了印刷术的革命，催生印刷业繁荣，加速文明的传播。活字版印刷传播到亚洲、欧洲和非洲等世界各地，被马克思称为预告资产阶级社会到来的三大发明之一。京都开封是全国四大印刷业中心之一，国子监、崇文院、秘书监、司天监等机构所属刻书作坊，刻印大批儒家经书、史书、诸子、文集、医书、算书、类书以及宗教典籍等，有的作为学校、书院所用的教科书，有的还颁赐各地学校，也有的供居民所需，专卖书籍的书坊雨后春笋般从东京街头生长出来。刻书印卖有利可图，"所谓'细民亦皆转相模锓，以取衣食'。至于私家宅塾以及寺庙，莫不有刻，故宋代官私刻书最盛，为雕版印刷史上的黄金时代"。布满城内官私刻书作坊刻印的各种书籍、印刷品，大量书贩从外地贩运至开封的书籍，统统摆上书坊的书架，使京城书籍买卖格外兴盛。许多读书人甚至也躬身贩卖书籍，一点也不觉得有失身份，成为别处难得一见唯开封书坊独有的特色。

东北拐角处，紧挨着孙羊正店的是一家肉铺，店内有一人在操刀，大概是伙计，另一人则坐在门首板凳上，身体肥胖，应该是老板。

都城的肉食需求量很大，每天从早到晚由南薰门入城贩卖的活猪，数以万计。杀猪宰羊皆有专门的作坊，朱雀门外即有杀猪巷。卖肉者自身组织为行，有的开铺出售，更多的则是推车肩挑走街串巷售卖。其他肉食有羊肉、牛肉、驴肉，甚至狗肉等。

肉铺店门前围着一大堆人，在听一个大胡子说书，闲情逸致，溢出画外。

挨着肉铺有一家食品店。与酒店一起构成人们生活重要组成部分的是食品店，遍及运河两岸大街小巷。京都食品加工制作荟萃了全国各地精华，形成北馔、南食、川饭三大风格的饮食行业，分工细，出售产品种类繁富，已出现拥有 50 余炉的大型饼店作坊。糕点制作也很发达，画面上小店及推车挑担沿街叫卖的食品零售摊贩，比比皆是，以至"市井经纪之家，往往只于市店旋买饮食，不置家蔬"。

绕开虹桥往前走，在靠近城门平板桥的地方，有一个撑着遮阳伞的小摊，摊面上摆放着烧饼。宋朝的烧饼，品种极为丰富，千层饼、月饼、炙焦金花饼、乳饼、胡饼、牡丹饼、芙蓉饼、熟肉饼、菊花饼、梅花饼、糖饼……不一而足，应有尽有。其中胡饼"以胡人所常食而得名也"，可能就是我们今天说的馕。宋人在食用胡饼时常常在上面加肉，烤制成"白肉胡饼"，这就跟现在的比萨差不多了。

遮阳伞下的一个小摊，看起来像是在卖花。都城市民以插花为生活时尚，花摊前围着一圈顾客，挑花、选花，笑语盈盈的模样。

近处，一行人走过，用扇子遮住脸。寒冷的清明时节，怎么会有人拿着扇子呢？其实，这是北宋流行的一个风俗，在大街上遇见不想见的人，不想打招呼，就用扇子遮住自己的脸，以此化解给双方带来的尴尬。风俗至此，也算文明细致了。

这是一处宅院，门头不小，上书"赵太丞家"。太丞，就是北宋的太医。宅邸主人姓赵，称"赵府"即可，为什么要公示自己的身份呢？显然，这是位退休太医宣示将宅邸改成了医院，以求老有所为。门前竖着广告牌，称有复方集香丸可治酒所害。太医身份，周旋于政府高官之间，见多了各色酒徒，毕生所成，复方集香丸治酒伤，应该有几分可信。

在城内的一小块地方，就有两家诊所对外门诊。杨大夫擅长疮痔外科，手到病除；赵太丞医术更加精湛，妙手回春。大夫为求诊人屏息号脉的神态里，呈现着中华医术的博大精深；诊所靠墙立着的各种药材抽屉里，潜藏着中华医药的神奇功效。

在汴京都城，既有综合性的医药店铺，也有各种专业性的店铺，还有来自各地的药贩，汇聚着各种药材，药到病除。骨科、口齿咽喉科、儿科、妇科等店铺林立，聚集着许多医术高明、千锤百炼的坐店医生，所谓悬壶济世就是了。这样的医生也会奉诏入宫为皇室贵族望闻问切，诊病治病。

走街串巷的药贩摊贩，既有本地的，也有外地入京的，其售药形式多种多样，其中有与玩杂耍、耍猴街头卖艺结合起来，用杂耍招徕顾客，中间转换兜售卖药，包治跌打损伤、疑难杂症之类。走在东京街头，可以体会到医者仁心、患者感恩的医患关系，领略到独特的中医中药文化风景。

"赵太丞家"对面有一家店铺，房前屋檐下伸出一根木杆，挑出一块方牌，上写一楷体"解"字，店前围着一群人，谈吐踊跃。这"解"何意？"解"牌下的店铺从事何种经营？对之的解读，与《清明上河图》一样迷人。有人认为，"解"为"廨"，府廨、州廨、县廨，廨，是官府办公的地方。其实，这样解读并不成立。能称"廨"的地方当"羽仪散从，灿如图画"，不会挑一块招牌示之。"解"，解差、解饷，有押运、押送、押解的意思，有人由此解读这里是代办运输的店栈。这是不了解北宋历史，那时有镖局，不会在闹市竖一块令人费解的"解"牌。还有盐店说、茶会说、当铺说……不一而足，据称从该店铺两扇屏具入手得出"最专业"的结论，这是为参加礼部考试的举人办理应考手续及验查有关文书资料而设置的具有公证性质的书铺。一家"解"铺，尽显北宋京都生活横切面的五彩缤纷。

"解"牌店铺北面有一个竹棚，许多人围着在听一个人说书，好像与对面肉铺边上的说书人唱对台戏。不过，当时流行的说书桥段很多，全凭听者口味。

城门边的一间店面是修面的。在都城里不能不讲究仪表，有顾客在店内享受服务。想必经过一番捯饬，一定满面春风，很有"面子"。

那时的东京就有送水业务，生意很好，繁忙得很。可以从送水小哥轻快的脚步中感受到"地下水、有点甜"。

一座小桥的旁边停着两顶轿子，似在等客，用行话说叫"趴活"。

过了小桥有一座寺庙，正门上锁，只有一和尚落寞地站在门前，没有香火，异常冷清。这是因为北宋晚期，宋徽宗不喜欢佛教，崇尚道教，佛门清净也就是自然中事了。大半个北宋，开封都是运河流域佛教中心，大大小小有900余所寺院，将都城渲染得香烟缭绕。其中，大相国寺、开宝寺、太平兴国寺和天清寺，合称"东京四大寺院"，晨钟暮鼓，梵音袅袅。

大相国寺

大相国寺，坐落在汴京市区中心，南临汴河，西近御道，东、西两面都是繁华的商业区。朝廷祈雨、赈济等重大活动都选择在这里举行。普满塔的挺拔、宝奎殿的雄姿……倒映在御河的波光里，是宫城之外国家重要的政治平台，连接着黎民百姓的精神世界。

开宝寺，前后有二十四院、数千屋宇，成为"都城形胜之所"，北临广济河的开宝寺塔，极其伟丽，被誉为"天下之冠"，建成于北宋皇祐元年（1049年），至今已有900多年。开宝寺塔为八角十三层楼阁式塔，高55.08

米，塔身镶嵌红、褐、蓝、绿色琉璃砖，通体主色调为红褐色，色如铁锈，民间俗称"铁塔"，是中国保存至今最高的一座琉璃塔。

太平兴国寺，位于汴河马军衙桥东北、大内右掖门外。朝廷在寺内建译经院，供来华僧人、中国梵学僧人翻译梵文佛经。后在译经院西侧建印经院，再将译经院改成传法院，并从开封左右两街选童子500人，入院学习梵学，成为北宋佛教传播的大本营。译经院译出梵经234部489卷，太祖遣高品内侍张从信往益州雕刻这些译成汉文的佛经，用时12年，共刻13万块板片，运回汴京，贮于印经院，印经院以《大藏经》（即《开宝藏》，又称《蜀藏》）之名首次印刷，成为世界文化史上一件盛事。佛教史著作《宋高僧传》《大宋僧史略》及名僧禅语《传灯录》，也由印经院刻板刊印。

天清寺，一座慈塔使它声名远播。

十字街头的行人，除了小贩、挑夫、引车卖浆者外，还有一些身着长袍的士大夫。有的骑着马护送家眷，轿中妇女忍不住掀开轿帘好奇地看街市热闹。最引人注目的是一个僧人和两个士子模样的人走在十字路口的最中心，身后跟着书童。在他们身后不远的地方，还有一个行脚僧人，身背竹篓，竹篓里装着经书和手杖。竹篓的手把向后弯曲，扣着一顶斗笠，背上可以遮阳避雨，像极敦煌壁画里到西天取经的唐僧玄奘。宋时，儒释道三教合流，高僧与士大夫们有很好的关系，和尚们也作诗，士子们则爱谈禅。这一场景，把多元文化交融的一幕定格在宋都街头。

几匹骆驼缓缓地走过宏伟高大的城门，向城外走去。骆驼，内地没有，是沙漠戈壁里的灵物，被胡人用作驮运商品物资的运输工具。这应该是来汴梁做生意的西域商人、来往于丝绸之路的国际贸易商团。骆驼有节奏地点着修长的脖子，款步而去，表达着商人们的心满意足。

"月华边，万年芳树起祥烟。帝居壮丽，皇家熙盛，宝运当千。端门清昼,舳栌照旧,双阙中天。太平时、朝野多欢。遍锦街香陌,钧天歌吹,阆苑神仙。"六百多个各类人物、八十多头牲畜、一百七十多棵树和二十多条船,把繁忙的大运河、喧闹的大运河、声色俱全的大运河生动鲜活地铺展在我们面前,把铁塔繁台、丽甲天下的宋都生动鲜活地铺展在我们面前,画尽了运河上下十里繁华、整个北宋近两百年的文明与富饶。

是它,让世界领略到了中国大运河的无限魅力。

是它,让大运河、让宋都永恒在中国历史里,辉煌千秋。

商业集贸往往是鲜活人性摆脱封建专制自由成长的前提。汴河激发了东京都城的商业活力,也松动了封建时代京城人心灵上的枷锁,造就了一代有活力的城市新人、新阶层。这些新人、新阶层深入参与到京都的各种商业活动中,使城市中人真正与自己生活的这座城市发生着血肉交融的感性关系,城市不再外在于普通的生命,城市的一砖一石、一草一木都有了生命的情感与体温,散发出生命的精彩和魅力。张择端用画笔记录了运河的精彩和魅力,反过来,运河又成就了张择端,并由此不朽。

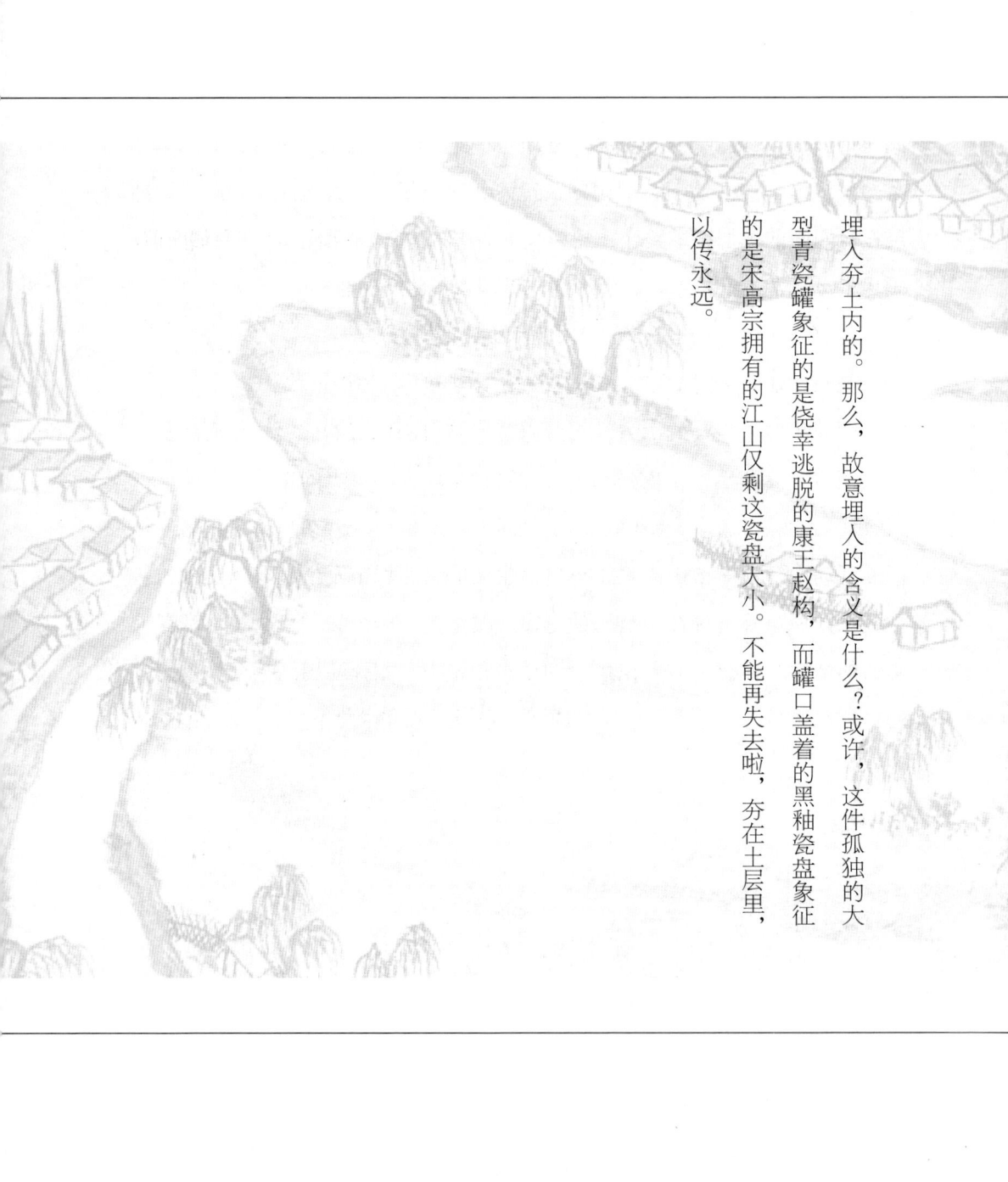

埋入夯土内的。那么,故意埋入的含义是什么?或许,这件孤独的大型青瓷罐象征的是侥幸逃脱的康王赵构,而罐口盖着的黑釉瓷盘象征的是宋高宗拥有的江山仅剩这瓷盘大小。不能再失去啦,夯在土层里,以传永远。

第十章 呜咽东流

金军扑来,历一百六十七年的北宋帝国宏伟大厦,在郭京的"法术"咒语中被洗劫后终结,彻底打碎了汉人一统天下的天朝上国梦。

"一朝为俘虏,肝胆俱已裂。"无力抵抗、无心抵抗的宋高宗背对阙伯殿,自通济渠商丘段睢阳码头登船仓皇南逃。踏上龙舟的那一刻,赵构举目望向旷野,故国河山,风雨飘摇,一声叹息,挥手开船。

龙舟驶向运河的河心,转了一个圈后,呜咽东去。这个黑点,是北宋王朝龙舟渐行渐远,远成汴水上的一个黑点。这个黑点,是北宋王朝的最后背影,也是中原大运河作为御河的历史句号。

宋高宗走了,大宋王朝走了。他们带走的不仅是大宋王朝,更是两千余年帝王文明,国都从此以后再也没有能回到黄河流域。

八百多年后的2016年,通济渠商丘南关码头遗址考古现场,在较早的河岸夯土层中清理出一件北宋时期的青瓷罐,保存完整,罐口上盖着一个黑釉瓷盘。考古专家认为,这两件组合在一起的器物是有意

品 扫码探寻
· 图解千年运河
· 镜头下的运河
· 运河文化珍藏
· 中华水系之美

在漫长的中国的历史上，从来没有哪个朝代像大宋帝国这样，自建国之始就弥漫着衰亡的气息，一个又一个的皇帝总是生活在随时准备弃京城逃亡的阴影中。在漫长的中国的历史上，也从来没有哪一个中原王朝像大宋帝国这样被一个又一个的北方游牧民族打得团团转。

在《清明上河图》中的虹桥下，或许是由于水流过于湍急，还没来得及将桅杆完全放倒船就被冲到了桥下，也可能就是船工疏忽大意、玩忽职守，一艘满载乘客的客船桅杆被卡在桥下，危情瞬间发生：激流将船头冲向了河心，船身失控打横，即将被冲向下游，一旦倾覆，后果不堪设想。

船顶上还有两个船夫在徒劳地想把桅杆放倒，其他人则在用各种办法竭力想稳住越来越失控的客船。船边一人把长长的竹竿伸向桥头，想让桥上的人助一臂之力，将船拽住。桥上有人向船上抛出粗绳，想让船上的人拉住，多一份稳定的力道。左舷四个船夫用长长的竹篙死死抵住河底，企图阻止船头继续漂向河心。

船舱里的乘客纷纷从舱门挤向夹板，显然是要加入自救的搏斗。有的船客正顺着舷梯向船顶攀爬。有的船客已爬上船顶，与船夫一起奋战。

船顶有一个老妪，身边的一个男孩大概是她的孙子，两人一起挥臂向前方高喊；船头，有四人高举手臂对着前方在喊；一个长满胡须的船工看着前方急得跳起了双脚……他们同时看见了上游一艘空载的双橹货船正要起锚下行，长橹已经伸过了虹桥。如果这艘货船顺流而下，撞上失控的客船，两条船都将倾覆，船客的命运可想而知。

在客船的下游，被柳枝遮挡住的空载双橹货船正向上游驶来，客船正受到上下游同时驶来的船舶的夹击，一场连环相撞的灾难正在靠近。

这还不是险情的全部。在逆流而上的货船后面，还有一艘由五位纤夫拉动的客船正在驶来。因为逆流而行，纤夫们扑倒身子，几乎贴着脚面，奋力拉动，船行很快，根本停不下来，因为纤夫们对桥下发生的险情毫无察觉……

"盛世宏图"精细描绘的这触目惊心的险情，谁说不是北宋王朝命运的预言？

作为帝王，治国理政之余有点个人爱好，也许正可以丰满个人魅力，前提是拎得清孰轻孰重。然而，宋徽宗恰好本末倒置，不仅问道理佛，爱好书法，更喜奇花异草。善度上意的宰相蔡京派出亲信朱勔，至太湖一带四处搜集奇花异石，然后用强征而来的漕船运往汴京，称为"花石纲"。为满足皇帝的个人雅趣挤占原本已经阻塞严重的运河漕路，挤压国家最为重要的漕运，证明这个王朝中枢对何为国事已经丧失基本判断，对如何治理国事已经漫不经心，大宋就成了"盛世宏图"上的那艘危船，倾覆就在俯仰间了。

辽，原来的名字叫契丹。在中原文明的典籍里，对契丹的最早记录是在《魏书》里，他们以游牧为生，以车马为家，迁徙无定。《魏书》也就知道这么多。

唐末，部落首领耶律阿保机统一契丹及邻近各部，于907年称帝，916年建元"神册"，国号"契丹"。

契丹国最厉害的是它有一支叫"皮室军"的军队，强悍，勇猛，所向披靡，统一北方之后迅速南下，协助石敬瑭剿灭后唐建国后晋。石敬瑭"奉表称臣""父事契丹"，契丹从"儿皇帝"石敬瑭手中获得了燕云十六州。

契丹在燕云十六州站稳脚跟，947年，辽太宗耶律德光率军南下中原，攻克后晋都城汴京，在汴京登基称帝，改国号为"大辽"，改年号为"大同"。

大辽王朝最强盛的时期，与新建立的中原北宋王朝形成南北对峙格局，雄霸中国半壁江山。中原地区通往西方的丝绸之路被大辽阻断，以至亚欧大陆众多国家不知有宋，以为整个中国都属契丹，北宋从它立国的第一天起就生活在大辽的阴影之下，马可·波罗的游记里就是以"契丹"命名中国的。

在契丹人得意中原时，辽境边远处（今吉林长白山一带）采集狩猎的女真部族悄然崛起。采集狩猎造就了女真人特别能打仗的战斗基因，十年集聚便攻下辽之东京府，建国号"金"。

建国之后的女真人向契丹人发起摧枯拉朽的战争。

宋从金、辽战争中看到了金的彪悍强大，立即生出联金攻辽，从辽手中夺取燕云十六州的希望。与辽弭兵修好一百余年的北宋，绕过陆上因辽相阻无法与金接触的障碍，遣使泛海赴金，双方议定夹攻辽朝，辽燕京由宋军攻取，金军进攻辽中京，辽亡后燕云地区归宋朝，宋将原来纳给辽朝的贡赋"转移支付"给金朝，史称"海上之盟"。

于是，有了宋、金的南北夹击。1125年，辽天祚帝被金人俘虏，历时

210年的辽朝落下了它的铁血帷幕。

大辽灭亡后契丹民族文化迅速衰亡，连契丹文字也被岁月埋没。最后一个关于契丹人的记载，是成吉思汗所重用的耶律楚材。耶律楚材出生于大辽灭亡65年后，已经不认识契丹文字。他雄才大略，境界高远，几乎救了汉人一命。辽国灭亡，曾开创出两院制政治体制，辉煌了两个世纪的契丹人几乎是在极短的时间内消失得无影无踪，数百万之众从文明史册上断绝了，没有了任何的蛛丝马迹。直到1986年，在内蒙古自治区发现了一座契丹公主与驸马的合葬墓，出土大量文物，契丹文明重回人类文明的视野。

契丹人消失了，宋、金边境正式接壤。

宋、金合作灭辽，宋在金人面前彻底暴露了军队的羸弱不堪。宋军灭北汉、灭南唐……汉人打汉人，得心应手，切瓜般利落，内战内行，面对已经被金军打得灰头土脸的契丹人，竟然溃不成军。金太祖已经攻下辽中京与西京，宋数十万大军两次攻打燕京均被守军击败，金太祖一声"我来"，辽军立刻灰飞烟灭。金人看清了宋的不堪一击，睥睨不屑，哪里还有什么"海上之盟"？金国要求宋除了转移支付原给辽的贡赋，另加每年一百万贯作为替宋攻克燕京的代税钱，且金人将燕京大部分居民押往东北做奴隶，交给宋的是"城市邱墟、狐狸穴处"的燕京。

尽管有盟约在，北宋还是很不放心契丹，为了加强防御，宋人在北部边境建设"水长城""木长城"。源出太行山东侧的拒马河，曲折东流到今北京市房山区张坊后分为南拒马河和北拒马河，在白沟附近又汇合南流入大清河。北宋利用这条河流以及周边易水、潞水、滹沱河等以及界河以南的天然带状湖沼洼地带，人为地将界河以南许多河流引入这一低洼地带，筑塘蓄水，形成一条西起今保定市以西，东到海滨黑龙港蜿蜒九百里的"水长城"。同时朝廷下令河北缘边官道两旁及时种植榆、柳、桑、枣等树木，形成树木"城塞"，与"水长城"一起，拒契丹骑兵。然而，它拒了契丹骑兵但拒不了金人铁刀，金军突破"水长城""木长城"，挺进中原！

1125年，金太宗下诏伐宋，兵分两路南下。西路从云州下太原直指洛阳，东路自平州入燕经真定直趋宋都开封。面对危局，昏庸懦弱、畏惧金军深入骨髓的宋徽宗，把保家卫国的千钧重负，惶恐地扔给皇长子，亲笔写下"皇太子某其可即皇帝位"，禅位赵桓，史称钦宗，自己带着半个大宋朝廷沿汴渠运河南逃，先至亳州后到镇江。

正当盛年的宋徽宗只是不能承担国家战争的重任，而不是想放弃皇权。逃至江南运河与长江交汇的镇江，已不再是皇帝的宋徽宗不断发布截递角、止勤王、留皇纲花式诏令，令钦宗无所适从。大宋江山在这种是皇非皇、非皇是皇的权力倾轧中土崩瓦解。

截递角：宋徽宗命令所有江南政府机构，往朝廷递送的文书一律不要送到汴京，而是送到镇江让他批示。

止勤王：宋徽宗命令大宋南方部队、南方官府组织的兵马、本来准备火速增援汴京的兵马，暂且不要北上增援。如果已经出发，那就开往镇江，由他调遣节制。

留皇纲：宋徽宗命令各地救援汴京的物资，一律运到镇江御纳。

这样的谕旨，令北宋朝廷还在运河的中心，可皇权的中心剥离了运河的中心，钦宗如何救国？终日坐困愁城。

北宋王朝不是被金人打败的，而是被宋徽宗自己葬送的。

靖康元年（1126年）初，金军在从钦宗手中获得五百万两黄金、五千万两银币及中山、河间、太原三镇后后撤。钦宗派人南下迎徽宗回汴京。宋徽宗真的带着他的半个朝廷又沿着运河于三月中旬回到了京都。

徽宗回到东京不是为了救国，而是为了将皇权从钦宗手中夺回。亲切的汴渠啊，繁华的运河，离开不足一百天，竟恍若隔世。

谁料想，回到东京仅五个月，八月金军分两路来袭，十一月两路金军合围汴京。性剽悍、善射骑、灿如初日的北方金国的闪闪兵锋再次指来时，守卫黄河北岸的宋兵匆匆烧桥而逃，嚼白山、饮黑水的女真人从容不迫地用小船一批一批地渡过天险，吞没了汴京。靖康二年（1127年），历一百六十七年的北宋帝国宏伟大厦，在郭京的"法术"咒语中被洗劫后终结，彻底打碎了多少年来汉人一统天下的天朝上国梦。

运河上名声显赫的洛阳天津桥，在靖康战火中倒塌，坍塌成断桥残础，与中原大运河的河床一起，掩埋于时光，了无声息。留给后人的只有张养浩"功，也不久长，名，也不久长"的千古惆怅和陆游"永怀河洛间，煌煌祖宗业"的无限眷恋。

洛水潮汐中，天津桥的名字停留在了千年运河的记忆中，镌刻在隋唐洛阳故都定鼎门的城墙之上。

靖康之变，几乎是以"突然死亡"的异常状态宣告北宋帝国这艘龙船的倾覆。留在东京城内的宋朝宗室，几乎被金国一网打尽："金人以帝及皇后、皇太子北归。凡法驾、卤簿，皇后以下车辂、卤簿，冠服、礼器、法物，大乐、教坊乐器，祭器、八宝、九鼎、圭璧、浑天仪、铜人、刻漏，古器、景灵宫供器，太清楼秘阁三馆书、天下州府图及官吏、内人、内侍、技艺、工匠、娼优，府库蓄积，为之一空。"运河上一船一船运来的京城的繁花似锦，顷刻化为废墟，残砖碎瓦被装载到汴渠里，中原运河载着一只接着一只的木船向北漂去。

泱泱帝国，经济总量雄踞世界第一，却将城下之盟称作"欢盟"，言称"虔守"，"每岁以绢二十万匹、银一十万两，更不差使臣专往北朝，只令三司差人搬送至雄州交割"，徽钦二帝苟且数年，终被辽、再被金打得家破国亡，无论中原文明、汉文明有过多么漫长的历史，有过多么璀璨的过往，从这时起，实实在在是跌入了衰落的下行通道了。

皇室中只有徽宗第九子康王赵构因没在城中得以侥幸逃脱。脱网的康王遭金军凶猛追击，赵构没命地逃窜，自济州（治今山东菏泽巨野南）至南京（今河南商丘南）才得以喘息。在周围人"大王皇帝亲弟，人心所归，当天下汹汹，不早正大位，无以称人望"的劝说下，赵构在南京登基，是为宋高宗，改元"建炎"，史称"南宋"。中原大运河的核心也就转移到了商丘南关通济渠码头。

商丘，商王朝的开基之地，即所谓汤"始居亳，从先王居"。亳，商汤时都城。殷商王都有多次迁徙，然而，商丘是它的出发原点。原点之上更是钻木取火的燧人氏的故土，文明的火焰早就在这片土地上燎原。平原之上有异峰凸起，这里是商丘永城的芒砀山，历史用中原青铜在这里为刘邦铸好了斩蛇之剑，一经出鞘，一个王朝便从剑锋的寒光中诞生……按五德终始说，宋朝主火，而古老的商丘早就为高宗准备好了火神台，应该是大宋王朝的福地。然而，大宋王朝正在这里摇晃；悲怆的山河，正在这里色变。火命主不了火。

"一朝为俘虏，肝胆俱已裂。"无力抵抗、无心抵抗的宋高宗背对阏伯殿，自通济渠商丘段睢阳码头登船仓皇南逃。踏上龙舟的那一刻，宋高宗赵构举目望向旷野，故国河山，风雨飘摇，一声叹息，挥手开船。

河南省文物考古研究院院长刘海旺从形态考古学的角度，严谨认真地考察了通济渠商丘段两岸数千平方米范围内发现的唐宋时期房屋建筑遗物堆积，明确指出："运河商丘段河道宽在60~150米，一般河道宽约60米，应该是为了停泊更多的漕船，码头河道宽度逐渐加宽到了150米。"

龙舟驶向运河的河心，转了一个圈后，呜咽东去。龙舟渐行渐远，远成汴水上的一个黑点。这个黑点,是北宋王朝的最后背影,也是中原大运河作为御河的历史句号。

此时,关押在韩州(治今辽宁昌图北)的宋徽宗,被金帝辱封为"昏德公"。这个封号为"历史句号"做出了特别的注释。

宋高宗走了,大宋王朝走了。他们带走的不仅是大宋王朝,更是两千余年帝王文明。宋高宗运河龙舟上的风帆,掀开了华夏历史千年未有之大变局的序幕,外族文明如洪水,第一次淹没中原,第一次阻断大运河;亦从此,国都再也没有能够回到它起源的黄河流域。

2014年,隋唐大运河商丘南关码头遗址被列入世界文化遗产名录。

位于商丘市睢阳区的南关码头遗址,北岸面积24.5万平方米,南岸面积16.8万平方米。这片与运河码头连在一起的城市"河市"区河岸,当年短暂的繁华盛况与大都汴梁有的一比。

在河岸遗存中,清理出大量建筑砖瓦,有的砖瓦碎片层层叠压,出土的陶瓷器非常丰富,钧瓷、汝瓷、哥瓷……全国各地窑口的瓷器几乎都有呈现,证明南京应天府时期的宋城商丘运河两岸建筑密集,商贸繁荣,全国各地大量物资沿运河而来,吞吐集散。财富追逐朝廷,支撑高宗,中原人民寄望大宋王朝能够留在这里,挽狂澜于既倒,收拾破碎河山。

据河南省文物考古研究院隋唐大运河商丘码头遗址考古报告,码头遗址跨隋唐通济渠南北两岸,分砖石结构和夯土结构两种。砖石结构部分顶部距地表深5~5.5米,下部距地表深8米,东西长(沿河岸)约150米,宽约52米。码头表层由灰土、白灰、料礓石等混合夯筑而成。在北岸码头遗址发现砖、石筑成的排水沟一条,西端发现有房基两座、船板一块、灶台一处及大量宋代瓷片、青砖及北宋"熙宁元宝"钱币等。

不同于一般河段河岸堆筑而成的梯形河堤,此次发掘隋唐大运河商丘南关码头遗址发现，河岸是夯筑而成的，直立陡峭的河岸，非常便于停靠吃水更深的大船，具有人工运河码头驳岸的形态特点，与它御码头的身份相符。

论经济，北宋经济总量绝对稳坐当时世界第一把交椅。据一位英国经济史学家测算，北宋咸平、景德年间经济总量占当时全世界经济总量的 70% 以上。大宋王朝，论军事实力，人口在 1124 年达到惊人的一亿二千六百万，常备军一百二十五万，已经成建制地运用炮弩硬弩等，武器武备领先全球，但竟被经济总量抵不上大宋一个州府，军事实力在完颜阿骨打起兵之初只有衣衫褴褛、装备简陋两千五百人的金国，打得落花流水。大运河想不通这是为什么！国家的强大不能仅看经济总量，不能仅看军事实力，那还要看什么？

我们尊重文明的多样性，不去比较宋、金，包括即将进入中华大历史的元之文明高低，仅就文化的技术层面，大宋王朝的技术发明绝对稳坐世界第一把交椅，当时全世界最新技术发明 27% 来自东方中原大运河岸畔的宋王朝。如果这个能从一个侧面证明一个国家、一个民族的文化发达程度，那么，面对科技发明几乎为零，也就是技术层面极度落后的金国，却被打成丧家之犬。大运河想不通这是为什么！国家的强大不能仅看科学技术，那还要看什么？

想不通的大运河，自商丘南关深水码头，落寞悲伤地载起装在船上的一个王朝向东向南漂去，漂至它南端的终点——临安。

在通济渠商丘南关码头遗址考古现场，从较早的河岸夯土层中清理出一件北宋时期的青瓷罐，它保存完整，器高和大腹径均为 60 厘米，罐口上盖着一个黑釉瓷盘。考古专家认为，这两件组合在一起的器物是有意埋入夯土内的。那么，故意埋入的含义是什么？或许，这件孤独的大型青瓷罐象征的是侥幸逃脱的康王赵构,而罐口盖着的黑釉瓷盘,象征的是宋高宗拥有的江山仅剩这瓷盘大小。不能再失去啦,夯在土层里,以传永远。

中原大半被纳入了金国版图。此时,"须拼一醉,看取碧空寥廓"的海陵王完颜亮迁都燕京,改燕京为中都,时在金贞元元年(1153年)。

攻下汴梁的完颜亮被眼前这座透出从未见识的文化光芒的城市所征服。很难想象在道法森严、规行矩步的宋王朝文化中可以营造出如此感性、欢乐、五彩缤纷的城市来。大漠边陲的完颜亮做一百个最好的梦也无法梦到如此绮丽的景象。东京丰乐楼几乎就是一部直观的文明教科书,不仅是一座城市饮食行业的缩影,更凝聚着一个时代的文明。这种文明体现在酒楼装饰、环境、服务、酿造、烹饪、器皿……所有方面。令他们惊诧于此,钦羡于此,他们对中原文明的膜拜,几乎就是从丰乐楼文明对他们的洗礼开始。完颜亮兴建中都时,下令仿制汴梁城的城市格局面貌,当然不能少了丰乐楼一样的酒楼。

天德五年(1153年),东京开封丰乐楼的复制品在金中都完美落成,这里天天杯觥交错,日日人声喧嚣。当然,无法复制的是大运河,是大运河枢纽中心地位。然而,没有了大运河,也就没有了城市的精魂以及与之相伴相生的繁华。历史地看,这是一个帝王与一座京城的故事;文化地看,这是一个普通人被一种更高文明洗礼之后的梦之再造。

面对家破国亡,整个大宋王朝呼天抢地,伤恸欲绝。然而,有一个人是例外。这个人就是宋高宗赵构。当然,表面上他必须与整个王朝一起悲伤,但夜深人静的夜晚,浮上赵构心头的是窃喜。是的,是窃喜。没有靖康之难,不受宋徽宗待见的赵构只能是个康王,只能是一个胆战心惊的人质,过着刀刃上舔血的惶恐日子。正是这种不受待见使他侥幸漏网,是女真人的剑锋将他挑上了皇位。破碎的是大宋山河,落到赵构手中的皇权则绝对完整。为这绝对完整的皇权，他不能不窃喜。靖康之变后，宋徽宗派臣子曹勋从关押地逃宋，行前交给曹勋一件自己穿的背心，背心上写着"可便即真，来救父母"。"彻夜西风撼破扉，萧条孤馆一灯微。家山回首三千里，目断山南无雁飞。"宋徽宗哭着叮嘱曹勋，切记转告康王来救。曹勋历经艰险入宋境，见到高宗，高宗哭着把背心拿给辅佐大臣看，却对营救徽宗的计划不置可否。他绝对不想让完整的皇权因为什么儿女情谊而遭遇意外的风险。皇权绝对排他，绝对无情。

大宋王朝南去了，留下的中原大地战火燎原。金人分三路向南宋发动全面进攻。西路，金军长驱入陕，破同州，围永兴，进长安，袭延安、陕、华、陇、秦诸府州，陇右震动。东路，获得沿永济渠粮仓充足补给的金军自沧州渡河攻击棣州，击溃二十万宋军，在乐安再败宋军，攻陷潍州、青州，"留大军夹河屯田而还"。中路，金军重创河阳宋军后乘势渡过黄河，攻占汜水、西京、汝州、均州、房州、邓州、唐州、蔡州等州城。风卷残云，秋风落叶。

唯东京留守兼开封知府宗泽壮怀激烈，联合通济渠、永济渠流域的抗金力量，集中濮州、开封的义军，坚守东京，苦战不退，死战不降，人在阵地在，并分兵出击，终于将围困之金军击溃，粉碎了金军夺取陕西、河南、山东，然后进军两淮，灭亡南宋的战略企图。然而，宋高宗无心中原，去意坚决，宗泽忧愤成疾，疽发于背，悲愤长吟"出师未捷身先死，长使英雄泪满襟"，连呼三声"过河"，喷血而卒。

向南逃窜的宋王朝，为阻滞金兵铁骑的威猛追击，在今河南滑县西南扒开黄河大堤，"以水当兵"，浊浪滔天，一片泽国。由此，黄河形成新旧两条河道，在黄河与淮河之间摆荡。由于这个位置刚好处于南宋与金国的对峙前线，宋、金双方都无意堵塞决口，因此黄河浊流重创通济渠、永济

第十章 呜咽东流

渠。

宋、金对峙,运河沿岸战火连绵不绝。出于军事防御的需要,为了"务要不通敌船",宋高宗又下令开掘汴河,烧毁所流经地区的汴河诸堰。

宋代汴河的通航是靠年年不敢懈怠的疏浚实现的。因为战争,因为社会动荡,后来竟有二十年不浚,从开封东水门到襄邑(治今河南睢县)的汴河,由于泥沙的淤积,像黄河一样,成为悬河,河底高出地平面"一丈二尺余,自汴堤下瞰,民居如在深谷"。掘开这样的汴河,其灾难性后果可想而知。

汴河开始断流。

汴水,中原大运河,成了沦陷于金人之手的汴京故都的象征,成了中原故土的象征,时常闯进南去的北人梦中:"圆月又中秋。南海西头。蛮云瘴雨晚难收。北客相逢弹泪坐,合恨分愁。无酒可销忧。但说皇州。天家宫阙酒家楼。今夜只应清汴水,呜咽东流。"

汴水,中原大运河,成为大宋遗民对故国江山的思念象征,在风中飞扬,山河依旧,人事已非:"照野旌旗,朝天车马,平沙万里天低。宝带金章,尊前茸帽风欹。秦关汴水经行地,想登临、都付新诗。纵英游,叠鼓清笳,骏马名姬。 酒酣应对燕山雪,正冰河月冻,晓陇云飞。投老残年,江南谁念方回。东风渐绿西湖柳,雁已还、人未南归。最关情,折尽梅花,难寄相思。"

这年三月,正在西湖苏堤旁经营饭店的宋五嫂,看到湖面上一艘豪华游船迎面而来。来人听说宋五嫂家的鱼羹味道鲜美,游湖之余专门过来品尝。当宋五嫂把做好的鱼羹端上游船,官人品尝后大加赞赏:"你这分明是汴京丰乐楼的味道啊!"宋五嫂赶紧答道,小妇人家就在汴京城丰乐楼后的胡同,丈夫有一手好厨艺,曾经是丰乐楼的厨师。靖康之变,丈夫死于战乱，自己随御驾一起到了临安城，因思念家乡和亲人，就在这西湖边上开了一家鱼羹餐馆，炮制京都汴梁的老味道。

已经退休多年的赵构帝老泪横流，像她这样的普通百姓尚且思念故土，这正是大宋朝复兴的希望啊！

赵构帝命人赏赐宋五嫂金钱十文、银钱一百文、绢十匹。

于是，"宋嫂鱼羹"声名远扬，远扬到今天成为杭帮菜中的一道名肴。只是还有谁能知晓个中蕴含着中原味道的精魂？

杭州西湖

临安城日渐安稳的生活让南迁的北宋遗民暂时忘记了亡国之痛和远离故土的悲伤，但对王朝的往昔、对汴梁的追思却随着时间的推移堆积浓厚，人们追忆北宋的繁华，怀念丰乐楼的味道。

丰乐楼的味道，是大运河的味道，是正宗的中原味道，是正统的王朝味道。

于是，南宋淳祐年间，在临安城涌金门外重建起一座丰乐楼，"丰乐楼旧为众乐亭，又改耸翠楼，政和中改今名。淳祐间，赵京尹与䗪重建，宏丽为湖山冠"。

丰乐楼门前站着两个伙计，他们"头戴方顶样头巾，身穿紫衫，脚下丝鞋净袜"，对人彬彬有礼，往酒楼里相让。往往本人无意进楼喝酒，可见他们拱手齐胸、俯首弓腰的殷勤模样，也就欣然而入了。

只要你一入座，凡是下酒的羹汤，尽可以任意索唤，即使十位客人，每人要一味也无妨，过卖、铛头，记忆数十乃至上百品菜肴，都传喝如流。而且制造供应，不准许少有违误。酒未到，则先设数碟"看菜"，待举杯又换细菜，如此屡易，愈出愈奇，极意奉承……在顾客身旁，还会有吹拉弹唱之音伴奏助兴，以弛其心，以舒其神。这些吹箫、弹阮、歌唱、散耍的人叫"赶趁"，经常有市民在生活无着的情况下，选择去酒楼赶趁……

这哪里是国破偏安的临安城，分明是东京开封，不差分毫。

丰乐楼高彻云汉，瑰丽宏伟，上可延风月，下可隔嚣尘，成为南宋中兴盛世的一个标识，以慰藉每一位北宋遗民的午夜惊魂。

因为地理位置特殊，临安丰乐楼的景色被当时的人们称赞为"湖山冠"，比起北宋时期的丰乐楼，南宋的丰乐楼更像是一处园林。

今天杭州市解放路与中河中路交叉口，有一座不起眼的石拱古桥，名丰乐桥，南侧不远处，就是南宋仿建汴京城白矾楼的丰乐楼旧址。

今天，我们已经无法领略杭州丰乐楼的精彩，只能在故宫博物院收藏的夏永的《丰乐楼图》绢本水墨上窥见它昔日的风貌。

丰乐桥

夏永,生卒不详。此画为长宽均为25.8厘米的正方形画幅,右上以蝇头小楷题写了31行"十里挈平丰乐楼"长题。此图绘楼阁近景,取俯瞰效果,构图奇妙。楼阁描画繁而不乱,线条细密而不琐碎,杂树垂柳摇曳多姿,隐隐中有游客往来于街道上,人物虽小,但姿态生动,活灵活现。远景则笔简墨疏,若隐若现,衬托出丰乐楼主题又表现了自然界的风光。江南水乡的温软柔情中,似曾相识的丰乐楼,弥漫着前朝的热情和烟火,心怀故国的南宋文人在此集聚,沾满笔墨的纸张,写满了对于东京的遥望和怀念。

当然,这是汉人史观对汴水、对洛水、对中原运河的一种观照。包括"靖康耻,犹未雪",也是汉人的正朔史观。绍兴十二年(1142年),宋高宗的生母韦太后终于得以结束十五年的俘虏囚禁生活回归中原。临行前,押在同一地的宋钦宗挽住车轮,泪流满面地恳请母亲转告高宗:他只要回到南方,当一个太乙宫主(太乙宫为中南山主峰,这里可能是指道观主人)就可以。这样的转告石沉大海。

第十章 呜咽东流

《丰乐楼图》

如果抱定中华民族宏大史观,我们就会看见,女真族是第一个提出中华一统、民族平等、不分夷夏思想的民族。沾沾自喜于"天朝上国"、睥睨藐视于"蛮夷之地",是中原王朝的致命高贵,为这样的高贵付出惨烈代价就是历史必然。金国认为,王室与列国、华与夷、中国与四境的关系都是可以变的;认为有公天下之心的都称"汉";社稷与民相比,民贵而社稷轻;反对唐开元末"祸始于妃后,成于宦竖,终于藩镇"的颠倒是非,认定唐王朝的灭亡祸根就是明皇……

贞元元年(1153 年),金海陵王迁都燕京。金人并不满足于与南宋以淮河为界,无时不怀抱问鼎中原的理想。人总是应该有梦想的,万一实现了呢。倘若没有梦想,迄今还在漠北游荡亦未可知。只要是有理想的政权,它的理想就会在运河上闪现出光彩来。

世宗大定四年(1164 年)八月,山东粮食获得大丰收,大量粮食需要从丰收地区运往中都,如果仅仅走陆运,那运量太小,用时太长,于是,金人决定彻底疏浚北宋人忙活了几十年也没能完全畅通的将陵至中都段御河,让粮下河,漕运中都,以实京师。

"有河不加浚,使百姓陆运劳甚,罪在汝等。朕不欲即加罪,宜悉力使漕渠通也。"金世宗的这番话,对推动治理北清河、开筑通州运河等工程作用甚大。

泰和五年(1205 年),"上至霸州,以故漕河浅涩,敕尚书省发山东、河北、河东、中都、北京军夫六千,改凿之"。

历经五十余年的艰辛努力,金人逐步建设起围绕中都,以永济渠为主干的运河漕运网。按《金史·河渠志》的描述,大致由七条运路组成。第一条,"旧黄河行滑州、大名、恩州、景州、沧州、会川之境"。此路应是黄河在北宋元丰年间和元符年间的北流黄河,在恩州清河县再连接武城的永济渠。第二条,"漳水东北为御河,则通苏门、获嘉、新乡、卫州、浚州、黎阳、卫县、彰德、磁州、洺州之馈"。"漳水东北为御河"是不正确的描述,因为下面列出的"彰德"前面的七个州县都不濒临漳水,濒临漳水的只有磁州、洺州和彰德的部分辖县;这条运道应该表述为从旧黄河北接漳河到恩州清河县再入御河。第三条,"衡水则经深州会于滹沱,以来献州、清州之饷"。衡水,即衡漳水,是漳水北面的一条支流,自邢州、沃州来,过冀州入深州的武强合滹沱河南支到献州;《金史·河渠志》只列举出三个州,实际此路能通邢、沃、冀、深、献、清六州之漕运。第四条,"霸州之巨马河",直达燕京。第五条,"雄州之沙河",直达燕京。第六条,"山东之北清河",此路漕运涉及山东东路和山东西路的三府十九州九十个县税粮的运输,只以行漕北清河一笔带过,过于简略。第七条,其通漕之水,"皆合于信安海壖,溯流而至通州,由通州入闸",大兴府西南诸州漕运主要靠衡漳水接滹沱河再接北宋御河。

漕运机构迅速建立起来,置漕运司,设提举官一人,景州刺史兼任,掌管所有河仓漕运事务。漕运司下设课使、起运两科,除司吏、孔目官外,特置押纲官七十六人。漕运司的直属机构为沿运河设置的各仓场,诸仓设使、副使为长官,下有攒典、仓子等具体管理人员,诸草场、柴炭场亦设使、副使及吏人,分别掌管不同业务。

漕运制度也在漕运网建设的同时,逐步完善起来。金政府把漕运定为春运、秋运两个阶段,春运时间从春暖运河冰融之时起,到夏天雨季到来之前止；秋运从八月秋凉时开始，到初冬运河开始结冰为止。漕船以30只为一纲，凡纲船须在漕运前三日进行检修。发运时，规定日装一纲，装毕再行检查，三日后起程，根据运路里程远近、顺流溯流，定以时限，不得延误。到达受纳后，须三日卸船完毕。凡纲船皆雇募行运，规定"凡挽漕脚直，水运盐每石百里四十八文，米五十文一分二厘七毫，粟四十文一分三毫，钱则每贯一文七分二厘八毫"。为了保证漕运，泰和六年（1206年），尚书省对"凡漕河所经之地，州县官以为无与于己，多致浅滞，使纲户以盘浅剥载为名，奸弊百出"等状况，做出严厉规定：凡漕河所经之地，州、府官衔内都带"提控漕河事"，县官则带"管勾漕河事"之名，以使能"催检纲运，营护堤岸"。

初驭运河，金人没有硬性规定各路上供物资漕运量，多数时候根据都城的实际需要量，同时看各路收成情况，下达漕运指标。世宗大定二十一年（1181年），京城储积不足，有缺粮之虞，即诏令沿运河的恩、献等六州运百余万石粟至通州，辇运京师。承安五年（1200年），章宗诏令沿河州县诸仓，折纳菽20万石漕运入京，又令漕运麦10万石。

在南宋小朝廷还把金兵当作来自北方的饿狼诅咒时，一只猛虎在漠北强势崛起，一代天骄成吉思汗依靠所向披靡的军事力量，征服、统一诸部，在马背上建立起蒙古帝国。接着，金戈铁马，立戈横槊，所到之处，望风归顺，旷世未有的庞大帝国屹立在亚欧大陆。再接着，向南扫荡，将金人京城以北大片领土收入囊中。

面临随时都有可能被彻底消灭的危险，金人惊恐万状，收拾起金银细软，拖儿带女，舟车水陆，沿永济渠仓皇南逃，逃过清水，逃过淇水，逃过黄河，至汴京残喘。这时，中都城中发生了一场神秘的大火，连烧五日不息，将仿汴梁而筑的都城化为灰烬，一个朝代也在大火噼噼啪啪的燃烧中奏响了落幕的序曲。

定都汴京，金廷即刻招募陈州、颍州境内民船投入漕运，填充饥饿的金人，填充空虚的京都，填充危机的财政。所募民船极为有限，朝廷再颁令观州漕运司设提举官，招募原在籍船户，紧急加入漕运；命户部派遣官员沿运河往来巡察，保证漕运畅通，保证漕船安全。宣宗叮嘱漕运官员："中京运粮护送官，当择其人，万有一失，枢密官亦有罪矣。其船当用毛花辇所造两首尾者，仍张帜如渡军之状，勿令敌知为粮也。"就是慎择漕官，军政部门负有连带责任，要把漕粮船伪装起来，伪装成运兵船。帝王亲自部署亲自指挥漕运，具体到如何伪装漕船，可见漕运关系到南迁金朝的生死存亡。

除被蒙古军占领的地区，仅剩的运河漕运不足支撑，金廷迁至汴京惊魂甫定，即诏开河令，延展运河，开辟新的漕运地区：开浚整治沁水水道，掘成了自唐代以来淤塞不通的运道；从陕西大庆关筑经湖城（今河南灵宝西）到汴京的沿黄河运道；在通济渠中段的灵璧县潼郡镇设置储粮仓，开辟长直沟运河，从万安湖行进入汴水至京都。

南宋政权毫不记取北宋联金抗辽、仅剩半壁江山的教训，猪油蒙心，合约联蒙灭金。宋绍定五年（1232年），蒙古军主力自宝鸡出汉中，借道宋境，沿汉水而下，经唐、邓北上，采取大迂回战术，在钧州大败金军，乘胜进围汴京。金哀宗弃汴京逃至归德，再逃蔡州。蒙古军攻陷汴京后，约南宋军队夹击蔡州。1234年，蔡州城破，37岁的金哀宗仰天慨叹："所恨的就是国家社稷到我而绝，与历来荒淫暴乱之君同样亡国，唯此让人愤愤不平！"慨毕，毅然自缢，活了120岁的金朝吊死在了蔡州幽兰轩。

近侍完颜绛山遵奉金哀宗的遗嘱，将尸体火化。另一说是蒙将塔察儿和宋将孟珙见在烧金哀宗尸首，忙上前扑灭余烬，捡出余骨，一分为二，回营邀功。再一说是蒙、宋两军争夺尸首，相持不下，最后折中，将金哀宗从中间劈开，一家一半。——与被俘的宋徽宗在金国可以与嫔妃们一起生活，先后生下6个儿子比起来，哪个更人道？哪个更残暴？——据蒙古伊儿汗国宰相拉施特丁主编的《史集》记载，塔察儿获得金哀宗的一只手，大部分遗骸被宋军带回临安，藏于大理寺狱库，以泄靖康之耻。

按合约，灭金后，河南地归宋朝。然而，金灭了，蒙古人却不愿意履行合约，只肯给宋陈、蔡二州之地，而不是整个中原河南。

南宋朝廷冲冠一怒，决定北伐，出兵收复东京开封、中京洛阳和南京商丘"三京"。宋、蒙战端开启。

怒要有怒的本钱，南宋根本没有愤怒的资格。南宋北伐军自滁州经泗州入汴京，然后进抵洛阳。在洛阳以东，宋、蒙激战，宋军大败。蒙军乘胜围战洛阳，洛阳城内宋军见援军不至，慌忙突围，弃城南逃。汴京守军也望风而逃。南宋北伐三京之举，以完败收场，不接受也得接受宋、蒙以陈、蔡二州为界。南宋小朝廷缩回临安，继续偏安东南，继续过"直把杭州作汴州"的日子。

击溃南宋北伐的蒙古人豪情万丈，信心满满，坚定地认为，灭亡南宋，问鼎中原，建立蒙古人的王朝，只是时间问题。蒙古军队挥师南下，在身后大片新占领区，尤其是以永济渠、通济渠运河为中心的地带，建立起行

第十章 呜咽东流

省政权,加强对南宋经济命脉的控制。东平行省、济南行省、山东淮南楚州行省、益都行省、燕京行省、汴梁行省、江淮行省、河南江北行省……这些行省,"凡钱粮、兵甲、屯种、漕运、军国重事,无不领之"。像北宋将运河置于国事重心位置一样,蒙古人已经将运河地区看作统治中原的重心。

也就在此时,蒙古帝国"东方远征军司令"忽必烈的谋士刘秉忠给出了立国谏议。刘秉忠精熟天文、地理、经学、律历,深得三式法术之精髓,为忽必烈经营过开平府(即元上都),撰有《镌地理参补评林图诀全备平沙玉尺经》,深得忽必烈的信任。刘秉忠诚恳地告诉忽必烈:要建立中原政权,统一中国,"蒙古国"作为国号不成立,蒙古是一个民族,而中原有很多民族,称"蒙古国"名不副实,涵盖不了多民族这一事实。忽必烈同意这个看法,急切地征询:"依你看,我们应该使用什么样的国号?"刘秉忠建议取《易经》"乾元"之意,拟国号为"元"。忽必烈欣然拊掌,快意称赞:"甚好,甚好!"蒙古制度为体、中原制度为用,实现"天下一家"的"元"王朝由此拟定。

中原运河破碎,汴水呜咽:"天上人家,醉王母、蟠桃春色。被午夜、漏声催箭,晓光侵阙。花覆千官鸾阁外,香浮九鼎龙楼侧。恨黑风、吹雨湿霓裳,歌声歇。　　人去后,书应绝。肠断处,心难说。更那堪杜宇、满山啼血。事去空流东汴水,愁来不见西湖月。有谁知、海上泣婵娟,菱花缺。"

伤心总是难免的,而日子不能总在伤心中。"国家驻跸钱塘,纲运粮饷,仰给诸道,所系不轻。水运之程,自大江而下,至镇江则入闸,经行运河,如履平地，川、广巨舰直抵都城，盖甚便也。"南宋小朝廷，安了。

面对雄心勃勃的蒙古帝国，安享太平的想法太天真了！文天祥上书进言："元人没有一天不想把我们打败、消灭，然而，他们没有做到，原因就在他们缺少战船，不熟悉水性，害怕我们强大的水军。我们能在金山打败金大将兀术，靠的是水师，我们能在采石击败金国国主完颜亮靠的也是水师。如今，面对元军，要保卫东南半壁，还必须靠水师。"不愧是被理宗皇帝"亲拔为第一"的状元，文天祥分析时政，洞若观火。

蒙古人看清了自己的短处，毫不迟疑地开始夺宋军之长、补元军之短的积极备战。元将刘整说："我精兵突骑，所当者破，惟水战不如宋耳，夺彼所长，造战舰，习水军，则事济矣。"仅仅过了半年，水师成军。元军以迅雷不及掩耳之势，向南宋发起大兵团战略包抄。雄威的水师沿运河滚滚南下，直指临安。

宋德祐二年（1276年），临安知府贾余庆等人奉降表及传国玉玺来到伯颜营帐请降。伯颜接受宋的降表和国玺，元军不战而进入临安都城。

元军南下追击拒降的南宋残兵败将，元、宋两军最后在今广东江门厓山短兵相接。生死大决战中元军胜出，厓山附近的海面上浮尸十万。左丞相陆秀夫身穿朝服，向九岁的宋少帝叩首拜道："国事至此，陛下当为国死。德祐皇帝辱已甚，陛下不可再辱！"言罢，背起小皇帝跳入茫茫大海。至此，南宋全军覆没，蒙古铁锤一举击沉南宋小朝廷这艘在风雨中飘摇百年的残船，大宋王朝的光芒从此被掩埋于运河的尽头。

站在宋的角度看，国亡了。是的，国亡了，但山河还在这里，亡的只是国之上一个叫"宋"的王朝统治，所谓"国破山河在，城春草木深。感时花溅泪,恨别鸟惊心"。

决胜崖山的元军主将张弘范战后命人在崖山岩壁上刻写了"镇国大将军张弘范灭宋于此"十二个大字。

1953年,刻字崖壁被新中国的海上航道部门炸毁。1964年秋,这里近岸处竖起了一块奇石,上面镌刻的是剧作家、中华人民共和国国歌词作者田汉的行草大字:"宋少帝与丞相陆秀夫殉国于此"。

在元军盛大的得胜宴上,北方猛虎扑食到了江阴郡河豚、明州黄花鱼、越州海鲜。

宋王朝"联金抗辽""联蒙抗金"为自己开启的是灭国之战,企图假借别人的力量实现自己的战略目标,注定被这种假借所埋葬。如果说金军局部征服了中原大运河,这一次,中原大运河,整个中国,第一次被一个更北方的蒙古游牧民族完整征服。

还在南宋使臣楼钥奉使北上,与金国谈判时,沿汴而行,到宿州时看见河底"几与岸平",而且种上了麦子,住上了农户,已经不复为河,何况此时中原再次易主,已是蒙古人的天下。

同是出使金国,宋孝宗乾道六年(1170年),范成大渡过淮河,踏上中原土地,再过汴京,触目伤怀,悲从中来,写下《州桥》,白描出中原人渴望王师北返的殷切、沉痛:"南望朱雀门,北望宣德楼,皆旧御路也。州桥南北是天街,父老年年等驾回。忍泪失声询使者,几时真有六军来?"

而走在洛阳天津桥上的张养浩,仰天长叹,放声悲歌:"天津桥上,凭栏遥望,春陵王气都凋丧;树苍苍,水茫茫,云台不见中兴将。千古转头归灭亡。功,也不久长;名,也不久长。"

当然，埋葬掉的只是王朝，闪耀着运河水色、凝聚着中原之光的"丰乐文化"是掩埋不掉、掩埋不住的。进过丰乐楼的蒙古人，再也无法忘掉在这里留下的舌尖上的味道，由征服转而倾慕、仰慕中原文化，马背酒囊的粗犷之余，热爱脍不厌精的文明，执意将临安丰乐楼复制到元大都。大德五年（1301年），一座与临安丰乐楼毫无二致的酒楼在大都拔地而起，比起金人仿照东京丰乐楼在金中都复制的酒楼来，不知又豪华出多少！牌坊高耸，彩楼绚丽，门童迎客，酒幌招摇，以它的倍加喧嚣，象征着一个新王朝的繁华。不过，马背上的民族无法学到临安丰乐楼上可延风月、下可隔嚣尘的精髓，跟金人相差不多，袒肚露胸，一脚踩在凳子上，端碗豪饮，恨不得把自己埋进酒坛。白酒、黄酒、琥珀酒、果酒、葡萄酒、南酒、内酒、艾酒、河清酒、双料茉莉酒、窝儿酒、菊花酒、竹叶清酒、豆酒……中原文明里的所有酒他们全都喝不惯，没劲，点燃不起他们生命中的热血，只钟情于从西域传来的蒸馏烧酒，时名哈剌吉。丰乐酒楼里天天杯觥交错，日日人声喧嚣，给中原文化强力注入蒸馏烧酒哈剌吉的辛辣味道。

丰乐楼从北宋京都汴梁走来，走进金中都，走进临安，现在高耸矗立在元大都的繁华闹市。曾经的帝王们在哪里？酒楼作为一种文化，穿越朝代迭替的腥风血雨，穿越时代的烟雾尘土，高蹈于王朝之上，令皇权为之俯首，令时光为之永恒。眼前这"天下第一酒馆"的主人正一如既往地欢快，但注定很快就会消逝，但"丰乐楼"不会，历史已经证明，即便在这里倾废，它也会在别处更加繁华的地方重新崛起，照旧热情地迎纳一茬接一茬的酒客，然后幻化成现时人生精神、人生心灵需要的样子。

第十章　呜咽东流

汴河，悠悠东去的中原大运河，千帆竞过的国之命脉，那是大宋王朝国运昭昭的生命脐带，而丰乐楼则是这盛世大宋礼花燃放的捻点。一栋酒楼，两宋王朝，三座古城，在滚滚而去的波涛中见证着中原大运河文化礼花般绽放，以及伴随着历史严峻展开的必然聚散。

流过山东其实就流过德州、聊城、济宁三地,流过浙江其实就流过嘉兴、湖州两地,如此考察,京杭运河流过元王朝的国土面积不足2%。

这不仅是大运河流淌方向的改变,中国政治、经济、历史、文化、社会、生态……方方面面都在改变,大运河的影响力比起隋、唐、宋来,不可同日而语。而被运河抛弃的隋、唐、宋运河流域,社会经济民生随之快速衰落。

此后对京杭运河的所有夸耀赞美,应该也是京杭运河承受不起的,其实是将主要对隋、唐、宋中原大运河、中国大运河的夸耀赞美附着在了京杭运河身上,京杭运河只能算因战争、因王朝更替导致全盛的中原运河、中国运河脑溢血之后,仅剩的还算灵便的一节残肢,它是中原运河、中国运河边的微草,是战火纷飞中的晚霞,是夜半到客船的那一记钟声,是古城墙下的落花,是唱给落魄的中原运河、中国运河的挽歌。

第十一章 绝代风华

忽必烈掀翻南宋朝廷之后，扭转乾坤，一变中国历代王朝国都鼎立黄河流域之传统，定都燕山南麓，称『大都』，也称『燕京』，中国政治中心无可阻挡地离开了黄河流域，转移至中原皇帝想都没想过的北方。

中国历史发展的必然，运河再次回到了王朝的中心，回到了国家社会经济生活的中心。

然而，手掌般强劲展开的中原运河、中国运河被截肢了，回来的只是一根手指般的京杭运河。隋、唐、宋八千里中国运河，仅剩下元王朝的三千五百里。

隋、唐、宋中原运河，中国运河扇状横淌过约37%的国土面积，至元旋转成线形京杭运河后仅与约7%的国土面积有关。有元王朝国土面积骤然扩大的原因，但最根本的还是大运河的流程被截短。

如果进一步将线形辐射能力弱的特点考虑进去，比如，京杭运河除了几乎贯穿江苏全境外，流过河北其实就经过廊坊、沧州两地，

品 扫码探寻
· 图解千年运河
· 镜头下的运河
· 运河文化珍藏
· 中华水系之美

元太宗窝阔台即位前,近臣别迭等人向他们的大汗谏议:奸猾的汉人没什么用处,不如全部驱杀,使中原草木茂盛,成为牧地,多放牧些牛羊。

深得成吉思汗、窝阔台信任,主持中原地区税务事宜的耶律楚材挺身而出,谏劝窝阔台:天下可以马上得之,不可以马上治之。驱杀汉人、撂荒放牧不可行!在这样广大富饶的地方,什么东西求不到?怎么能说没有用呢?驱杀汉人谁为我们创造财富呢?他建议在中原地区颁行"便宜一十八事",维持原来的农业手工业,建立赋税制度,征收地税、商税以及酒醋盐铁等税。

窝阔台觉得很有道理,同意耶律楚材去试行。当金银珠饰、奇珍异宝、稻米粮油……被从蒙古人占领的汉人地区聚积起来,堆放到大汗面前时,惊得窝阔台眼珠子差一点从眼眶里脱落。他当即任命耶律楚材为中书令,实行戊戌选试,起用中原文人。由此,中原地区汉人因耶律楚材的直谏逃过蒙古人极有可能实施的野蛮血腥种族灭绝式驱杀。

长子贵由从父亲窝阔台大汗手中接过征服中原的使命,但他体弱多病,不假天年,享年43岁;窝阔台小弟拖雷的长子蒙哥接替贵由,进攻合川钓鱼城(今重庆市合川区东)时去世,未能等到征服中原,享年50岁;蒙哥四弟忽必烈接替蒙哥,他完胜南宋。

第十一章 绝代风华

蒙古人经过一茬又一茬野蛮血腥的接力杀戮，终于统治了整个文明灿烂的中国。时在 1279 年。

其实，蒙哥去世后的蒙古帝国分为拔都的金帐汗国、忽必烈的大元国、西亚的伊儿汗国、南亚的察合台汗国、中亚的窝阔台汗国五个部分，从蒙古帝国的历史看过来，中国的元朝从来不是一个独立的帝国，它只是蒙古帝国武力统治下的五个部分之一。在蒙古人的马蹄剑锋面前，中原文明气若游丝。

忽必烈掀翻南宋朝廷之后，扭转乾坤，一变中国历代王朝国都鼎定黄河流域之传统，定都燕山南麓，称"大都"，也称"燕京"，中国政治中心无可阻挡地离开了黄河流域，转移至中原皇帝想都没想过的北方。中原，是上朝天国拥有的地理版图中心，也是政治、经济、文化、军事中心，但它不是蒙古帝国地理版图的中心。在蒙古人眼里，大元国地理版图的中心在燕京，这里距离他们的发迹地更近，更适合做大元国的首都。定都燕京，应该也有蒙古人忌惮中华文明核心区的心理因素，眼前就有辽、金定都中华文明核心区域很快覆灭的前车之鉴。

这一打破，也使中国的政治地理的核心问题由此前的东西关系（关中如何统治江淮），演变成南北关系（华北如何控制东南和华南）。

王朝政权可以被打败、被消灭，代之以新的王朝，但是，属于"人"的共同的生活法则无法打败。只要生活法则不被打败，那么，我们就等着吧，大运河会回来，会回到王朝的中心，回到国家社会经济生活的中心。

大都，从周王朝分封的燕与蓟的晨光中启明，从燕国都城中孕育。优越的地理位置、无比丰饶的自然物产，加上燕人的苦心经营，蓟城声名远播，被称为"天下名都"。汉、魏、隋、唐，这里一直是幽州刺史的治所。唐之后的五代十国时期，它被辽政权统治。在从西拉木伦河和辽水走来的辽人眼里，幽州是遥远的南方，也因此辽人称它为南京幽都府，938年，成为辽的陪都，亦称燕京。当辽人得以立足南京幽都府远眺时，才知道，这哪里是南方，只是自己一马鞭即到的南方的北部边沿。燕京，在辽代五京之中面积最大，人口最多，遂成为辽朝的经济中心，第一次开始由地区性行政首府向全国性政治中心演变，燕京这时开始登上中国历史舞台。辽被金灭，辽人忙乎了半天的燕京，被金人享用为"中都"，筑起离宫，觊觎中原，燕京在向真正的国家"首都"过渡。蒙灭金，中都燕京终于迎来了它的"大都"历史性时刻。

坐落在华北平原上城围万丈、鼎立三宫的元大都，以金代离宫附近的一片湖泊为中心确定城市的格局，由"博学多材艺"的邢州人刘秉忠规划设计，易州定兴张柔、张弘略父子负责具体工程。几个河北人建设的这座都城，达到了中国古代都城建设的最高水平。整座城市是对天地交泰思想的演绎，内蕴着易学阴阳理念，"匠人营国，方九里，旁三门。国中九经九纬，经涂九轨，左祖右社，面朝后市"，经典的帝王之都。

尚酒的民族，在建设都城时，不忘雕琢一口专门用于贮酒的玉瓮。至元二年（1265年），元世祖忽必烈下令制作玉瓮，他们不惜代价，沿已不很畅通的大运河辗转腾挪，运来整块产自南阳的独山玉料，大都皇家众玉作合力精雕细刻，历经年余，终于雕成这口反映元代国势强盛、凝聚着中华文化的大型玉雕。它周长约5米，玉渎内外有几十种动物图案，用龙、螭象征蒙古汗，四周雕有出没于波涛之中的海龙、海兽，形象生动，气势磅礴，重3.5吨，可贮酒30石（约相当于今天的1.8吨）。料自独山，独、渎谐音，瓮大似海，也称"渎山大玉海"。雕成后置于皇家花园琼华岛（元时也叫"渎山"，今北京北海公园太液池南部）上的广寒殿，用来盛酒，大宴群臣，犒赏功勋。可以想象，当年忽必烈与他的功臣们围着这绝世大酒瓮开怀畅饮，何等豪迈，何等奔放，何等气概！

渎山大玉海现保存在北京北海公园团城承光殿前的玉瓮亭中。

被外国友人尊称为"汗八里"（突厥语，意思是大汗之城、汗城）的燕京，对蒙古人而言，确是理想的大都。美中有缺的是燕南府平原物产尚欠丰饶，百司庶府之繁，卫士编民之众，仅靠当地物资无法维持，仰给于江南，而燕去丰饶的江南尚远，这是朝廷之忧。

隋、唐，特别是辽、金，都曾在燕京经营过运河，运河交通有底子。但是，通济渠筑于隋大业元年（605 年），永济渠筑于隋大业四年（608 年），相距元朝已有六百多年。六百多年的铁都快烂了，何况是土筑成的河呢？唐朝时通济渠扬州至洛阳大约八百公里的水上路程，受季节性水位涨落、闸口拥堵等因素影响，"停滞日多，得行日少"，单程航行就要七八个月。宋、金对战，宋兵掘黄河阻兵，重创永济渠、通济渠，更使很多河段已经淤塞，航行艰困。

好在元初漕运量不大。《元史·食货志》记载：天下岁入粮数总计 1211.4 万余石，其中京畿、河北、山东等腹里地区 227.1 万余石，其余各行省 984.3 万余石；各行省中又以运河沿线行省为多，比如，河南行省 259.1 万余石。元都初设时，真正需要通过漕运至京城的漕粮只有 10 万余石。运河远就远一点，烂就烂一点，修修补补，还应付得过来。至元二十年（1283 年）增加为 27.5 万余石，至元二十六年（1289 年）增加到 91.9 万余石，次年猛增至 151.3 万余石。破烂、遥远的运河再不能适应这样的漕运量了。

元王朝统治者决定对大运河进行重新规划和整治，将以洛阳为中心的隋唐运河裁弯取直，弃"弓"走"弦"，直通大都。

其实，还在对南宋作战，大将伯颜统军南征时，就开始了指点山川，谋划水道。至元十三年（1276年），伯颜奏曰："江南城郭郊野，市井相属，川渠交通，凡物皆以舟载，比之车乘，任重而力省。今南北混一，宜穿凿河渠，令四海之水相通，远方朝贡京师者，皆由此致达，诚国家永久之利。"他正式向元世祖忽必烈提出了开凿沟通南北运河的构想。

世祖忽必烈认为可行，立即授命当朝最著名的科学家、邢台人士郭守敬至河北、山东勘察地形、水势，确定运河路线。

一次不行两次，两次不行三次，四年六次，郭守敬精心细致地勘察勘测，新运河路线终于跃然纸上。

按照郭守敬划定的新运河线路，元帝国开始了不懈的开凿。

至元十六年（1279年），开筑自大都所设粮仓东，南折至通州城北入温榆河，下游会白河的一条水道，解决漕粮入大都粮仓的水运通道问题。河长百余里，其上先后筑坝七座，于是，这条运河称"坝河"，也称阜通河。运河上设坝夫户、车户和船户。车船用于驳运，坝夫负责卸船，搬运漕粮入仓。

这一年，朝廷管理漕运的京畿都漕运使司新设新运粮提举司以及京师二十二仓，具体管理新筑河仓事务。

至元十八年（1281年）十二月，世祖差奥鲁赤、刘都水及精算术之人往济州确定开河夫役，又令大名、卫州新附军赴济州助役，开筑坝遏汶、泗水入运河行运，征服南旺水脊，开通济州河。这里是南北大运河的最高点，要确保济州河的畅通，水源是个问题。于是，在兖州立闸坝约束泗水西流，于堽城立闸堰导汶水入洸河，使二水合于任城之会源闸，以闸堰调节水势，启闭通放舟楫；于洸河上建吴泰闸、官村闸，引水入济河；建济州上闸、安山闸、石佛闸等以调节水势，保证运河畅通。

在开筑济州河的同时，开凿自东平路须城安山西南起，经寿张西北过东昌,再经西北经临清与御河相连接的一段运河河道。

济州河开通的这一年,元廷迅速设立济州运河都漕运司,分掌南北漕运。之后,设济州运河都漕运司临清分司。都漕运司和临清分司皆设运使、同知、副使、运判、经历、知事、提控案牍以及司吏等官吏。其直属机构有河西务十四仓、通州十三仓、河仓十七、直沽广通仓以及荥阳等纲。所属纲船900余只,船户8000余户,济州运河都漕运司成为朝廷组建最早、实力最强的漕运运司。

至元三十年(1293年)秋,大都海子至通州全长164里104步的运粮河开凿完成。用工285万个,用楮币152万锭,用粮38700石,另外还有木、石等物,不计其数。河上修闸门10座:广源闸,西城闸(后改名为会川闸),海子闸(后改名澄清闸),文明闸,魏村闸(后改名为惠和闸),籍东闸(后改名庆丰闸),郊亭闸(后改名平津闸),通州闸(后改名通流闸),杨尹闸(后改名为溥济闸),朝宗闸。各闸闸门加固以砖石,大大提高了河闸的耐用性。此前,南方漕粮至通州的陆运入元大都,万般艰难,"岁若干万石,方秋霖雨,驴畜死者不可胜计"。现在,有了此运道,有了此闸河,畅通天下,惠泽大都,忽必烈将之命名为"通惠河"。

泰定二年(1325年),前后历时达36年之久,全长250余里,上接济州河引汶水北流,下达御河(今卫河)的运河修成,元世祖亲自赐名"会通河"。

至此,弃"弓"走"弦","马头上的缰绳"最终被彻底拉直了,大都直通江南的京杭大运河全线贯通,全长3500里,将海河、黄河、淮河、长江和钱塘江五大水系连在一起,成为当时中国最重要的交通命脉,从根本上解决了元王朝漕粮的水陆转运问题。

这条大运河此时被人们称为京杭运河。

京杭运河由以下各段组成——

通惠河，也称大都运粮河。自昌平引水入大都，再从大都达通州；通州运粮河，从通州南下大沽河，西接御河；御河，即卫河，从天津南至临清，接会通河；会通河，从临清至须城安山，接济州河；济州河，从须城安山接泗水，入黄河，接扬州运河；扬州运河，从黄河到扬州瓜洲，入于长江；江南运河，由长江口经镇江、丹阳、常州、无锡、苏州、嘉兴抵杭州。

《新元史·河渠志》："元之运河，自通州至京师为通惠河，自通州至直沽为白河，自临清至直沽为御河，自东昌须城县至临清为会通河，自三汊口达会通河为扬州运河，自镇江至常州吕城堰为镇江运河，南逾江淮，北至京师，为振古所无云。"

京杭大运河筑通当年，漕运至京城的漕粮创开元以来历史新高：255.8万余石。新开河上"舳舻尾相衔，密次若鳞甲"。

"京师天下本，万国赴如水。珠犀从南来，狗马由西止。浩浩荆吴船，日夜行不已。"漕运拉来的不仅有漕粮，还有帝国大都的繁华。

京杭运河北端终点是元大都海子。漕船自通惠河上来，穿过北端闸口——万宁闸，就进入了海子。海子水域广阔，南来的漕船、商船、民船樯橹如林，风帆遮天蔽日。舟车所通，货宝毕来。南来北往的货物由海子集散，商贾聚集，买卖频繁，生意兴隆。大小商号、茶楼酒肆、饭店客栈、宫观寺院，以及歌棚舞榭、曲艺杂耍等商业、休闲、娱乐场所汇集在海子北岸的斜街，成为大都城内繁华热闹的地处。十里海子岸线码头，装卸着一个庞大帝国的兴衰。

元大都城有中心阁，中心阁建有钟楼和鼓楼，"钟楼之制，雄敞高明，与鼓楼相望"，钟、鼓是元统治者控制都城的一种工具。每夜钟鸣报时，第三次钟响后,任何人都不得在街上行走。钟楼鼓楼以北一带由大运河催生出一个繁华的商业区,周围分布着绸缎市、帽子市、鹅鸭市、珠子市、铁器市、米市、面市等专业行市,经营粮、油、盐、日用百货、土产水货。皇城以西顺承门内有羊角市,是一个牲口市场,有羊市、马市、牛市、骆驼市、驴骡市等。大都居民多元人,元人的饮食习惯大不同于汉人,他们的副食品中更多的是羊肉。朝廷举行大型宴会,首选肥羊,其次牛肉,再其次才是其他肉类和水果。元人过生日所送礼物也多是到羊角市来选买上好的"羊腔子"(加工处理过去头去内脏的羊身子)。羊角市连着居民的日常,可以想见它的热闹繁忙。

在这些市场上做生意的不仅有国内南北豪商巨贾,更有来自东亚、南亚、中亚、欧洲的商人。登陆中国的外国商人,经过大运河将货物运至大都,使大都不仅是元王朝的政治中心,同时成了当时世界贸易中心,"凡世界上最为稀奇珍贵的东西,都能在这座城市找到,特别是印度的商品,如宝石、珍珠、药材和香料。契丹各省和帝国其它各省,凡有贵重值钱的东西都运到这里,供应那些被这个国家吸引,而在朝廷附近居住的大批群众的需要。这里出售的商品数量,比其它任何地方都多"。

除了这两个大的商业区外,商业店铺布满大街,摊点随处可见。枢密院门前竟有角市,中书省门前有文籍市、纸札市等,顾客盈盈。文明门外是通惠河,为来往漕船必经之地,摊贩更多,买卖两旺。丽正门外是贵族、官员居住的集中区,这一带有许多高档店铺或饮食店,供其所需。顺城门、平则门外,是各地来京商人的落脚处,这些地方多客店、食点以及茶肆酒楼。东郊齐化门外,"江南直沽海道来自通州者,多于城外居止,趋之者如归。又漕运岁储多所交易,居民殷实"。

这是元王朝的民间贸易,熙熙攘攘,热热闹闹。还有一块贸易,普通人看不见，那就是元王朝特使到海外为皇室采办货物。至元十年（1273年），忽必烈"诏遣札术呵押失寒、崔杓，持金十万两"，前往师子国（今斯里兰卡），采办药材；大德年间，派出使臣，悬带虎符，前往木骨都束番国，征取豹、狮等珍禽猛兽……整个元代，朝廷派出的使臣足迹遍及海外诸国，甚至到达非洲东海岸。派出使臣持玺书，配虎符，犹如皇帝亲行，沿途站赤（驿站）必须供给铺马、站船，沿通惠河、御河、会通河、江淮运河南下，一路征发民夫，运送货物，抵达下海的各港口，港口所在行省准备下海船员旅途所需全部粮饷，称"分例"，不得有误。

中国历史发展的必然，大运河回来了，回到了王朝的中心，回到了国家社会经济生活的中心。然而，手掌般强劲展开的中原运河、中国运河被截肢了，回来的只是一根手指般的京杭运河。隋、唐、宋八千里中国运河，仅剩下元王朝的三千五百里。隋、唐、宋中原运河、中国运河扇状横淌过约37%的国土面积，至元旋转成线型京杭运河后仅与约7%的国土面积有关。有元王朝国土面积骤然扩大的原因，但最根本的还是大运河的流程被截短，更多的支流与运河失去了联系。如果进一步将线型辐射能力弱的特点考虑进去，比如，京杭运河除了贯穿江苏几乎全境外，流过河北其实就经过廊坊、沧州两地，流过山东其实就流过德州、聊城、济宁三地，流过浙江其实就流过嘉兴、湖州两地，如此考察，京杭运河流过元王朝的国土面积不足2%。这不仅是大运河流淌方向的改变，中国政治、经济、历史、文化、社会、生态……方方面面都在改变，大运河的影响力比起隋、唐、宋来，不可同日而语。而被运河抛弃的隋、唐、宋运河流域，社会经济民生随之快速衰落。

此后对京杭运河的所有夸耀赞美，应该也是京杭运河承受不起的，其实是将主要对隋、唐、宋中原大运河、中国大运河的夸耀赞美附着、寄托在了京杭运河身上,京杭运河只能算因战争、因王朝更替导致全盛的中原运河、中国运河脑溢血之后,仅剩的还算灵便的一节残肢,它是中原运河、中国运河边的微草,是战火纷飞中的晚霞,是夜半到客船的那一记钟声,是古城墙下的落花,是唱给落魄的中原运河、中国运河的挽歌。

唐宋之前,中国大运河以中原为中心,呈多枝形发展,将中国广袤的地区联系了起来,贯通了起来,对不同地域的经济文化社会发展,起着积极的平衡调剂推动作用。自元开始,明清继之的大运河南北向线性布局,仅仅将政治军事中心的都城和基本经济区江南联系在一起,在紧密东南联系、畅通江南交通的同时,将中华文明始发地的中原,以及广大中西部地区,摒弃到了运河系统之外。这不仅是交通上的倾斜,更是经济发展的倾斜、社会文化的倾斜、政治历史的倾斜。"汴水东边杨柳花,春风散入五侯家。繁华一去江南远,闲汲山泉自煮茶。""沧海桑田事渺茫,行逢遗老色凄凉。为言故国游麋鹿,漫指空山号凤凰。春尽绿莎迷辇道,雨多苍荠上宫墙。遥知汴水东流畔,更有平芜与夕阳。"元之后的中国政治、经济、文化中心,再没有回到中原,再没有回到黄河流域,无不与这一条大河有关。

明清两代,中国的经济重心进一步南移,王朝对南方富庶地区的依赖进一步加深。

清初漕运定额全国400万石,各省分担的比例大约是南四北一;乾隆十八年(1753年),这个比例演变为南八北一;乾隆四十四年(1779年),这个比例更进一步演变成夸张的南十北一。这样的演变不仅是一个僵死的数字,也代表着中国经济平衡性的急剧倾斜,代表着原运河地区经济的快速萎缩。

美国地理学家施坚雅主编的《中华帝国晚期的城市》一书明确告诉我们:与大运河有直接水系联系的地区的发展水平明显高于没有水系联系、

支撑的地区。东西部、南北部发展的落差开始累积形成，且不断扩大，直至今天的这番格局，都与大运河走向那个时刻的改变相关联。

真正支撑起发达漕运的，不是运河如何便捷畅通、航程如何辽远，不是漕船总吨位的增长、漕卒漕夫如何人众，而是社会经济稳定发展，是物质财富的实际增长。在财富从土地里生长出来的时代，重视农业，推行重农政策，是任何一个开明统治者的首选。"世祖即位之初，首诏天下，国以民为本，民以衣食为本，衣食以农桑为本。"中统元年（1260年），忽必烈命各路宣抚司择通晓农事者担任劝农官。次年，再设劝农司，"以陈邃、崔斌等八人为使"。至元七年（1270年），再设立司农司，专掌农桑水利，司农司成为元朝廷主管农政的中央机构。

推广当时先进的耕作技术、先进的生产经验，当然是这些农事部门的基本职责。司农司令诸劝农官深入郡县，深入基层，深入运河沿岸田间地头，察举农事，做好探查记录，同时，遍求古今农事书籍，一并上报司农司。依据这些基本材料，司农司组织力量，精心编辑出了农事集大成之作《农桑辑要》，至元十年（1273年），首次刊行各地。运河水浇灌出一朵农业文化之奇葩。

《农桑辑要》共7卷，分典训、耕垦、播种、栽桑、养蚕、瓜菜、果实、竹木、药草、孳畜10个要目，分别论述了各种作物的栽培及家畜、家禽、鱼、蚕、蜂等的饲养，颇具系统性。这些详尽的内容除了第一手种、养殖经验的细致记录之外，全部引用自元朝之前的农书，是国人农业生产实际经验的总结，它"详而不芜，简而有要，于农家之中最为善本"。正是这次农书编辑时的引用，让我们知道了元朝之前中国竟然有这么丰富的农书刊行，构成中国农书的蔚为大观：《士农必用》《务本新书》《四时纂要》《韩氏直说》《蚕桑直说》《种莳直说》《博闻录》……

《农桑辑要》一个很重要的特点是它的及时性。棉花刚刚传入中国,就进入了这部书的详尽描述中,对棉花栽培技术的各个细节,如择地、整地、种子处理、播种、留苗、移栽、中耕、打顶心以及采摘等,细细道来,特别是提倡稀植法,到今天也不过时。对元朝的农业生产的指导意义可见一斑。

朝廷对农政的重视,影响着地方官员对农政的重视。王祯,宣州旌德县尹、信州永丰县尹,职位不高,直面农事。任职期间,他十分注意观察各地农事各个环节,潜心关注农作物生长全过程,亲自试验一些农作物的种植、施肥、灌溉及收获,不断倡导先进的生产技术;"搜辑旧闻",广泛涉猎古代农书及各种典籍中关于农事的记载。他精心地将观察研究所得、亲身实践所获记录下来,结合前人的研究记录,编撰农书。历经近十年的努力,王祯终于完成对当时农业生产具有重大影响的农业科学著作《农书》,元皇庆二年(1313年)刻印发行。

《农书》,也称《王祯农书》,规模宏大,全书由"农桑通诀""百谷谱""农器图谱"三部分组成,加上270余幅插图,成为对中国农业生产进行全面研究的集成之作。

"农桑通诀"可看作是全书总论,概述中国农业生产的起源和发展,揭示农业发展的历史轨迹,论述发展农业的重要意义,视野开阔,思想鲜明。接下来是关于授时、地利、孝弟力田、垦耕、耙劳、播种、锄治、粪壤、灌溉、劝助、收获、蓄积、种植、畜养、蚕缫、祈报16篇本论,纵横述论,精细入微,重点阐释了"不违农时""因地制宜""在乎其人"等农业生产的根本原则。"四时各有其务,十二月各有其宜,先时而种,则失之太早而不生。后时而艺,则失之太晚而不成。故曰:虽有智者,不能冬种而春收。""不违农时"的思想,在王祯之前中国漫长的农业发展史上已有农人相当成熟的总结,但适时进行农业生产活动可以保证整个农业生产计划的实现这个思想,自《农书》始提出并加以完善,体现了农业生产的节奏与计划之间的相互影响。

"百谷谱"专论农作物的栽培技术。它分门别类地介绍了80余种粮食作物和经济作物的起源、品种和栽培方法,是中国现代农作物分类学、栽培学的最早呈现。尤其是注重植物形态的描述,这在古农书中很少见。

全书最具创造性、最具特色也最有价值的部分是"农器图谱",在"田非器不成"即朴素的"农具就是生产力"的思想指引下,该书高度重视农业生产工具在整个社会经济生活中的作用,不厌其详地加以归纳、总结、阐述。按各种农具的功用,王祯将之划分为田制、耒耜、镢锸、钱镈、铚艾、杷朳、蓑笠、蓧篑、杵臼、仓廪、鼎釜、舟车、灌溉、利用、夔麦、蚕缫、蚕桑、织纴、纩絮、麻苎等20个门类259种,从田间劳作到居家生活,应有尽有,门类齐全,品种丰富,荟萃了东方民族进入农耕文明以来所有的农具,蔚为大观,反映出至元朝国家农器制作使用文明已经达到的高度。《农书》记载了王祯自己设计创制的许多农器。比如,以水为动力的"水转翻车";比如,灌溉器具"高转筒车",也可以借助水力成为"水转高车",是一种很先进的灌溉机械。"水转翻车""高转筒车""水转高车",直到20世纪60年代依然"活"在运河流域和江南水乡。

在元代,还产生了另外一部与《农书》《农桑辑要》不同的农书《农桑衣食撮要》。《农桑辑要》记岁月杂事仅列为卷末一篇,《农桑衣食撮要》体例上直接承接古农书《四民月令》,按月记述农事的安排与活动,"分十二月令,件系条别,简明易晓,使种艺敛藏之节,开卷了然"。

蒙古人建立的元王朝,将国人分为四个等级,第一等蒙古人,第二等色目人,第三等汉人,第四等南人。意大利人马可·波罗担任过扬州总督。

第十一章　绝代风华

《农桑衣食撮要》的作者鲁明善，维吾尔族人，延祐元年（1314年）出任寿阳郡监。他们可以归之于色目人。鲁明善以工作之便，对运河流域农业生产进行广泛的调查研究，同时认真钻研古农书，在至顺元年（1330年）完成《农桑衣食撮要》。

农书的特点是要细、准、精，任何哪怕是细微的差池，都可能带来农业重大损失。鲁明善的《农桑衣食撮要》成在细、准、精。说种麻，"宜带露撒灰耘，粪三两次"；说麦地与绿肥作物轮作，"耕过地内稀种绿豆，候七月间，犁翻豆秧入地，胜如用粪，则麦苗易茂"；说种秋黍，"种宜下地，春月早种，收多。其子可食。秸秆可夹篱寨，又作柴烧，城郭间货卖，多得济益也"；说种苎麻，"于肥地内撒之，以草盖，用蚕沙壅，二年后移"；说移栽树木，"移树无时，莫教树知。多留宿土，记取南枝"……

《农桑辑要》《农书》《农桑衣食撮要》是诞生在运河流域的元代三大农书，益农、助农、护农，为推广先进的农业技术，提高生产力，推动社会经济发展，做出了贡献。作为农业文明的结晶，在中华文明的沃土上闪耀着光芒。

大运河流淌方向的转移，本质是国家政治中心的转移，是历史发展方向的转移。在这样的旋转中，永济渠德州至天津段融入京杭运河，河北境内余下的御河，以及中原地区的通济渠，包括阳渠，包括通向长安的永通渠，被作为"弓""弯"，被弃，被裁。大运河由元朝之前的扇面展开旋转呈线性流淌。在元帝国开凿会通河的岁月里，元王朝的南粮北运基本走海路，从杭州湾、上海宝山码头、江苏太仓码头装船，沿东海航道经天津塘沽进入海河、潮白河抵达通州张家湾卸载，陆运进入大都。作为补充，偶尔也有漕运船队经通济渠越过黄河进入永济渠，绕道中原，驶向大都……这是《清明上河图》之后，中原大运河曾经的黄金水道，呈现出的绝代风华。

京杭运河贯通之后的岁月，被弃的中原通济渠，鲜有漕船往来，一百五十年后，至明朝中期，通济渠的大部分水道虽然有坍塌，有崩坏，渐趋憔悴，但依然还在，船行水上，波光纤影，成为中原境内"内循环"的水道，经济文化社会发展的惯性使然，无意间对冲着大运河线性布局的历史弊端。

元人有了京杭运河，对原来的通济渠也不是一点作为也没有。元代名臣贾鲁奉命治理黄河，客观上畅通了通济渠的历史功绩，就不能不为我们所铭记。

元至正四年（1344年）五月，黄河决溢改道，河水在山东曹县向北冲决白茅堤、金堤，其情状，与汉时王景所面对的河灾相当。黄河水患治还是不治，元廷内部发生了激烈的争论。不治论者其中的一条理由是"若聚二十万众于此地，恐他日之忧，又有重于河患者"，聚集二十万人治河担心他们造反。至正八年（1348年），黄河在山东再次决溢，浊流横行。这次决溢威胁到了国家南北大动脉京杭运河漕运，非治不可了。至正十一年（1351年）四月，诏命贾鲁以工部尚书充河防使，征发民工15万、军士2万，兴役治河畅渠。

贾鲁深入实际，察看情状，循行河道，往返数千里，决定采取疏、浚、塞并举的方法，先疏后塞，再引河东行，使其重回故道，畅其渠。贾鲁疏浚故道二百八十里，其深者达二丈二尺，宽者达一百八十步，并采用停、折等古算法，取平地势。然后是塞，就是把白茅决口堵塞住，引河水入故道。整个工程先把故道疏浚好，然后堵塞决口放水入之，避免水中作业。

堵塞决口的场面浩大，赢得多项历史首创的不朽荣誉：用二十七艘大船组成三道船堤，用铁锚固定船身，并使三船堤连为一体。船中略铺散草装满石子，以合子板钉牢，同时下沉，船堤上再加草埽三道。最后合龙时，水势暴涨，船基撼动摇晃，观者发出惊慌的呼声，而贾鲁十分沉着，看不到丝毫的慌乱，镇定自若，指挥民工军士奋力拼搏，按设计完美合龙。见者欢呼雀跃，群声叫着"贾鲁！贾鲁！"河归故道，渠畅通，风帆水上。

"古之善言河者，莫如汉之贾让、元之贾鲁。""鲁巧慧绝伦，奏功神速，前古所未有。"

贾鲁治河，主要是针对京杭运河，但河归故道，客观上也使被决溢黄河淤塞的通济渠起死回生有了一种可能性。作为治黄的配套工程，贾鲁顺手征集民工军士，疏浚通济渠部分河段，挖掘新河床，从新密凿渠引水，经郑州、中牟，折向开封，而后入古运河。豫人感恩贾鲁，便将他疏浚的通济渠段加新筑的运河命名为"贾鲁河"。六百余年后的今天，郑州境贾鲁河还有一线残存，遗迹显然。

治理好黄河后，贾鲁奉命与元朝名将、丞相、著《金史》史学专家脱脱一起，至徐州镇压农民叛乱。像治水一样，平乱的老贾也是卖力得很，战功卓著。以至多年以后，在山西高平贾鲁老家故居的墙上，有人题写一联："贾鲁修黄河，恩多怨也多；百年千载后，恩在怨消磨。"

2013年，在郑州市惠济区古荥镇惠济桥村内贾鲁河故道之上发现了惠济桥遗址，"贾鲁河"再被唤醒。

惠济桥为三孔拱券式石桥，东西长约40米，桥宽5米，桥面上有清晰可见深达5厘米的车辙，桥下三孔拱券已经被河泥淤埋大半，仅存不足两米高的桥体，拱券和桥体全部用大块青石砌筑而成，券面石精工细雕，券石规整并留有线脚。

桥面上原来立有壮观的栏板望柱，望柱上刻有不同的图案，细腻精美；桥雁翅有残空心砖、残石碑、石磙、不规则形的红岩石、青砖块等建筑用料，与桥基石连接交叉砌在一起，呈扇形在桥南北两侧向东西两侧敞开。

四座桥墩均由琢制的青石板砌成，或平砌，或竖砌，位置不同砌法不同。最西侧桥基石下面发现了木桩地丁，以稳固基石。石桥两头的河岸坡面以石碌、石板、蓝砖、画像砖石等为材料，错缝铺砌，基本呈倒梯形展开，防止石桥附近河流横向变形，阻遏河水顺流或回流淘刷河岸危及桥梁安全。桥两头建有桥楼，壮观气派……

所有这些，现在都已经见不到了，或被岁月的泥沙封埋，或被自然风化削蚀脱落，或人为的损坏加速了它的消失，我们只能从残存的几块青石、青石上的刻雕和流畅细腻的线脚，想象它当年的神采。

惠济桥建于何时，查遍史书，都没有准确记载。好在遗址在，遗址处的桥梁砖石在，河道河堤在。依据这些，专家开始了对惠济桥的考古。

对惠济桥南侧及南部河道进行试掘，出土了唐、宋、元、明、清时期的堆积层，更在这里发现了大量文化遗物，这些遗物尤其以元明时期最为丰富。再对河道西侧河堤进行解剖，发现其时代最早到元代，晚至清代，没有发现属于元代以前的河堤。

从这些考古发现资料推断，惠济桥的建造上限早不到隋唐或两宋，应以元明清之作的可能性最大，上限定在元末明初最为可信。

既然惠济桥的建造时间肯定不到隋唐或两宋，于是，尽管它名字的意思是受惠于通济渠而叫作"惠济桥"，但是桥下发现的南北河道不一定就是隋唐大运河通济渠河道，而有可能是乾隆年间开筑的惠济河河道。

《中牟县志》记载："惠济河，源出贾鲁，因贾鲁河每逢伏秋，大雨、山泉偶或并盛，宣泄不及，恒有泛滥旁溢之患，乾隆六年，邑令姚孔针奉巡抚雅公奏准，动帑开河，分泄水势，自县西十五里堡起，至县东老湾嘴入祥符界，钦赐名曰惠济。二十二年重浚。"如果惠济桥的"惠济"指的不是受惠于通济渠，而指惠济河的"惠济"，那么，乾隆六年（1741年）有惠济河，河上的桥不可能早于河，惠济桥应不早于乾隆六年（1741年）。

然而，《中牟县志》记载得明明白白，乾隆六年（1741年）开挖的惠济河西端起点在中牟县城西十五里堡，向东经老湾嘴进入祥符县（今开封市祥符区）界，从贾鲁河中分水向东流入涡河，这样的惠济河无论如何也不可能流到今天郑州西北的惠济桥下。惠济桥的"惠济"不是惠济河的"惠济"。

万历三十三年（1605年），湖广茶陵州知州范守己为朝廷漕运操碎了心，在奏折里建议利用贾鲁河作为京杭运河的"西道"，"专由郑水（贾鲁河）"与京杭运河"分舟并进"输转漕粮。他极尽详细地写道："查荥阳之东、广武山南，一水东流经郑州、中牟之北，祥符之西，由朱仙镇而南经尉氏、扶沟、西华之东、沈丘之南，在《元史》名为郑水，土人名为贾鲁河者也。南至周家口与颍水合流，名为沙河。至颍州正阳镇入淮，直抵淮安，今自正阳至朱仙镇，舟楫通行，略无阻滞。自朱仙镇而北而西至郑州西北惠济桥，地方不及二百里，河身略窄，稍当修浚。若于惠济桥西开一支渠，分水一派北入黄河，不及二十里耳，渡河而北直入沁口，为道甚便。"

范氏奏折清楚地表明，早在万历三十三年（1605年）之前，郑州西北惠济桥早已存在，早于惠济河的出现至少一百多年，惠济桥与惠济河没有丝毫关系，桥下的河道也不可能是惠济河，解剖河堤的年代可以证明，它最有可能的就是通济渠。当然，千年之后的通济渠不再有隋朝时期的宽阔，架设在通济渠上的石桥，也就不会有我们想象中那么高大。准确地说，惠济桥及南北河床，是叠压在隋唐通济渠河床上的桥梁和河床。

明崇祯庚辰（1640年）春，长洲贤士文从简被朝廷拔贡，自长洲沿运河北上。本应走京杭运河，但文从简将此次旅行与采风写生结合到了一起，自淮安进入通济渠水道，径郑州，过黄河，继续北行。抵达北京后，依据对旅途的记忆，文从简作《郑州景物图》：近处水岸，两三野树抽芽，正合"春"之生机；中景有一座三孔桥，桥上数人信马由缰，结伴向有角城墙的方向去，一路的谈笑风生从画面上溢出；稍远处的运河堤岸上有人和牲畜悠然行走，相对的水面上一叶轻舟上有人和货物，看得见有桨在划行；再远处，似乎是一只小货船拢在运河的堤岸，在卸货抑或是在装载；更远处是起伏的山丘，山脚下是一座类似于河闸一类的设施。

画作山川层叠，舟楫马蹄，冉冉沃原，意不胜收。

画作云气充盈，水天一色，神韵卓约，浑然天成。

文从简的《郑州景物图》应该不是对郑州某一处的写实，而是对郑州沿途风景的艺术概况。画中的山应该是对邙山的描绘；那一泓流水，或是他见到的贾鲁河，也就是贾鲁河底通济渠水的历史涌动；三孔石桥，或许就是文从简见到的惠济桥，只是将惠济桥桥头的桥楼化成了角城墙，应着"野店山桥送马蹄，白沙青石洗无泥。泊船秋夜经春草，明日看云还杖藜"的诗意；也或许，这桥有文从简家乡长洲十全河上石板梁桥的影子，桥很低，民船无法通过，有"长洲县前桥难过"之谚……

至少，文从简的《郑州景物图》告诉我们，尽管裁弯取直的京杭运河已经畅通三百余年，通济渠尽管变窄、变浅，但局部还通畅着；元末明初或明朝初年建成的郑州惠济桥，见证着通济渠"内循环"的辉煌。《郑州景物图》就是通济渠依然活着、元气浑成的证明。

是的，通济渠依然顽强地活着，虽鲜有漕船往来，但不是绝对没有。漕运量几何级数增加，担负朝廷漕运使命的大运河上千船万帆穿梭不息，也就拥堵不堪。航程虽迂远些，但得以避开令人极不耐烦的拥堵，进入不断颓废的通济渠也是漕船无可奈何中的一种选择。尽管稀落，并非没有。

航经这里的漕船多来自稻米产地江南。

让我们来领略一番上游漕粮装船启运前后的漕运百态。

先是漕粮入仓。漕粮入仓要经过查、验、运、收等重重手续。为了确保入仓的漕粮足斤足两,同时也为了防止地主与农民由于计量单位不统一骤起冲突,从康熙年间起,收粮官员会使用官斛对稻米进行精准计量。一斛原为十斗,此时改为五斗,约合现在的 35 公斤。斛,木制,镶铁皮,以求耐用,面上刻上持有、使用此斛的官衙的名号字样,如"苏州府""奉司道仰府较同",以示权威公正。

当然,上有"政策"下有"对策"。尽管包裹着铁皮,斛仍然可以成为执斛者手中克扣、贪腐的工具。例如,事先用刨子将斛帮、斛底刨薄;用铁棍将斛体撑大一点,用火熏烤定型。如此,单验一斛就能多出一两升米。缴粮人心知肚明,只是敢怒不敢言。

漕粮入仓由专门机构司理。其中关键角色是"漕粮经纪",一个非官非吏的中间人,专门负责按照朝廷规定的漕粮质量要求,对验粮厅查验过的样米进行复检。复检时,"漕粮经纪"撸起袖子,单臂插入漕米中,从底部取出样米,凭手臂插入米中的感觉与手捏米样的涩滑感,判断漕米有无蒸湿现象(漕米含水量过高会发热,如同在锅里蒸过),是否达标合格。倘若发现蒸湿,就会要求立即摊开扬晒,直到合乎规定要求为止。检验质量合格之后,进入"起米过斛"环节,就是将仓米取出,用斛过量,验证数量是否与入仓时一致。过斛时,"漕粮经纪"会拉长腔调报斛,称"唱斛",以便一边两位以上的粮仓账房计数核对,时有"唱斛之声相闻,米浪之景时见"的记载。

"唱斛"之后进入"戳袋"环节。将过斛之后的漕粮装入统一的布口袋内,"漕粮经纪"用"福炭"(一种上好的木炭)在口袋外画上自家专用的密符，以示这袋漕粮已由某家经纪验讫，这家经纪对这袋漕粮的质量和重量负全责。如此，无论这袋漕粮漕运到哪里，在哪个环节再行抽查，发现任何问题，都可以追溯到出处，追责到具体人。密符有些类似于我们今天的防伪标识，可以有效防止不法之徒伪造调包。密符通常画在一把折扇上，称"漕粮经纪密符扇"。清代雍正年间裁并"漕粮经纪"一职，神秘的"唱斛""戳袋"离我们远去，但有100个密符图样完整地保留了下来，为我们领略封建王朝漕粮运输的丰富形态提供了生动史料。

"戳袋"之后，漕粮可以装船了。"漕粮经纪"还肩负着漕船所载漕粮质量、数量的点验、核查使命。万事完毕，漕船驶离码头，拔锚北上。

明清两代，大多数漕船沿京杭运河直航通州大通桥码头。这条航路尽管是直行，但船闸多。每一道闸都是一道"鬼门关"。也有少量的漕船自淮安进入通济渠，绕道北上。尽管迂远，但少船闸。漕船进入通济渠，哪怕一艘，对通济渠而言，都意义非凡，延缓了它的衰老速度，延缓了它的消失进程。

巩义洛河岸边的康百万庄园，见证着"后通济渠时代"的辉煌。

明洪武年间，一户康姓人家在"巩树烟月上，清光含碧流"的巩县康店镇通济渠边安了家。为解决温饱，面对船来船往的洛河，康家想到了在河岸边开个小吃店，兼简陋住宿通铺。康家店像通济渠里溅上岸的一滴水，滋润着过往的船客、路经的行旅。靠着货真价实、童叟无欺，靠着田蔬河鲜、有滋有味，靠着清爽整洁、稳妥安全，在寒来暑往的诚信累积中，康家店逐渐成了河洛一带知名的客栈，也就随之成了这里的新地标。

百年祖荫积德，百年累积不止，到康家第六代康绍敬这一辈，终使百年奋发读书出仕的努力如愿以偿，康绍敬官袍加身，在家门前的运河航运、与运河航运紧密联系的盐业税务等方面担任要职，奠定康家大富基业。清初，十二世康大勇，由修大船到造大船，由洛水出黄河，东进山东，开辟临沂、兰水市场。十四世康应魁，船行凡运河能通达的地方，商业网络勾连陕、豫、鲁多地，因灵活的头脑获得长达十年与布匹有关的军需品订单。巩义产棉，"巩民资生之策，强半以棉花为主，多则贸易他乡，少则自行纺织"。棉花摘下来后，通过大船小舟，抑或驴拉马驮，集中到康家，再由康应魁通过洛水黄河发销各地。财源沿运河滚滚而来，头枕泾阳西安，脚踏临沂济南，马跑千里不吃别家草，人行千里尽是康家田，船行千里全是康姓船，将康家商业经营推向高峰。

一代又一代的康家人，以"康家店"为基地，不间断购地建房造屋，房子越建越多，越建越豪华；院子越拓越大，越拓越精美，至清晚期，成为一座占地240亩、融园林艺术和宫廷特色于一体、明时楼院清时廊的庞大庄园。时人评说庄园后依邙山，前临洛水，"金龟探水"，是块福地。

庄园的高耸围墙环绕山腰一周，用厚重的砖石将庞大庄园与外界隔绝开来，隔成一个只属于自己的世界，宛若西方中世纪风格的坚固城堡，这在中华文明起源核心地带的中原地区，相当罕见。

当然，无论庄园怎样坚固、隔绝，在庄园一侧濒临通济渠的地方建有码头，连通着庄园；码头停泊着畅行运河、自家组建的运输船队，商船遍及六河，连通着外部世界；叙说着康家从庄前的运河出发，上溯、下行，勾连洛水、黄河，外销棉、粮、布等货物构建起商业网络，累积起庄园基石的财富故事。院落内有"洛作智水"门匾，道出康家得以繁富的真正秘密：河出图，洛出书，洛水，智慧的象征，水是康家经商的重要载体之一，门匾上的四字寓意康家明理通达，生意像洛河水一样源远流长。一部康家致富发家史，就是一部利用运河水运网络史。康家，运河上漂来的豪富。

康百万庄园

通济渠再也扛不住泛滥的黄河淹埋。至元二十二年（1285年）至大德八年（1304年）的十九年间，黄河九次决溢，每次都浸及汴梁。特别是至元二十七年（1290年）河决祥符义唐湾这一次，危害尤甚，"自汴城迤东至陈留、杞县，汴河及堤皆为所淤，而水则入蔡河"。明代前期九十余年间，黄河在开封大的决溢十次，由于多经淤淀，开封城内汴渠几不可寻，只有延庆观前小砖桥下故迹微存，俗名臭河儿。明崇祯十五年（1642年），李闯王率起义军围困开封，久攻不克，决黄河水灌城，大运河开封段，连同被它缠绕的开封城被没入水下，从地面上销声匿迹。

开封城外的大运河还有河床依稀可辨，通济渠商丘段还留下一座北宋码头，叠压在层层黄沙下。河床上已经茂盛起挺拔的白杨和农人植下用以养蚕的桑树，它们已经被称作"古河堤"，古河堤外是千重麦浪，中原佳气郁郁葱葱。在通济渠商丘南关码头遗址发掘现场，在坦荡如砥的豫东平原，传来高适对梁苑的吟诵："悠悠一千年，陈迹唯高台。寂寞向秋草，悲风千里来。"

商丘南关码头遗址

通济渠商丘段发现沉船遗迹四处,新乡、滑县发现永济渠故道沉船。

滑县发现的永济渠故道两艘沉船属于宋代。一艘船全长 25.5 米,最宽处 6 米,船首宽 4 米,船尾部宽 3.75 米;另一艘船长 23.3 米,最宽处 6 米,船尾宽 3.65 米,船首残宽 3.85 米。

断定两艘沉船为宋代,是因为船身所用木料在开解过程中使用了框架锯,而目前发现的完整框架锯形象最早出现在宋代的《清明上河图》中,也就是说,两艘沉船年代不可能早于宋;最直接的证据是船上出土的瓷碗等文物,经鉴定为北宋时期物品。

两艘宋代沉船皆为南北向,方艏方艉,平底,两端上翘。两艘船的船底板与舷板皆为单层木结构,船底为纵向单板平铺;船舷均不同程度损毁,从残留的舷板看,船舷为单板上下拼接,板与板之间用铁钉从外向内斜向楔入加以固定,缝隙间填桐油灰;船内有水密舱,船体内铺设有起支撑和加固船体作用的龙筋。两艘古船的船首与船尾起翘,有明显刮削的痕迹,且有火烤痕迹,应该是造船工匠为了造出船首与船尾上翘的效果,先将该处木头削去一部分,然后用火烧烤使木板弯曲。

它们都是沉船吗?或许是中国大运河中心的旋转,阻断了北往的漕船,也阻断了南去的漕船,它们再也没有等到畅通的时刻起航归去。轰隆隆的雷雨声是它们的心情。残阳西下,倦鸟有归时,运河流淌方向的转动使它们失去了归期。这些见过大都昌盛、杭州繁华、苏州秀丽、扬州清美的漕船以"沉船"样子被永远地抛弃在了通济渠里,任时光消磨、岁月剥蚀。随着通济渠的逐渐消失、干涸,犁过千重浪、剪过万里水的它们成了躺在大地上的"旱船"。再随着时光的迁延,它们在风吹日晒中化作了船形的骷髅,化作了段段朽木,直至完全与泥土融为一体。

它们深陷在古运河的河床里,以一道优美的弧线,顽强地显示着曾经是船的真实。包裹着它的泥沙和斑斓的卵石是大运河厚重的文化堆叠,闪动着水的灵光。伸手过去轻敲,传出的是木质的朴实沉厚之音,似乎带着运河水浪的喧响,带着千年的苍茫。船尾一柄木橹,仿佛在船夫"嗨哟嗨哟"的号子声中穿越了时间的帷幕,朝我们迎面划来。

凝视它们,凭吊它们,也是凝视千年运河,凭吊它曾有过的非凡历程。我们看得见漕船的骨气,即便消逝,也绝不离开大运河流过的地方,也要与运河同腐朽,也要以船的弯度,悲伤地铭记昔日的峥嵘岁月。

日月星光,苍野茫荡。静默在天地之间的漕船遗骸极具象征意义。以它为界,一边是中原大运河的《清明上河图》,另一边中原大运河止于图上。

历史和历史的土地一样肥沃,既可以蔓延野草,也可以生长大树,而且,紧挨着麦浪千重。也许,历史是可以看见的,它就隐蔽在野草或大树的根部，需要每一个想看它的人去扒开围着它们的泥土。

而在洛水潮汐之中，天津桥的名字停留在了千年运河的记忆中，镌刻在隋唐洛阳故都定鼎门的城墙之上。

1921年，北洋军阀吴佩孚屯兵洛阳，为方便军车辎重通行，在天津桥旧址附近，在洛河上重新修建一座钢筋混凝土大桥，修成之后仍留名"天津桥"，当地人称"老吴桥"。有意思的是，吴佩孚同时还拨款七千大洋重新修复了天津桥附近的邵雍故居。

可惜，由钢筋水泥筑成的"天津桥"侥幸逃过了军阀混战的硝烟，却没有挺过侵华日军的野蛮战火，在民族危亡的惨痛中，倒成了圆明园一样的废墟，如今，只剩下残败的桥墩遗留在流淌的洛河中央，一起凭吊不堪回首又必须回首的疼痛岁月，只有一代哲人邵雍故居默默陪伴如初，试着为这段历史，做出哲学的概括和思辨。

岁月流转，河水绵绵，在今天流经洛阳城区的洛河之上，自东向西矗立着跨洛河大桥、洛阳桥、牡丹桥、王城大桥等八座连接南北的桥梁，在距离新旧洛阳桥不远处，只留下三十米长的桥墩残存于绵绵东去的洛河中，任时光的流水从上面漫过，默默守护着天津桥曾经的繁华与没落。

作为中国大运河上唯一一座历经千年的桥梁，天津桥，浓缩着中原大运河的厚重历史，讲述着千年洛阳的不朽故事。

它是一方舞台，托举起千年间运河上的无数风云人物，踏浪而来，随流而去。

它是一种见证，见证着中原运河文明的奔腾向前。而那残留的天津桥桥墩，就是运河文明的不朽精魂，不知疲倦地叙述着历史，启示着未来。

洛河

元代京杭运河的开通,成为黄河以北永济渠命运的历史转折点。

永济渠临清以北河段纳入皇家航道,樯桅为路,橹帆桨影,续写新篇。

永济渠临清以南河道从中国运河史的主航道上退出,不再隶属于大运河河道,在全国漕运体系中的地位开始下降。这样的下降最直观的呈现就是篙轻声稀,孤帆远影。

当然,由于永济渠临清以南河道可以经临清与皇家新水道连通,因此,它在中原与北方地区的粮食转运方面的作用,依然重要;它在推动沿线社会经济发展上的作用,依然重要;在明清两朝,桨声不断。

明成祖定都北京后,依据就近就便的原则,朝廷允许南粮北运走三条通道：由浙江下海，海运至天津，入海河，漕运至京城；沿京杭运河直接漕运至京城；沿淮河北上，入黄河至今河南黄河北岸一带，交给陆运至新乡，入永济渠新乡段（卫河），再进入大运河漕运至京城。

漕粮"由淮、黄陆运赴卫河"是无奈的选择。唐中期以后，藩镇割据，战乱不断，永济渠沁河入河口被黄河淤泥堵塞，政府无力疏浚；特别是安史之乱爆发后，"河南并陷贼，漕运路绝"，永济渠新乡以南段便不复使用。永济渠再不能抵达黄河南岸，与黄河失去了直接的联系，与江淮失去了直接的联系，只是新乡以北段永济渠还是永济渠，记忆着曾经的盛大与繁华，与海河流域水道连通着。

永济渠渠首淤塞，元初漕运粮船从大运河岸的杭州出发，经江南运河至丹徒过长江，再沿扬州运河从淮安北进入黄河，逆黄河而上到达今封丘县西南的黄河北岸；从此登岸，漕粮转陆路，马驮车拉，行进约一百公里至淇门；自淇门再装入永济渠上的漕船运送至通州；自通州再登岸，再马驮车拉，陆路运到大都，漕粮两次水陆转运，运输线路迂回曲折，弯子太大，不堪其烦，不忍劳形。

这促使元王朝下决心开筑直达的京杭运河。京杭运河开通后，整个元朝，漕运基本就在直航的大运河内完成。京杭运河如一根脐带，养活了一个朝代。

元去明来。明王朝不像元那么死心眼，它实施的是多河道漕运，形成一个完备的漕运体系。在这个体系中，新乡以北永济渠再次被激活，虽不像隋唐时期那样风光无限，但仍然扮演着绝非可有可无的角色。

明山东佥事江良材就曾拿新乡北段永济渠与黄河古河道作对比，细数再次利用永济渠作为漕运航道的三大便利："通河于卫有三便。古黄河自孟津至怀庆东北入海，今卫河自汲县至临清、天津入海，则犹古黄河道也，便一。三代前，黄河东北入海，宇宙全气所钟，河南徙，气遂迁转。今于河阴、原武、怀、孟间导河入卫，以达天津，不独徐、沛患息，而京师形胜百倍，便二。元漕舟至封丘，陆运抵淇门入卫。今导河注卫，冬春水平，漕舟至河阴，顺流达卫。夏秋水迅，仍从徐、沛达临清，以北抵京师，且修其沟洫，择良有司任之，可以备旱涝，捍戎马，益起直隶、河南富强之势，便三。"

江良材的意思是，卫河走向与改道前的黄河古河道走向基本相同，由于黄河改道南移，国家的运势发生了变化，以卫河为漕运航道，沿古黄河走向运送漕粮，不仅可以避开水患频发的徐、沛地区，而且还能弥补黄河南移造成的形胜变化，因而对京师乃至国家都至为重要。更重要的是，若能引黄入卫，那么，江淮漕舟可在冬春之际河水不太大的时候直达河阴，然后顺流抵达卫河；在夏、秋水流迅猛时至京师，漕舟则仍可从徐、沛出发抵达临清。然后，这样就等于在徐、沛以西的中原地区又开通了一条"备旱涝，捍戎马"通向京师的漕路。通过这条漕运航道可更好地发挥直隶、河南两地的区域优势，从而促使两地社会经济发展。

江良材的"导河入卫"的谏议，是要再掀起一场运河开筑运动，明王朝怕了隋历二世而亡、隋帝杨广滚滚骂名千年不息，不敢轻易动土，只好作罢。但江良材的谏议使新乡以北永济渠航道进入了朝廷的漕运视野，保护好、利用好，使这段饱经沧桑的运河，虽再没有"御河"的身份荣耀，但还是迎来了它再次繁忙的历史时期。

永济渠卫辉段有比干庙。比干庙内有卫辉府同知裴骞撰于嘉靖十七年（1538年）的《重修太师殷比干祠墓碑记》。碑记云："坚，比干子也，逃匿林谷,赐姓为林,武王封为河清公。春秋,林放袭河清公。子姓延绵,一在河南光州,一徙福建莆田。"

来自中原的比干后代林氏,在福建沿海世代相袭,风生水起,至唐贞元年间,太子詹事林披的九个儿子居然个个官至刺史,赓续比干精神,他们高风亮节、不畏强暴,世称"九牧文化",传为美谈,各种史书典籍,更是对他们褒扬有加。

林氏族谱记载,福建莆田九牧六房蕴公第七世孙女林默,自幼聪慧,八岁入私塾,精通天文、地理、气象、医学,长大后立志不嫁,扶危济困,护航出海,救助海上遇难的百姓。不幸的是,她在一次拯救海难时遇难。百姓感念她的恩德,敬称她为"妈祖"。"天下至险,莫于海。"闽地出海之人北上南下,远涉重洋,遭遇水难,人们面对自然灾害、疾病等往往无法做出科学的解答,被迫求于超自然的力量,在未可预知的环境里祈求家乡神灵保佑便成为一种精神需求,妈祖因此应运而生,不断升格为呼风唤雨、济世救民、保佑平安的海神。"倘遇风浪危急,呼妈祖,则神披发而来,其效立应。若呼天妃,则神必冠帔而至,恐稽时刻。"宋庆元二年(1196年),据传,泉州晋江僧人觉全"梦神命作宫",于是建泉州妈祖庙,泉州沿海各地的渔民和航海者把妈祖奉为海神。此后,宋代王朝对妈祖进行加封,从"夫人""天妃",直至封为"天后",祈求对王朝生命线的庇佑。妈祖成为国家祭祀的唯一女神,成为影响最大的海洋文化神祇。

林蕴公是林禄公十七世孙,林禄公是林氏第六十四世,以此类推,可知林默是比干第八十七代孙女。海洋文化的神祇,是中原的孙女,流淌的是中原文明的血脉。

宋庆元二年(1196年),大量闽商和水工、船夫北上,特别是随着

"福建舟师"在江浙大败金人的凯歌,妈祖文化信仰开始其北上航程。妈祖信仰"北伐"有两条路线:一条是沿海北上,由江浙,途经山东、天津、东北等众多的海域地区,这些地区妈祖(天后)庙逐渐出现;一条是沿河北上,沿着大运河自杭州进入江南运河,再进入通济渠、永济渠,深入中原腹地,回到了妈祖的祖籍地。杭州的"顺济圣妃庙,在艮山门外",苏州的灵慈宫出现在宋元祐年间。卫辉比干庙里有了妈祖殿和妈祖塑像,天后庙出现在运河中心洛阳的丽景门上。妈祖文化信仰沿运河的传播,证明人们不仅把妈祖当作海神,而且赋予妈祖水神的广泛意义。如果大江大河是海洋延伸向内陆的触须,那么,作为水神的妈祖,就不能不照应呵护运河。凡有水流处,皆有妈祖魂。

妈祖逐渐成为运河沿岸当地众神中的一员,与中原文化同根同宗的两种文化辉映在大运河畔,沿大运河流播得更远。

永乐年间,永济渠新乡段修建起"永乐关"漕运码头,通过该码头,货船经永济渠直达天津、涿郡,年货运量可达七百万石。

随着漕运及民间货运的发展,仅有"永乐关"这样一座码头已不能满足现实需求,万历年间,永济渠新乡段又新建杨树湾码头。经常停泊码头的大船有二三十艘,普通运船有七百余艘。在这些停泊的漕船中,最大载重量可达一百三十吨。从船的载重吨位,可以推及永济渠此时的水深,推及通济渠此时的通航状况。极大膨胀的货运规模,能将一个小小的码头膨发成商业性的城镇。尽管"永乐关"只是向都市输送货物,是一个转运歇脚的地方,但正如旅行的精彩之处不在于目的,而在过程一样,"永乐关"以其"在路上"的独特处境而变得异常精彩。

这样的精彩延续到了清王朝。

第十一章 绝代风华

像明中期一样，在清代早期，永济渠新乡段依然是王朝漕粮运送的重要运道。清乾隆十二年（1747年）刻本《新乡县志》载：顺治年间，永济渠"萦回六七十里，绕城而东，上流有粳稻、荇藻、蒲苇、茭菁、鱼虾之利，过卫入大名，则舳舻衔尾，漕运津通，军国之所资焉"。漕船装载之盛、之丰、之富，前所未见，航行在充满河鲜、生机勃勃的河面，那是一幅水上怡然自得图。

道光年间，"海禁大开，轮舶通行，东南之粟源源而至，不待官运，于是漕运悉废，而改征折漕，遂为不易之经"。海禁打开，给运河漕运带来直接而巨大的冲击，首先是京杭运河，接着传导到作为御河补充的永济渠漕运。到道光二十七年（1847年），清廷诏谕"自本年始，直省河运海运，一律改征折色，责成各省大吏清厘整顿，节省局费运费，并查明各州县征收浮费，勒令缴出归公，以期汇成巨款"。中国历史上对赋税征原定征收之财物称"本色"，改征其他财物称"折色"，清代时折色专指银两。这一漕运制度的根本变革，使永济渠漕运功能急遽下降。功能下降，朝廷对永济渠的重视程度也跟着下降，由明朝江良材拽进朝廷视野的永济渠，历四百年繁华，再次从王朝的视野中淡出。

淡出的只是王朝的视野，不是民间的视野。皇家漕船从运河中渐渐驶离，民间商贸物流的河道却因此而变得自然宽阔起来。世事变迁，不可违的时势，使王朝第一次将整条大运河让渡给了民间。民间，似乎是在瞬间释放出稠醪入髓才有的那种兴奋狂喜，在皇家开筑出的大运河上，民间航运船帆高张，乘风破浪。极盛之时，永济渠新乡段舳舻云集，多达数千艘。

即便随着更高效快捷的铁路运输的出现，作为南北运输的重要补充的运河运输，依然保持着它的旺盛势头，永济渠新乡段穿行于新乡、天津之间的货船仍高达七百余艘。新增加了饮马口码头，原来的杨树湾码头扩建成东、西两个，用于物资装卸转运集散；东码头主要用来运输当地的产品及从天津运来的食盐、布匹、糖果、煤油等；西码头则用于向新乡本地输入从山西省运来的煤炭。

永济渠这样漫长的流淌，带动了沿线名城名镇的兴起，滑县道口就是其中耀眼的古镇之一。

在隋代，道口属邻居浚县的地面；到宋代，属于黄河西岸的一个渡口；明代属黎阳，称"平川驿"，是一处运河中转地。这以后，一会儿归浚，一会儿属滑，在浚、滑之间翻覆千年，身份不定。

20世纪中叶，道口再一次划归滑县。这一回，为了不让道口再滑来滑去，干脆，滑县将县政府搬到了道口。该一劳永逸了吧？

隋朝永济渠初开时，道口还只是运河上的一个毫不起眼的小靠点，连码头都算不上。一户李姓人家在这里不厌其烦地摆渡，把浚县人送向滑县，把滑县人接回浚县，称"李家道口"。腾达的道口还在时光里孕育，等待临盆。道口坚信，大运河会给它带来好命运，自己一定会成为运河的幸运儿。

道口镇的寨壕与永济渠堤建成一体，是永济渠沿渠城镇不多见的一种建造形式，既可防洪防涝，又可抵御外侵；用规整的青石和白灰垒砌而成的码头，沿寨壕外围建筑，既有加固寨壕的作用，同时也方便船舶停靠，方便货物的装卸搬运。镇子里建有水闸和排涝口，域内积水可通过排水口泄入渠内；假如渠水上涨，可将闸板放入闸槽，在闸板之间填入沙子或土块，便可阻止渠水倒灌。

明中期永济渠再次迎来繁忙、昌盛的历史时期，官府在大运河沿岸设立征收、运输、储存漕粮的机构，南北各省运输漕粮的官师商贾、贩夫走卒、兵丁脚力,形成职业流动人群,而他们中的一部分人有很强的消费能力,戏院、澡堂、饭铺、茶楼、当铺、票号、商会等在沿线码头兴盛起来,"码头消费经济"形成,道口镇正是这样的"码头经济"的受益者,"三关六铺七十二胡同"的历史街巷也是这样形成的。

漕运庞大,皇家难以承受巨大的运营成本,为了鼓励漕运,作为对漕夫低收入的补偿,允许漕夫夹带一定数量的私货贩运。明成化元年(1465年),政府宣布免除"各处运粮旗军附带土产物货"税课;明嘉靖年间明令规定,每条漕船准许携带货物两成,自由在沿途贩卖;允许漕船沿途招揽货源,代客运输酒、布、竹木等大宗货物,往来贸易。而在清代,干脆放宽夹带私货的种类和限额,使得政府漕运成为民间南北贸易的主要渠道,于是各种漕船"巍然如山,隆然如楼",就是类似于今天的车辆超载。这还不算完,更出现漕船在船尾拴扎木筏,用以置买私货,于沿途发卖,以致稽迟的奇观。大运河沿线便成为国内贸易流通的重镇,道口这样的运河码头,正是在这样的奇观下应运繁华起来的。

王朝将整条大运河让渡给了民间,对帆樯林立的永济渠不离不弃的道口,终于迎来了自己命运的尖峰时刻,"凡漕粮入津,芦盐入汴,率由此道",沿运河建起的顺河街上商贾云集,店铺林立,贸易繁盛,日进斗金。

永济渠新乡段以"卫河"之名,流进了新中国。政府高度重视这段古老的水渠,对卫河进行大规模治理,1952年建成人民胜利渠,1958年建成共产主义渠,先后建成两条引水渠向古老的卫河补水,立时令古渠换新颜,意气风发,充沛的水量载起载重量达百吨的机船,乘风破浪。这一时期,18艘国营船只、458艘私人船只、2100名船民,将永济渠新乡段喧腾得浪花四溅。1954年开通天津至新乡第一艘"河丰号"客运班轮，1955年再开通新乡至道口的客运班轮，年运输旅客超过6万人次。至20世纪60年代初，永济渠新乡段航运已拥有运船1700余艘，货物年吞吐量150万吨，年客运量6.87万人次，达及历史的峰值。

中国的河流区域分布极不平衡，北方河流少，河网密度低。河流少的原因是自然降雨少，加上急剧扩张的工农业生产用水、生活用水，导致地下水位急剧下降，卫河上游水量急速减少，本来用来引水的两条水渠也很快无水可引，逐步干涸、倾圮、坍塌，河床经年淤积不断抬高，别说载重百吨的大船，就是十吨八吨的船舶也难以载动，无法航行，负责运河航运的机构只能被迫撤销，1969年7月，流过一千三百余年的永济渠新乡段航运走到了历史尽头。

是永济渠新乡段的航运走到了尽头，而有些地段还是余下了那么一点点浅浅的水道，这一点点浅浅的水道就是永济渠残剩的躯体，被有心的人、热爱的人精心地保护了起来，保护成城镇村舍里一道宝贵的生命景观。

事实上，除了卫河占压的属于永济渠的故道外，河南省境内地表已很难发现永济渠的踪迹。内黄至德州之间有大片沙岗和沙淤地，这是宋兵掘黄河留下的，也是永济渠淤没的主因。它在留下浚县段黎阳仓、云溪桥，留下滑县段西街村码头、老庙街码头、顺河南街码头、顺河北街码头，留下新乡卫辉段合河石桥后步入了"隋堤寂寞没遗尘"。

永济渠南端一旦被裁弃，它曾经的河道犹如一袭龙骨隐没于太行山麓、豫北大地，曾经的鲜活、曾经的脉动、曾经的波浪粼粼、曾经的财富、曾经的欲望、曾经的努力与梦想，便与岁月一起渗入泥土之中，成为大地山峦的皱褶，成为深厚的沉重、丰富到杂乱的巨型文明遗产，成为留给我们的永恒思念。

  永济渠的历史睡了，但时间醒着。放眼这片土地上如今蒸蒸日上的生活，就会听到古老文明水浪般的回响。

参考书目

[1] 郦道元. 合校水经注 [M]. 王先谦, 校. 北京: 中华书局, 2009.

[2] 韩非子. 韩非子 [M]. 徐翠兰, 木公, 译注. 太原: 山西古籍出版社, 2003.

[3] 钱穆. 先秦诸子系年 [M]. 北京: 商务印书馆, 2017.

[4] 司马迁. 史记 [M]. 北京: 中华书局, 1959.

[5] 胡渭. 禹贡锥指 [M]. 邹逸麟, 整理. 上海: 上海古籍出版社, 2006.

[6] 方诗铭, 王修龄. 古本竹书纪年辑证 [M]. 上海古籍出版社, 2005.

[7] 沈起炜. 中国历史大事年表: 古代史卷 [M]. 上海: 上海辞书出版社, 1983.

[8] 范镇. 东斋记事 [M]. 汝沛, 点校. 北京: 中华书局, 1980.

[9] 顾祖禹. 读史方舆纪要 [M]. 贺次君, 施和金, 点校. 北京: 中华书局, 2005.

[10] 刘向. 战国策 [M]. 上海: 上海古籍出版社, 1978.

[11] 班固. 汉书 [M]. 北京: 中华书局, 1962.

[12] 李延寿. 北史 [M]. 北京: 中华书局, 1974.

[13] 房玄龄. 晋书 [M]. 北京: 中华书局, 1996.

[14] 姚思廉. 陈书 [M]. 北京: 中华书局, 1972.

[15] 魏征. 隋书 [M]. 北京：中华书局，1997.

[16] 令狐德棻，等. 周书 [M]. 北京：中华书局，1971.

[17] 沈约. 宋书 [M]. 长沙：岳麓书社，1998.

[18] 魏收. 魏书 [M]. 北京：中华书局，2018.

[19] 薛居正，等. 旧五代史 [M]. 北京：中华书局，1976.

[20] 欧阳修. 新五代史 [M]. 徐无党，注. 北京：中华书局，1974.

[21] 脱脱，等. 金史 [M]. 北京：中华书局，1975.

[22] 李延寿. 南史 [M]. 北京：中华书局，1975.

[23] 萧子显. 南齐书 [M]. 北京：中华书局，1972.

[24] 范晔. 后汉书 [M]. 北京：中华书局，2007.

[25] 陈寿. 三国志 [M]. 裴松之，注. 北京：中华书局，2006.

[26] 赵晔. 吴越春秋 [M]. 苗麓，点校. 南京：江苏古籍出版社，1986.

[27] 左丘明. 春秋左传 [M]. 顾馨，徐明，校点. 沈阳：辽宁教育出版社，1997.

[28] 王溥. 唐会要 [M]. 北京：中华书局，1955.

[29] 王溥. 五代会要 [M]. 上海：上海古籍出版社，2006.

[30] 徐松. 宋会要辑稿 [M]. 北京：中华书局，1957.

[31] 周振甫. 诗经译注 [M]. 北京：中华书局，2002.

[32] 欧阳修. 欧阳修全集 [M]. 北京：中华书局，2001.

[33] 苏轼. 苏轼文集 [M]. 孔凡礼，点校. 北京：中华书局，1986.

[34] 苏辙. 苏辙集 [M]. 陈宏天，高秀芳，点校. 北京：中华书局，1990.

[35] 洪迈. 容斋随笔 [M]. 孔凡礼，点校. 北京：中华书局，2015.

[36] 蔡絛. 铁围山丛谈 [M]. 北京：中华书局，1983.

[37] 周易 [M]. 杨天才, 张善文, 译注. 北京：中华书局, 2011.

[38] 王鸣盛. 十七史商榷 [M]. 黄曙辉, 点校. 上海：上海古籍出版社, 2013.

[39] 邵雍. 伊川击壤集 [M]. 郭彧, 整理. 北京：中华书局, 2013.

[40] 邵伯温. 邵氏闻见录 [M]. 北京：中华书局, 1983.

[41] 洛阳市地方史志办公室. 文潞公文集 [M]. 郑州：中州古籍出版社, 2019.

[42] 晁说之. 钦定四库全书荟要：景迂生集 [M]. 长春：吉林出版集团有限责任公司, 2005.

[43] 徐积. 节孝先生文集 [M]. 北京：北京图书馆出版社, 2005.

[44] 丁喜霞.《洛阳搢绅旧闻记》校注 [M]. 北京：中国社会科学出版社, 2013.

[45] 徐松. 河南志 [M]. 高敏, 点校. 北京：中华书局, 1994.

[46] 全汉昇. 唐宋帝国与运河 [M]. 重庆：重庆出版社, 2020.

[47] 王钦若, 等. 册府元龟 [M]. 北京：中华书局, 1960.

[48] 吴曾. 能改斋漫录 [M]. 于年湖, 点校. 济南：山东人民出版社, 2019.

[49] 吴廷燮. 唐方镇年表 [M]. 北京：中华书局, 1980.

[50] 乐史. 太平寰宇记 [M]. 北京：中华书局, 1985.

[51] 孙光宪. 北梦琐言 [M]. 贾二强, 点校. 北京：中华书局, 2002.

[52] 顾炎武. 历代帝王宅京记 [M]. 北京：中华书局, 1984.

[53] 司马光. 涑水记闻 [M]. 邓广铭, 张希清, 点校. 北京：中华书局, 1989.

[54] 魏泰. 东轩笔录 [M]. 李裕民, 点校. 北京：中华书局, 1983.

[55] 刘春迎. 北宋东京城研究 [M]. 北京：科学出版社，2004.

[56] 李昉，等. 太平御览 [M]. 北京：中华书局，1960.

[57] 刘义庆. 世说新语 [M]. 刘孝，标注，长沙：岳麓书社，2015.

[58] 阮元. 十三经注疏 [M]. 北京：中华书局，1980.

[59] 彭定求，等. 全唐诗 [M]. 北京：中华书局，2003.

[60] 董诰，等. 全唐文 [M]. 孙映逵，等点校. 太原：山西教育出版社，2002.

[61] 唐圭璋. 全宋词 [M]. 北京：中华书局，1998.

[62] 左传 [M]. 刘利，纪凌云，译注. 北京：中华书局，2007.

[63] 王范之. 吕氏春秋选注 [M]. 北京：中华书局，1981.

[64] 韩愈. 韩昌黎集 [M]. 上海：商务印书馆，1933.

[65] 韩愈. 昌黎先生文集 [M]. 北京：北京图书馆出版社，2006.

[66] 徐元诰. 国语集解 [M]. 王树民，沈长云，点校. 北京：中华书局，2001.

[67] 司马光. 资治通鉴 [M]. 北京：中华书局，1956.

[68] 李焘. 续资治通鉴长编 [M]. 北京：中华书局，2016.

[69] 赵尔巽，等. 清史稿 [M]. 北京：中华书局，1977.

[70] 桓宽. 盐铁论 [M]. 上海：上海人民出版社，1974.

[71] 陆侃如，冯沅君. 中国诗史 [M]. 济南：山东大学出版社，1996.

[72] 西北师范学院地理系. 中国自然地理图集 [M]. 北京：地图出版社，1984.

[73] 李昉，等. 太平广记 [M]. 北京：中华书局，2020.

[74] 唐宋运河考察队. 运河访古 [M]. 上海：上海人民出版社，1986.

[75] 吴处厚. 青箱杂记 [M]. 李裕民, 点校. 北京：中华书局, 1985.

[76] 李心传. 丛书集成初编：建炎以来系年要录 [M]. 北京：中华书局, 1985.

[77] 徐梦莘. 三朝北盟会编 [M]. 上海：上海古籍出版社, 1987.

[78] 于耀文. 漕运史话 [M]. 北京：中华书局, 1962.

[79] 朱偰. 中国运河史料选辑 [M]. 北京：中华书局, 1962.

[80] 王国维. 水经注校 [M]. 上海：上海人民出版社, 1984.

[81] 王应麟. 玉海 [M]. 扬州：广陵书社, 2003.

[82] 杜佑. 通典 [M]. 杭州：浙江古籍出版社, 1988.

[83] 徐松. 唐两京城坊考 [M]. 北京：中华书局, 1985.

[84] 宋敏求. 唐大诏令集 [M]. 北京：商务印书馆, 1959.

[85] 何汝泉. 唐代转运使初探 [M]. 重庆：西南师范大学出版社, 1987.

[86] 秦观. 淮海集 [M]. 北京：中华书局, 2019.

[87] 孟元老. 东京梦华录 [M]. 王永宽, 注译. 郑州：中州古籍出版社, 2010.

[88] 沈括. 梦溪笔谈 [M]. 北京：中华书局, 1974.

[89] 王铚, 王栐. 默记 燕翼诒谋录 [M]. 朱杰人, 诚刚, 点校. 北京：中华书局, 1981.

[90] 朱彧. 萍洲可谈 [M]. 北京：文物出版社, 2022.

[91] 龚明之. 中吴纪闻 [M]. 孙菊园, 校点. 上海：上海古籍出版社, 1986.

[92] 郑午昌. 中国画学全史 [M]. 上海：上海古籍出版社, 2008.

[93] 苏辙. 栾城集 [M]. 马德富, 曾枣庄, 校点. 上海：上海古籍出版社,

1987.

[94] 释文莹. 玉壶清话 [M]. 北京：中华书局，1991.

[95] 吴兢. 贞观政要 [M]. 上海：上海古籍出版社，1978.

[96] 张秀民. 中国印刷史 [M]. 上海：上海人民出版社，1989.

[97] 周密. 武林旧事 [M]. 杭州：浙江古籍出版社，2011.

[98] 苏天爵. 元朝名臣事略 [M]. 姚景安，点校. 北京：中华书局，2019.

[99] 于敏中，等. 日下旧闻考 [M]. 北京：北京古籍出版社，1981.

[100] 司农司. 农桑辑要 [M]. 北京：中国书店，2018.

[101] 王祯. 农书 [M]. 北京：中华书局，1956.

[102] 鲁明善. 农桑衣食撮要 [M]. 王毓瑚，校注. 北京：农业出版社，1962.

[103] 马端临. 文献通考 [M]. 上海师范大学古籍研究所，华东师范大学古籍研究所，点校. 北京：中华书局，2011.

[104] 熊梦祥. 析津志辑佚 [M]. 北京：北京古籍出版社，1983.

[105] 王云，李泉. 中国大运河历史文献集成 [M]. 北京：国家图书馆出版社，2014.

[106] 岳国芳. 中国大运河 [M]. 济南：山东友谊书社，1989.

[107] 戴逸，李文海. 清通鉴 [M]. 太原：山西人民出版社，2000.

[108] 林文豪. 海内外学人论妈祖 [M]. 北京：中国社会科学出版社，1992.

[109] 徐晓望. 福建民间信仰论集 [M]. 北京：光明日报出版社，2011.

[110] 赵翼. 陔餘丛考 [M]. 乐保群，点校. 北京：中华书局，2019.

[111] 李濂. 汴京遗迹志[M]. 周宝珠, 程民生, 点校. 北京: 中华书局, 1999.

[112] 朱彭. 南宋古迹考[M]. 上海: 商务印书馆, 1935.

[113] 郭正忠. 宋代盐业经济史[M]. 北京: 人民出版社, 1990.

[114] 傅宗文. 宋代草市镇研究[M]. 福州: 福建人民出版社, 1989.

[115] 中国古都学会. 中国古都研究[M]. 杭州: 浙江人民出版社, 1985.

[116] 清史列传[M]. 王钟翰, 点校. 北京: 中华书局, 1987.

[117] 周思源. 风云南北朝之苻坚[M]. 北京: 清华大学出版社, 2015.

[118] 崔瑞德, 鲁惟一. 剑桥中国秦汉史: 公元前221年至公元220年[M]. 杨品泉, 等译. 北京: 中国社会科学出版社, 1992.

[119] 崔瑞德. 剑桥中国隋唐史: 589－906[M]. 中国社会科学院历史研究所, 西方汉学研究课题组, 译. 北京: 中国社会科学出版社, 1990.

[120] 牟复礼, 崔瑞德. 剑桥中国明代史[M]. 张书生, 黄沫, 杨品泉, 等译. 北京: 中国社会科学出版社, 1992.

[121] 范文澜, 等. 中国通史[M]. 北京: 人民出版社, 2004.

[122] 尼科尔斯. 穿越神秘的陕西[M]. 史红帅, 译. 西安: 三秦出版社, 2009.

[123] 斯宾格勒. 西方的没落: 斯宾格勒精粹[M]. 洪天富, 译. 南京: 译林出版社, 2015.

[124] 施坚雅. 中华帝国晚期的城市[M]. 叶光庭, 等译. 北京: 中华书局, 2000.

[125] 马可·波罗. 马可·波罗游记[M]. 梁生智, 译. 北京: 中国文史出版社, 1998.

[126] 魏特夫. 东方专制主义 [M]. 徐式谷，奚瑞森，邹如山，等译. 北京：中国社会科学出版社，1989.

[127] 刘俊文. 日本中青年学者论中国史：宋元明清卷 [M]. 上海：上海古籍出版社，1995.

[128] 刘俊文. 日本学者研究中国史论著选译：第 1 卷 [M]. 黄约瑟，译. 北京：中华书局，1992.

[129] 斯波义信. 宋代商业史研究 [M]. 庄景辉，译. 杭州：浙江大学出版社，2021.

[130] 绍华. 大运河的变迁 [M]. 南京：江苏人民出版社，1961.

[131] 常征，于德源. 中国运河史 [M]. 北京：北京燕山出版社，1989.

[132] 李伯重. 唐代江南农业的发展 [M]. 北京：农业出版社，1990.

[133] 傅泽洪. 行水金鉴 [M]. 上海：商务印书馆，1936.

[134] 黎世序，等. 续行水金鉴 [M]. 上海：商务印书馆，1936.

[135] 中国水利水电科学研究院水利史研究室. 再续行水金鉴：运河卷 [M]. 武汉：湖北人民出版社，2004.

[136] 姚汉源. 中国水利发展史 [M]. 上海：上海人民出版社，2005.

[137] 姚汉源. 中国水利史纲要 [M]. 北京：水利电力出版社，1987.

[138] 郑肇经. 中国水利史 [M]. 北京：商务印书馆，1939.

[139] 钮茂生. 中国的水 [M]. 南京：河海大学出版社，1996.

[140] 张含英. 历代治河方略探讨 [M]. 北京：水利出版社，1982.

[141] 张含英. 明清治河概论 [M]. 北京：水利水电出版社，1986.

[142] 席龙飞. 中国造船史 [M]. 武汉：湖北教育出版社，2000.

[143] 史念海. 河山集 [M]. 北京：生活·读书·新知三联书店，1963.

[144] 史念海. 河山集二集 [M]. 北京：生活·读书·新知三联书店，1981.

[145] 邹逸麟. 黄淮海平原历史地理 [M]. 合肥：安徽教育出版社，1993.

[146] 邹逸麟. 椿庐史地论稿 [M]. 天津：天津古籍出版社，2005.

[147] 中国科学院《中国自然地理》编辑委员会. 中国自然地理：历史自然地理 [M]. 北京：科学出版社，1982.

[148] 王文楚. 古代交通地理丛考 [M]. 北京：中华书局，1996.

[149] 谭徐明. 中国灌溉与防洪史 [M]. 北京：中国水利水电出版社，2005.

[150] 张波，冯风，张纶，等. 中国农业自然灾害史料集 [M]. 西安：陕西科学技术出版社，1994.

[151] 郑学檬. 中国古代经济重心南移和唐宋江南经济研究 [M]. 长沙：岳麓书社，2003.

[152] 周一良. 魏晋南北朝史论集 [M]. 北京：中华书局，1963.

[153] 冯天瑜，何晓明，周积明. 中华文化史 [M]. 上海：上海人民出版社，1990.

[154] 史善刚. 河洛文化论纲 [M]. 郑州：河南人民出版社，1994.

[155] 周宝珠.《清明上河图》与清明上河学 [M]. 开封：河南大学出版社，1997.

[156] 周宝珠. 宋代东京研究 [M]. 开封：河南大学出版社，1992.

[157] 程民生. 宋代地域经济 [M]. 开封：河南大学出版社，1992.

[158] 傅筑夫. 中国封建社会经济史：第4卷 [M]. 北京：人民出版社，1986.

[159] 王孝通. 中国商业史 [M]. 北京：团结出版社，2007.

[160] 漆侠. 宋代经济史 [M]. 上海：上海人民出版社，1987.

[161] 张家驹. 两宋经济重心的南移 [M]. 武汉：湖北人民出版社，1957.

[162] 邓广铭，郦家驹，等. 宋史研究论文集 [M]. 郑州：河南人民出版社，1984.

[163] 中国古都学会. 中国古都研究：第二辑 [M]. 杭州：浙江人民出版社，1986.

写在后面的话

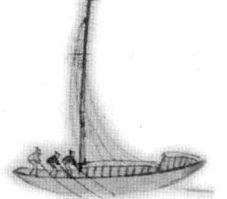

2018年的11月,我陪着孩子到北京某高校参加外国语种的等级考试,考试间歇,就在北京西郊的一间茶舍,又一次见到了我早年在部队服役时带我进入文艺评论的引路人——著名军旅作家蔡桂林先生。"寒夜客来茶当酒",久别重聚,热烈叙谈,海阔天空。我们谈到了中原地区的厚重文脉和连绵不绝的文化传承,再次谈到了虽已消失但曾经波浪为程的中原运河,作为巨大历史遗存,它流淌千年,辉煌千年。蔡先生郑重建议,希望我能在这方面发发力,做点有益的事情。

尽管曾经的我,也算是所谓国家级媒体平台的边缘人之一,也算有着一定的行业从业经验;尽管近些年来,我们团队在挖掘和梳理以河南为中心的中原地区传统文化方面,做了一些有益的尝试,比如参与过太极拳申报联合国非物质文化遗产代表作的阶段性工作,创作了乡村主题、黄河主题、黄帝文化主题、非遗主题、红色中原、少林文化主题等一系列与中原文脉息息相关的非虚构作品,也得到了广泛认可。但当我坐下来,认真梳理之后才发现,曾在中原大地上实实在在存在过并造就出中原千年繁荣的大运河这块巨大的文化宝藏,被自己忽略了,这不能不感到遗憾。

顺着蔡先生的建议,在新的文化注视中我发现,官方或民间的话语体系中，当下的"大运河"几乎与中原无关，几乎代指的就是明清以后的南北大运河（京杭运河），或许是因为还有近两千里的航程活在今天，或许是因为它穿越了当今中国经济最活跃最发达的地区，因此给予了其实超越了它实际价值的历史承当，即便在声势浩大的中国大运河申遗活动中，在中国经济、政治、文化、社会史上最为高光、最为神采奕奕的中原大运河（东西大运河），或许因为退出历史数百年而被严重低估。而这样的低估并非可以忽略，因为本质上是对"大运河"整体意义的低估，也就会发生对"大运河"整体意义的理解偏离历史文化的中枢。

于是，我们在2019年的上半年，在河南大学、河南省文联的支持下正式启动了中原古运河文化系列项目，内容包括"古运河文化钩沉"系列丛书、纪录片。非常幸运的是，第一季作品《大运千年》从项目立项到第一阶段创作内容的完成，我们得到了来自中国社会科学院学部委员王巍先生、中国社科院考古研究所石自社先生、刘瑞先生，河南省文物考古研究院刘海旺先生、孙新民先生，河南省文物建筑保护研究院楚小龙先生，郑州市文物局阎铁成先生，以及来自郑州、洛阳、商丘、开封、鹤壁等地文物考古单位专家的支持，得到了河南大学著名教授、博士生导师、《百家讲坛》常青树王立群先生，南开大学孙克强教授，河南大学著名教授、历史文化学院程民生教授，河南大学文学院陈丽丽教授，洛阳师范学院吴涛教授、毛阳光教授，洛阳理工学院曾涛副教授等一大批文化学者、专家的指导和加盟。还有李景洲老师、郭爱和老师、高水旺老师等国家非物质文化遗产项目传承人给予我们帮助和指导。

中国当代书法大家、教育家欧阳中石先生的博士生，河南大学博士生导师孟云飞教授先后两次为纪录片和书稿题写《大运河南》和《大运千年》的名字。

作为国内深度研究和创作大运河系列主题的学者和先行者,先后完成《千古大运河》《运河传》《天下在河上》等有关运河专著的蔡桂林先生,于2022年上半年新冠疫情管控时期,冒着被感染的风险,自北京至郑州,与我们一起探讨研究,一起完成了项目总体设计、分集架构,在郑东新区一间民宿,殚精竭虑、潜心写作三个月,完成了约18万字的基础性文字,为项目推进准备了物质条件,由此也确立了"古运河文化钩沉"系列丛书第一部近30万字书稿的主体建构。

在前后历时一年的书稿创作和纪录片拍摄过程中,我们得到了中共河南省委宣传部、河南省文联、河南省广播电视局、河南省文化和旅游厅、河南广播电视台、河南省电影电视家协会、郑州市委宣传部、洛阳市文物局、鹤壁市社科联、河南大学、郑州师范学院、商丘师范学院、南阳理工学院、商丘广播电视台、浚县县委宣传部、洛阳隋唐大运河文化博物馆、鹤壁市博物馆等,还有陕西省广播电视局、咸阳市文化和旅游局、泾阳县文化和旅游局、泾阳县郑国渠国家水利风景区管委会等单位的大力支持和帮助,还有诸多对主创团队提供过帮助的单位领导、老师,对此我们铭记在心!

当然,在此过程中,河南鹰展科技团队的各位小伙伴及我们的家人,为此付出了更为艰苦的努力,是第一季作品顺利完成的幕后功臣。编剧、执行导演王巧慧,在完成导演组繁重任务的同时,还协助蔡桂林老师进行大量的史料搜集、整理以及书稿部分信息的补充完善工作。

一部书,对浩荡中国将近三千年的中国大运河来说,仅仅是沧海一粟,但对于自八百多年前开始逐渐沉寂的中原大运河来说,不只是重新回顾和梳理河南大运河在中国古运河史上的重要时刻,更是为大运河河南段确立了它的独特文化作用和历史地位,并校准了中国大运河文化史的文化原点和历史坐标。

  本书采用了"现代纸书"的出版模式，具有较强的交互性，为读者提供了更多线上衍生内容，以更加多元、立体地展示古运河的历史风貌。

  诚如是，不妥之处，诚请方家不吝斧正和指教。

  感谢大家的一路陪伴和呵护！